ミネルヴァ日本評伝選

職掌は唯クロカネの道作に候

井上勝

老川慶喜著

ミネルヴァ書房

刊行の趣意

「学問は歴史に極まり候ことに候」とは、先哲荻生徂徠のことばである。

歴史のなかにこそ人間の智恵は宿されている。人間の愚かさもそこにはあらわだ。この歴史を探り、歴史に学んでこそ、人間はようやくみずからの正体を知り、いくらかは賢くなることができる。新しい勇気を得て未来に向かうことができる。徂徠はそう言いたかったのだろう。

「ミネルヴァ日本評伝選」は、私たちの直接の先人について、この人間知を学びなおそうという試みである。日本列島の過去に生きた人々の言行を、深く、くわしく探って、そこに現代への批判を聴きとろうとする試みである。日本人ばかりではない。列島の歴史にかかわった多くの異国の人々の声にも耳を傾けよう。

先人たちの書き残した文章をそのひだにまで立ち入って読み、彼らの旅した跡をたどりなおし、彼らのなしとげた事業を広い文脈のなかで注意深く観察しなおす――そのとき、はじめて先人たちはいまの私たちのかたわらによみがえってくる。彼らのなまの声で歴史の智恵を、また人間であることのよろこびと苦しみを、私たちに伝えてくれもするだろう。

この「評伝選」のつらなりのなかから、列島の歴史はおのずからその複雑さと奥ゆきの深さをもって浮かび上がってくるはずだ。これを読むとき、私たちのなかに新たな自信と勇気が湧いてきて、その矜持と勇気をもって「グローバリゼーション」の世紀に立ち向かってゆくことができる――そのような「ミネルヴァ日本評伝選」にしたいと、私たちは願っている。

平成十五年（二〇〇三）九月

上横手雅敬
芳賀　徹

東京駅前に建つ井上勝の銅像（二代目）
（PANA 通信社提供）

生家

井上勝の資料を展示している旧萩駅舎

小岩井農場

ガワー通り

イングランド銀行

ユニバーシティ・カレッジ・ロンドン

ユニバーシティ・カレッジ・ロンドン中庭の日本人留学生顕彰記念碑

東海寺大山墓地の墓石（品川）

プロローグ

井上勝とは？

三崎重雄という鉄道従業員が、鉄道開業七〇周年記念日の一九四二（昭和一七）年一〇月一四日に出版した井上勝の伝記『鉄道の父　井上勝』（三省堂）には、井上勝にかかわる興味深いエピソードがいくつか紹介されている。

ある日、母子が汽車を降りて東京駅の降車口から鉄道省の方に向かって歩いてきた。子どもは国民学校五年生ぐらいの児童であったが、鉄道省の建物のわきに建てられている井上勝の銅像をみて「あの銅像は誰の」と母に聞くと、母は「さあ、だれのでせうか」といかにも気のない返事をして通り過ぎて行ったという。三崎重雄によれば、井上勝の銅像がなぜ鉄道省の敷地に建っているのか、井上勝と鉄道とはどんな関係にあるのか、この母子ばかりか一般にはほとんど知られていない。それどころか、鉄道従業員の間でもあまり知られていないという。

三崎重雄は、もうひとつ井上勝にかかわる興味深いエピソードを紹介している。ある日井上勝は鉄道院を訪れ、受付で総裁の後藤新平に面会を申し込んだ。しかし井上の身なりがあまりにみすぼらしかったためか、守衛に「後藤総裁は留守だ」と面会を断わられてしまい、井上は仕方なく名刺をおい

井上勝（1909年）
帝国鉄道協会会長に就任したときの写真（日本国有鉄道編『日本国有鉄道百年史』第1巻より）

て立ち去った。のちになって、このことを聞いた後藤は「それはとんだ失礼をしたものだ。あの方はわが鉄道の功労者井上子爵である」といって、みずから井上の私邸にかけつけて失礼をわびた。

　後藤新平は台湾民政長官として日清戦争後に領有した台湾の植民地行政を担当したのち、南満洲鉄道の初代総裁に就任して満洲経営にあたった。そして、一九〇八（明治四一）年一二月に鉄道院が設置されるとその初代総裁に就任し、その後も内相、外相、東京市長などを歴任した官僚・政治家である。鉄道の乗客であった母子にはまったく顧みられなかったが、この後藤新平という官僚・政治家をして「わが鉄道の功労者」といわしめ、自宅にまでわびにこさせた井上勝とはどのような人物であったのであろうか。本書は、この井上勝の全生涯をあきらかにしようとするものである。

　井上勝は鎖国下の一八六三（文久三）年に英国留学を試み、「最初の工業国家」大英帝国の首都ロンドンで高層建築群、蒸気機関車、近代的な製造工場、さらには銀行や博物館など、西欧の近代を象徴するありとあらゆるものに大きな衝撃を受け、母国日本の近代化（モダナイゼーション、modernization）の立ち遅れに危機感をいだいて、明治維新直後の一八六九年一月（明治元年一二月）に帰国した。小風秀雅によれば、このころの世界は交通革命（traffic revolution）の真っただ中にあった。交通革命とは、

「一八五〇年代から七〇年代にかけて、汽船・鉄道・電信分野における急激な技術革新の進展によって世界の交通・通信ネットワークが一変し、世界の一体化が促進され」ていくことである（小風秀雅「十九世紀における交通革命と日本の開国・開港」『交通史研究』第七八号、二〇一二年九月）。井上勝はこうした交通革命が日本にも押し寄せていることを敏感に感じとり、汽船と鉄道を軸とした近代的な交通体系の形成を構想した。井上によれば、江戸から明治へと時代が移り「交通機関は唯一の脚力あるのみ」といわれていた日本の交通体系は大きく変貌をとげ、「会々《たまたま》汽船の来るありて、海路の交通先づ開け」、陸運でも馬車や人力車が普及し「地方政庁は競うて道路の改修に努め」るようになった。しかし、馬車や人力車のみでは「汽船の快速力と内外相応ずべきもの」とはならず、「必ずや鉄道の布設あり、然る後に始めて海陸交通機関の完備すべきもの」と、汽船と鉄道を基軸とした交通体系の形成を構想していた（井上勝「鉄道誌」、副島八十六編『開国五十年史』上巻、開国五十年史発行所、一九〇七年）。そして、これこそが「吾生涯は鉄道を以て始まり、已に鉄道を以て老ひたり、当さに鉄道を以て死すへきのみ」（村井正利編『子爵井上勝君小伝』井上子爵銅像建設同志会、一九一五年）と語っていたとされる井上勝の生涯を一貫して流れていた通奏低音といえる。

英国留学から帰国したのちの一八六九年一一月一三日（明治二年一〇月一〇日）、井上勝は造幣頭兼鉱山正に任ぜられたが、その後の官歴をみると一八七一年九月二九日（明治四年八月一五日）に工部大丞として鉱山頭兼鉄道頭に任ぜられ、一八七二年八月七日（明治五年七月四日）には鉄道頭専任となった。そして一八七七年一月の工部省の機構改正にともない工部少輔兼鉄道局長となり、一八八二年七月には工部大輔に昇任、同年七月には工部技監を兼任した。その後一八八五年一二月に内閣制度が実施され、工部省が廃止されると鉄道事務は内閣直属となり、井上は同年一二月二八日に鉄道局長官兼技監となった。

さらに一八九〇年九月六日、鉄道事務が内務省に移管されて鉄道庁が設置されると鉄道庁長官に就任した。そして鉄道敷設法が成立した翌年の一八九三年三月一八日に鉄道庁長官を退任し、その後は汽車製造合資会社を設立してその経営にあたるとともに業界団体の帝国鉄道協会などで活躍し、一九一〇年八月二日にロンドンで客死するまで鉄道にかかわりつづけながら生涯をおくった。井上の葬儀は、九月二五日の午後三時から東京品川の東海寺でしめやかに行われたが、後藤新平は鉄道院総裁としてつぎのような弔辞を述べた。

故正二位勲一等子爵井上勝君は我鉄道界最初の有功者にして我鉄道史中特筆すへきもの尠《すく》なからす、君資性秀穎《しゅうえい》豪放にして不羈《ふき》寔《まこと》に創業の偉材なり、弱冠にして已に泰西技術の要を究め諸官に歴任して鉄道頭となり経営惨澹遂に京浜線の敷設を見次て神戸大津間に及ふ、当時本邦の技術未た達せす工事上外人の助力を籍《か》るもの多し、君之を慨し拮据《きっきょ》督励万艱《ばんかん》を排し終《つい》に邦人の独力を以て京都大津間の難工事を竣成せり、世間以て異数《いすう》と為す、凡君の職に尽す熱誠常に此の如きものあり、爾後君の鉄道界に於ける偉功は既に人口に膾炙《かいしゃ》するところ其盛名嘖々《さくさく》たる豈偶然ならむや、君又後進誘《ゆう》掖《えき》に勉む今日済々《さいさい》たる人材君の指導啓発に依るもの 蓋《けだし》尠なからす、本年齢正に六十有八老軀を挈《か》けて尚彼国最新の施設を見聞し以て平生の経綸に資せむとし、我鉄道院亦特に顧問の礼を以て君を待つ、而して不幸行旅に歿《ぼっ》せらる痛歎《つうたん》に堪ふへけむや、然れとも君の生涯は誠に是奮闘の歴史なり、而して其努力の効果たる鉄道は今や延長五千三百哩に達し、理想たりし国有は実行せられ経営の基礎漸く鞏《かた》く将《まさ》に第二期の発展に入らむとす、君以て瞑《めい》すへきか、恭《うやうやし》く在天の霊に告ぐ　尚《こいねがわ》くは来り饗けよ

（後藤新平「弔辞」一九一〇年九月二五日、前掲『子爵井上勝君小伝』）

後藤の弔辞は井上勝の生涯を実に要領よくまとめている。若くして「泰西技術」をきわめて鉄道専門官僚として日本の鉄道敷設に敏腕をふるい、鉄道技術の自立、鉄道技術者の養成に尽力した。そして、鉄道庁長官を辞任してからも世界各地の「最新の施設」を見聞し、日本の鉄道の発展に貢献したというのである。

このような後藤の井上評はおおむね妥当であるといえよう。『鉄道時報』（第一二二八号、一九四二年一〇月一〇日）に掲載された坂田俊夫の「古稀の鉄道とその建設者」なる論説も、井上勝は一八七一年九月に鉱山頭兼鉄道頭に就任して「我国鉄道の普及発達の運命を一手に握つて以来」、一八九三年三月に鉄道庁長官を最後に退官するまでの二一年六カ月の間、すなわち「明治政府の揺籃期より日清戦争の直前まで、我国鉄道育ての親として、文字通りこれを手塩にかけ、その生涯を鉄道の普及発達に捧げた大功労者であつた」としている。また、戦前期に南満洲鉄道で活躍し、戦後には第三代国鉄総裁として東海道新幹線を開業に導くなど「高速鉄道時代」の幕を開けた十河《そごう》信二も、「鉄道創設の

功労者としては、大隈重信、伊藤博文の名を真先に挙げねばならないが、それはやはり政治的活動によるものであつて、実際に仕事の先頭に立つていた井上勝の名は、別の意味で真先に挙げなければならないだろう」とし、井上勝を「鉄道創設に力をつくしたばかりでなく、その経営、その発展のため、文字通りその生涯をささげ」て奮闘した「日本鉄道の「育ての親」」であったと評価している（十河信二「序」、上田広『井上勝伝』井上勝銅像を再建する会、一九五九年）。

このように後藤をして「わが鉄道の功労者」「我鉄道界最初の有功者」、十河をして「日本鉄道の「育ての親」」といわしめた井上勝ではあるが、なおも実証にたえうる伝記は刊行されていない。井上の伝記としては三崎重雄『鉄道の父 井上勝』（三省堂、一九四二年）、村井正利編『子爵井上勝君小伝』（井上子爵銅像建設同志会、一九一五年）、上田広『井上勝伝』（井上勝銅像を再建する会、一九五六年）などがあるが、いずれも鉄道省（国鉄）の部内者が執筆したもので、啓蒙的な叙述にとどまっている。

また井上勝は、大隈重信からの求めに応じて一九〇七年に「鉄道誌」（前掲『開国五十年史』上巻）を執筆し、みずからが鉄道事業にどのようにかかわってきたかを語っている。井上は、その後も「帝国鉄道の創業」（木下立安《りつあん》『拾年紀念 日本の鉄道論』鉄道時報局、一九〇九年）、「日本帝国鉄道創業談」（前掲『子爵井上勝君伝』）などを著しているが、内容的には「鉄道誌」とほとんど変わらない。これらは井上勝自身の回顧録として貴重であるが、自伝というには余りにも簡略である。

これまでの井上勝研究

井上勝の生涯は、一八七一年九月二九日（明治四年八月一五日）に鉱山頭兼鉄道頭に就任してから鉄道庁長官を辞任する九三年三月一八日までの鉄道専門官僚の時代と、その前と後の三期にわけることができよう。鉄道専門官僚時代の前は藩政時代で、出生から英国ロンドンへ密航留学し西欧の土木技術を習得する時期である。そして鉄道専門官僚時代のあとは、鉄道庁を退官してからロンドンで客死するまでの時期である。当然のことではあるが、これまでの井上勝に関する研究は第二期の鉄道専門官僚の時代に焦点があてられていた。

それでは、これまで鉄道専門官僚としての井上勝はどのように評価されてきたのであろうか。たとえば中西健一は、井上勝を「明治四年八月以来二〇余年の長きにわたって（途中六年七月〜七年一月の間辞職していたが）、創業時代の鉄道行政を主宰した代表的鉄道官僚」（同『日本私有鉄道史研究——都市交通の発展とその構造』増補版、ミネルヴァ書房、一九七九年）であったとし、原田勝正は「鉄道創業期において、鉄道建設の当初から一八九二年（明治二五）鉄道敷設法が公布された段階にいたるまで、いわば鉄道の基礎固めの作業を推進した中心人物」（同『鉄道史研究試論——近代化における技術と社会』日本経済評論社、一九八九年）であったとしている。また、「時の鉄道局長井上勝は終始最も熱心な鉄道国有論者」（富永祐治『交通における資本主義の発展——日本交通業の近代化過程』岩波書店、一九五三年）、「鉄道官設論者として一貫し、爾後もしばしば機会をとらえては私鉄排撃論を開陳している」（前掲『日本私有鉄道史研究』）などと、井上勝は鉄道国有主義・私鉄排撃論を一貫して主張してきた鉄道官僚であるともされてきた。

これらの研究に特徴的なのは、明治初期の鉄道政策が一九〇六年三月の鉄道国有法成立を終着点に、井上勝が理想とする鉄道国有を実現していく過程として描かれていることである。たとえば原田勝正は、一八九一年七月に井上鉄道庁長官が提出した建議書「鉄道政略ニ関スル議」を、「かれが一貫してとってきた国有政策」を表現し「鉄道国有を実現する政策を具体的に提案した」ものと位置づけている。そして、一八九二年六月に成立する鉄道敷設法については、「鉄道政略ニ関スル議」を基礎に「鉄道国有化の第一の試みとして（略）資本の側からする国有化の客観的要請をはらみつつ、むしろ鉄道官僚の強い主導権のもとに法案化された」ものとしている（原田勝正「鉄道敷設法制定の前提」『日本歴史』第二〇八号、一九六五年九月、のち同著『日本における基盤成立・展開期の鉄道』和光大学社会科学研究所、一九九八年、に収録）。鉄道敷設法の成立から鉄道国有法の成立にいたる経緯については詳しくは触れていないが、原田は鉄道敷設法の成立が鉄道国有化への第一段階で、明治初年から鉄道官設官営主義を唱えてきた、鉄道官僚井上勝の強いイニシアティブのもとになされたとみている。

このような鉄道国有化の歴史的過程に関する理解は、鉄道省篇『日本鉄道史』上・中・下篇（一九二一年）の見解を踏襲したものといえる。同書は鉄道省が鉄道創業五〇年を記念して編纂したものであるが、井上勝の「鉄道政略ニ関スル議」から鉄道敷設法の制定を経て国有化に至るまでの鉄道国有化の歴史過程を、鉄道国有主義を基底とした一連の動きとして捉えているのである（老川慶喜『近代日本の鉄道構想』日本経済評論社、二〇〇八年）。多くの鉄道史研究が『日本鉄道史』を前提になされていたなかで、同書の問題点を最初に指摘し、明治初期の鉄道政策史に関する通説をするどく批判したのは星野誉夫であった（星野誉夫「明治初年の私鉄政策――「鉄道国有主義説」・「官線官設主義説」の再検討」、同「明治初年の私鉄政策と関西鉄道会社（一）（二）」『武蔵大学論集』第二七巻第三・四・五号、同第二九巻第一号、同第五・六号、一九七九年一二月、一九八一年六月、一九八二年三月)。しかし、星野は井上勝を基本的には鉄道国有主義者、私鉄排撃論者ととらえており、近年の著作「井上勝」(小池滋・青木栄一・和久田康雄編『日本の鉄道をつくった人たち』悠書館、二〇一〇年)においても、井上勝が日本の「鉄道の父」とよばれるのも故なきことではないとしながらも、わざわざ「特に「国有鉄道の父」と表現することに問題はない。しかし、私鉄を含めた「鉄道の父」と表現することについては、慎重でなければならない」とされている。

新たな井上勝像の模索

近年、明治初年の鉄道政策史と井上勝の役割については、かつての通説に対しさまざまな修正が加えられるようになった。中村尚史は明治期の鉄道史を産業史的にまとめ、井上勝を官設鉄道の組織と権限の拡大をめざして粉骨砕身、二〇年以上にわたって鉄道当局のトップに君臨してきた鉄道官僚として位置づけた(中村尚史『日本鉄道業の形成』日本経済評論社、一九九八年)。また、小風秀雅は鉄道政策史における鉄道専門官僚井上勝の役割を相対化しつつ、鉄道敷設法が制定されるまでの鉄道政策史を再構成し、井上の国有化志向が帝国議会によって阻まれた地点に鉄道敷設法が成立したとした(小風秀雅「明治前期における鉄道建設構想の展開――井上勝をめぐって」、山本弘文編『近代交通成立史の研究』法政大学出版局、一九九四年、同「明治中期における鉄道政策の再編――井上勝と鉄道敷設法」、野田正穂・老川慶喜編『日本鉄道史の研究――政策・経営/金融・地域社会』八朔社、二〇〇三年)。

しかし中村、小風の井上勝像は、井上を鉄道国有主義者で私鉄排撃論者としている点ではこれまでの理解とそれほどの相違はない。そうしたなかで松下孝昭は、鉄道敷設法の成立過程を鉄道庁長官井上勝の認識や衆議院における情勢などを踏まえて検討し、同法が井上勝の当初の意図とは大きく逸脱したものとして成立したことをあきらかにし、井上勝についても「強硬な私鉄排撃論者としての印象が強いが、一面では、きわめて現実的な感覚の持ち主であり、また、テクノクラートとしての強烈な自負をも貫いていた人物である」と評価している（松下孝昭『近代日本の鉄道政策 一八九〇～一九二二年』日本経済評論社、二〇〇四年）。また、柏原宏紀は殖産興業政策の推進者として工部省技術官僚に注目し、その特徴を「工部の理念」のもとに西洋技術による殖産興業を担った点に見出し、井上勝もその一人であるとしている（柏原宏紀『工部省の研究——明治初年の技術官僚と殖産興業政策』慶應義塾大学出版会、二〇〇九年）。

いずれにしても井上勝に関するこれまでの研究は、主に明治期の一九〇六年三月の鉄道国有法の成立にいたるまでの鉄道政策史とのかかわりで進められてきた。そのため、藩政時代の英国留学などについては原田勝正「鉄道技術の自立過程と井上勝」（土木学会日本土木史研究委員会編『近代土木技術の黎明期——日本土木史研究委員会シンポジウム記録集』一九八二年）などをのぞくと、本格的な研究はなされていない。ただし井上の生誕地である萩市では、いわゆる「長州ファイブ」の一人として井上勝への注目が集まり、宮地ゆう『密航留学生「長州ファイブ」を追って』（『萩ものがたり』第六号、二〇〇五年四月）、道迫真吾『長州ファイブ物語』（同、第二八号、二〇一〇年一〇月）などをはじめ、いくつかの注目すべき研究がみられる。また石附実『近代日本の海外留学史』（ミネルヴァ書房、一九七二年）や渡辺實『近代日本海外留学生史』（講談社、一九七七年）のように、幕末期における薩摩藩や長州藩の留学生についての実証的な研究もある。本書では、これらの諸研究に依拠しながら藩政時代の井上勝の思想と行動をあきらかにしたい。

井上勝は小岩井農場や汽車製造会社の事業経営にもかかわっていた。小岩井農場については麓三郎編著『小岩井農場七十年史』（小岩井農牧、一九六八年）、日本経営史研究所編『小岩井農場百年史』（同、一九九八年）など、また汽車製造会社についても汽車会社蒸気機関車製造史編集委員会編『汽車会社蒸気機関車製造史』（交友社、一九七二年）などの会社史が刊行されている。また、小岩井農場については旗手勲『日本における大農場の生成と展開——華族・政商の土地所有』（御茶の水書房、一九六三年）、汽車製造会社については沢井実『日本鉄道車輌工業史』（日本経済評論社、一九九八年）などのすぐれた研究書があるが、当然ながら井上勝の生涯のなかに小岩井農場ないし汽車製造会社の経営を位置づけているわけではない。さらに、退官後の帝国鉄道協会での活躍などについてはほとんどあきらかにされていない。

そこで、本書では井上勝の生誕から死去するまでの六八年間におよぶ生涯を実証的に追うことによって、これまで鉄道国有主義者、私鉄排撃論者としての面のみが強調されてきた井上勝の実像に少しでも近づきたいと考えている。これが、本書執筆のささやかな目的である。

井上勝——職掌は唯クロカネの道作に候　目次

図版写真一覧

凡　例

一、引用文については、読みやすくするため適宜句読点を付し、脱字などは補った。また、旧字は原則として新字に改めた。

二、難読字には適宜ルビを付した。

三、一マイルは一・六〇九キロメートル、一チェーンは二〇メートルとして換算した。

井上勝鉄道建設略図

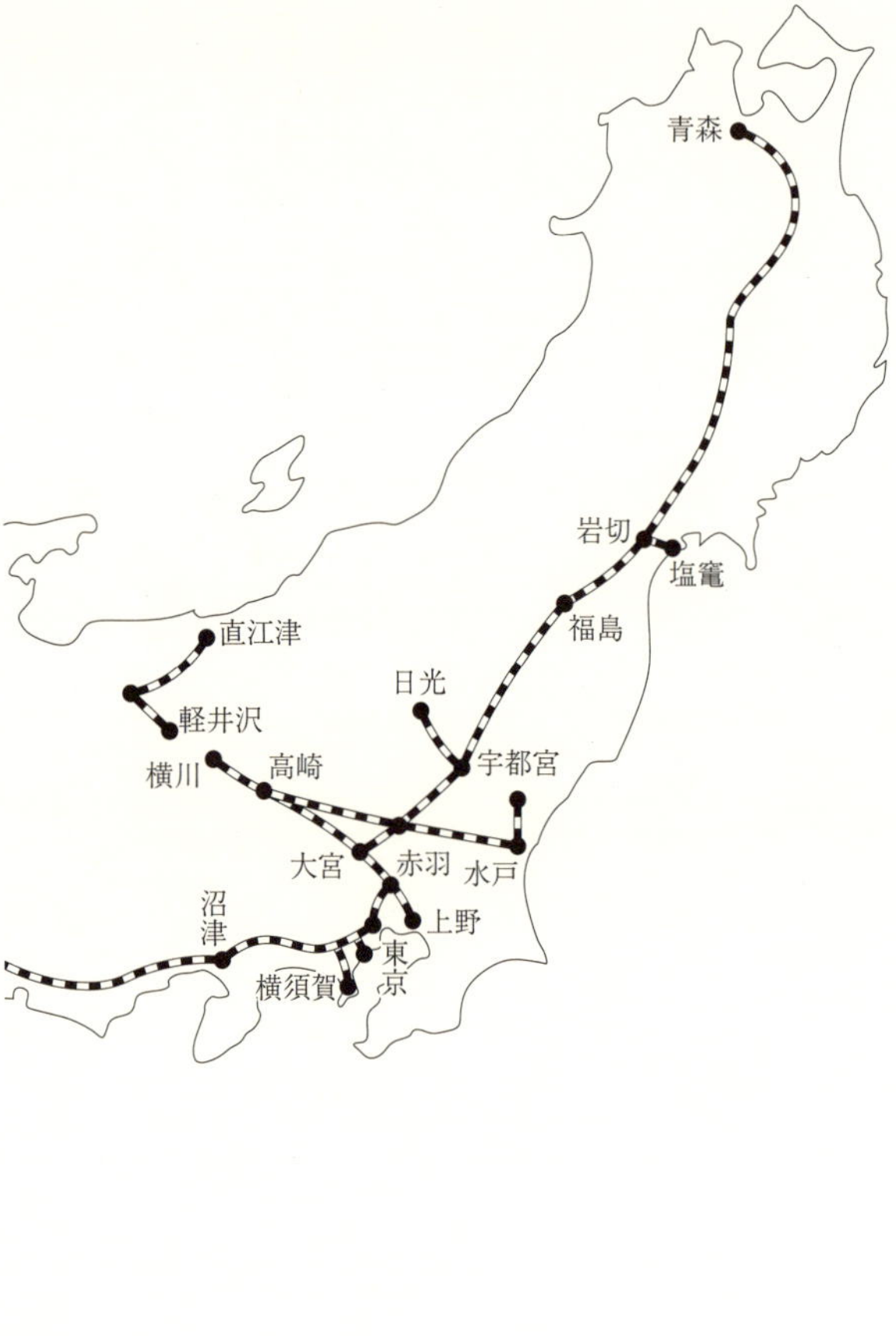
青森
岩切
塩竈
福島
直江津
日光
軽井沢
宇都宮
横川
高崎
大宮
赤羽
水戸
沼津
上野
東京
横須賀

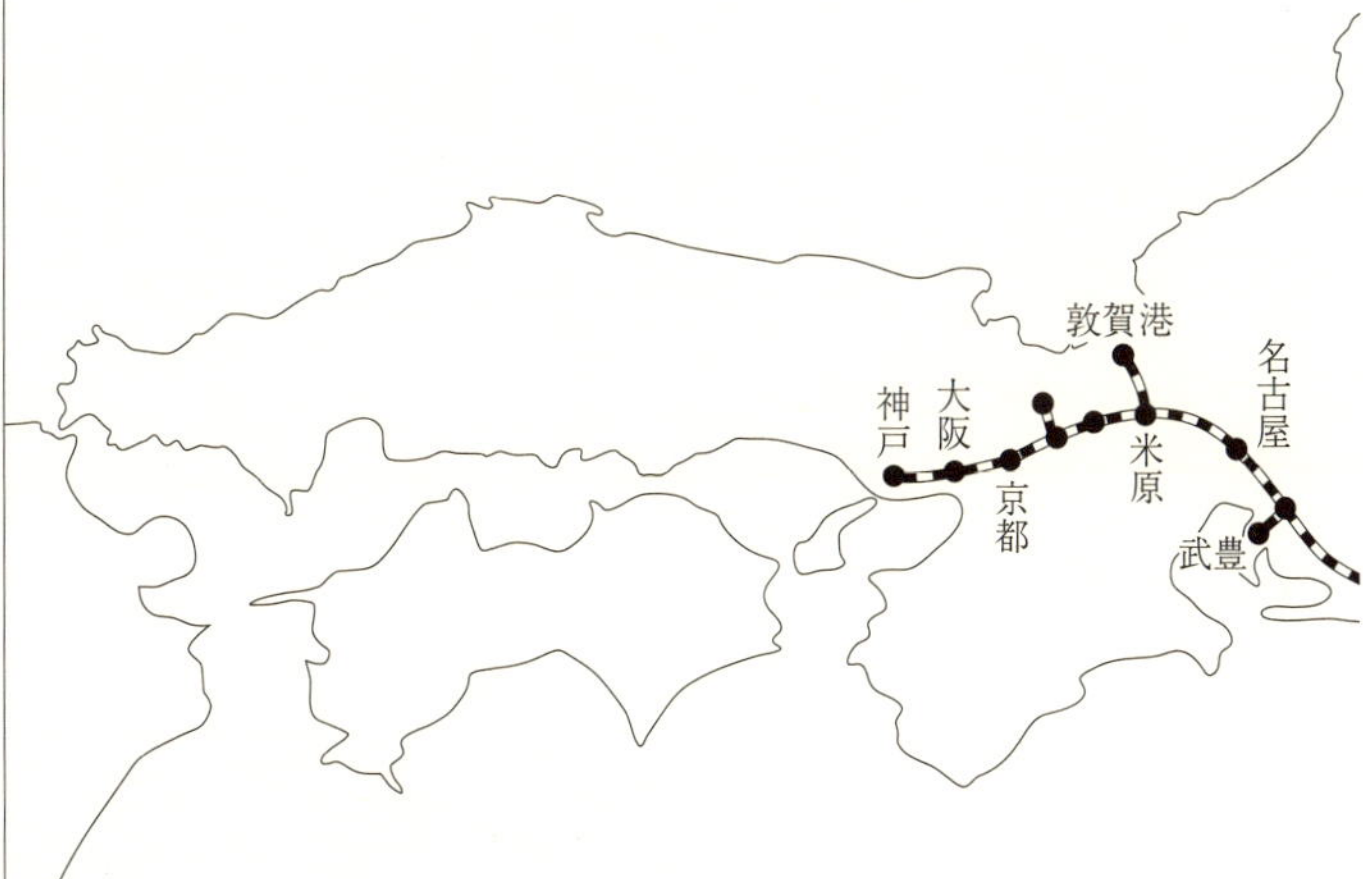

（三崎重雄『鉄道の父 井上勝』より）

第一章　洋学への傾倒と英国留学

1　出生と生い立ち

出生

井上勝《いのうえまさる》は、一八四三年八月二五日（天保一四年八月一日）、長州藩士井上勝行の三男として土原村浜坊筋《ひじはらむらはまんぼうすじ》（現在の萩市土原）に生まれ、幼名を卯八と称した。卯八と命名されたのは、生年の天保一四年が「癸卯《みずのとう》」の干支にあたり、その年の八月に生まれたからである。

父の勝行は大組（二〇二石余）に属し藩政の中枢を担い、与四郎と通称し逸叟《いっそう》と号した。母は長州藩士田坂家の娘・久里子であるが、一八四五年一月二九日（弘化元年一二月二二日）、井上勝が数え三歳のときに没している。そして六歳になると長州藩士野村作兵衛の養子に迎えられ、野村弥吉と名のることになった。

父の勝行は天保年間には長崎藩邸に勤務する傍らでオランダ式銃陣を習い、長州に帰って銃陣の編成を建議したが受け入れられなかった。その後、代官、目付役、藩校明倫館頭人などを歴任し、早くから洋学の重要性を認めていた。長崎では一八五五年一二月三日（安政二年一〇月二四日）に幕府の海軍伝習所が開設され、蘭学や航海術などが教授されており、当時としては唯一の洋学の伝習地であった。長州藩は他の西国諸雄藩と同じように、洋学を導入して軍備の充実をはかろうとし、若い優秀な藩士を伝習生として長崎に送り込んでいた。

野村弥吉こと井上勝は藩校の明倫館で学ぶとともに、進取の気性に富んだ父の勝行の影響を受けながら育った。井上は、のちにみずからの青年時代を回顧してつぎのように述べている。

扨《さて》も予の青年時代は安政の頃にして、当時の我国は外列強の威圧を受け、輙《と》もすれば国交破裂の虞《おそれ》あり、内は諸藩の向背ありて乱離旦夕《らんりたんせき》に迫れり、農商は弊制に拘束せられて活気に乏しく、実に国家の存亡知る可らすして志士の憂憤に堪へさるの秋《とき》なりし、予も亦た志士の顰《ひそみ》に倣ひ窃《ひそか》に報効する所あらんを期し、先つ欧米の長所を探りて我国の短所を補ひ、国家をして外威の圧迫に対抗せしめんと志し、長崎又函館と奔走して先進者を尋ね考察する所ありしと雖、其先進者たるもの通訳又は兵事海事の一斑を解するに過きすして、到底文物の全彪《ぜんぴょう》及ひ技術の蘊奥《うんおう》は之を探くるに由なし、因て実地を視察し一方を研究して以て為す所あるへしと決意したり

（井上勝「日本帝国鉄道創業談」一九〇六年、村井正利編『子爵井上勝君小伝』井上子爵銅像建設同志会、一九一五年）

このように長州藩士の三男として生を受けた井上勝は、いわゆる内憂外患の幕末社会を「志士」の一人として生き抜き、「欧米の長所を採りて我国の短所を補ひ、国家をして外威の圧迫に対抗せしめん」として洋学を学び、さらにはイギリスへの留学を決意した。すなわち、尊王攘夷運動のような直接的な行動に出るのではなく、「採長補短」による「近代化」を目標にかかげ、西欧の新知識を積極的に摂取しようとしていたのである（原田勝正「鉄道技術の自立過程と井上勝」、土木学会日本土木史研究委員会編『近代土木技術の黎明期――日本土木史研究委員会シンポジウム記録集』一九八二年）。

幕末の長州藩

長州藩は周防国および長門国を藩領（現在の山口県）とし、毛利氏を藩主とする外様藩で、萩藩、毛利藩、山口藩などともよばれた。藩庁は長く萩（長門）におかれていたが、一八六三（文久三）年に山口（周防）に移された。長州藩の天保改革の基礎資料として作成された『防長風土注進案』によれば、天保期（一八三〇～四四年）の同藩では瀬戸内地域の諸村を中心に綿織物生産が農村工業として広範に展開しており、年間約六五万反にものぼる綿織物を売捌《うりさば》き、塩による収入銀をうわまわる銀六四八五貫目余の収入をあげていた。瀬戸内地域の諸村では商品経済が発展し、米穀・金肥・木綿・菜種などの商品作物が集散し、農村の自給的経済秩序はくずれ、農民層の階層分解と社会的分業がいちじるしく進展していたのである。

このような長州藩で、一八三一年九月二日（天保二年七月二六日）、藩を揺るがす防長大一揆がおこった。米価の高騰に悩む三田尻宰判（郡）の農民たちが、米価を操る藩の産物方用達石見屋嘉左衛門《いわみやよしざえもん》の家を打ちこわしはじめると、一揆はまたたく間に領内全域に広がった。参加者は一〇万人とも一三万人ともいわれ、「吾藩有史以来絶無の暴動」（大田報助編『毛利十一代史』一九〇七〜一〇年）と評価されてきた。農民たちの要求は、貢租の軽減、農民的商品経済の自由化、札銀価値の安定と統一、村政の改革などであった。とくに津留の撤廃、作徳米・菜種・櫨《はぜ》実などの自由販売の要求は、農民的商品生産の発展を裏づけるものとして注目される。一揆は産物会所にかかわる特権商人、豪農商、村役人層を襲撃し、農民の勢力を結集して、長州藩に国産政策の転換をせまったのである。

大一揆の余燼が残る一八三一年一〇月（天保二年九月）、長州藩は村田清風を表番頭《おもてばんがしら》格の江戸当役用談役《ようだんやく》（実務役人の最高位）の要職に登用した。村田は翌一八三二年、のちの天保改革の綱領の原型をなすといわれる建白書「此度談」を著し、防長大一揆を「国家危急乃大難」であるとみて財政改革を主張したが容れられず、翌三三年に用談役を辞任した。

萩城下のたたずまい（2011年，筆者撮影）

その後長州藩は連年の風水害によって大きな被害をこうむり、一八三八（天保九）年には藩の負債総額は九万二〇二六貫匁余となり、元利年賦償還額は一万二一七五貫匁余にのぼり、四〇年には経常歳入額の二四倍となった。藩主の毛利敬親《たかちか》は、一八三八年九月二三日（天保九年八月五日）、村田清風と香川作兵衛を地江戸仕組掛《じえどしくみがかり》に任じて藩政改革に着手した。そして一八四〇年六月二六日（天保一一年五月二七日）には村田清風を江戸当役用談役に昇格させ、徹底的な改革に取り組ませた（長州藩天保改革）。清風は「流弊改正意見」を提出し、倹約令をしいて支出を徹底的に抑制した。また藩の専売制を禁じる一方、下関における越荷方《こしにかた》を拡充して莫大な収益をあげた。当時、江戸幕府の政策によって多くの商品が日本海沿岸から北前船で運ばれ、下関を経て大坂に集荷されていた。越荷方は長州藩営の金融兼倉庫業で、下関を通る船に積荷を担保に倉庫や資金を提供し、倉庫料や貸付利子を取っていた。また大坂での相場が安いときには下関に積荷を留め置き、高値のときに売って利益をあげた。こうした清風の政策は、幕府の大坂中心の市場政策と真っ向から対立するものであった。また清風は早くから海外防備に関心をもっており、一八三九～四〇年のアヘン戦争で清国がイギリスに敗れると対外的危機意識を強くし、藩主の毛利敬親に「開国の御手当の事は、片時も差置かれかたき事に相見候」（「講武秘策」『毛利家文庫』山口県文書館所蔵）と海防政策の重要性を上申した。

村田清風が一八四四（弘化元）年に退陣したのち、藩政を掌握したのは坪井九右衛門であったが、好転しかけた財政が再び悪化したため禁固刑に処せられた。かわって村田清風の政策を受けつぐ周布政之助が藩政の中枢に進出し、一八五三年一〇月（嘉永六年九月）に藩政を掌る政務役となって安政改革を断行した。野村弥吉こと井上勝が生まれたころの長州藩は、おおむね以上のようであった。

洋学を学ぶ

一八五三年七月八日（嘉永六年六月三日）、アメリカ合衆国の東インド艦隊司令長官ペリー（Matthew Calbraith Perry）が、四隻の船を率いて相州（現在の神奈川県）の浦賀沖にあらわれた。ペリーは幕府に開国をせまり、アメリカの大統領フィルモア（Millard Fillmore）の将軍徳川家慶《いえよし》にあてた親書を浦賀奉行に託して帰った。翌年ペリーは再び日本に来航し、一八五四年三月三一日（嘉永七年三月三日）に日米和親条約が締結された。

開国に踏み切った幕府は、外国船の来航に備えて沿岸警備を強化した。このとき長州藩は相州の海岸警備を命じられ、弥吉の父井上勝行が相州警備隊長の役目についた。一八五五（安政二）年、弥吉は父に連れられて本陣のある相州上宮田（現在の横須賀市）に赴いた。弥吉は、ここでのちに英国ロンドンに、ともに留学することになる伊藤利助と出会った。伊藤利助とは、のちに利輔、春輔、俊輔、そして最後に博文と名のり、一八八五（明治一八）年に初代内閣総理大臣となった伊藤博文のことであるが、弥吉よりも二歳年長で、みずから志願して長州藩士山中平十郎のもとで相州の沿岸警備にあたっていた。ここで弥吉は、日本を救い発展させるためには洋学を徹底的に研究するしかないという伊藤の言葉につよくひかれたのである。

弥吉は一八五六年に父勝行の相州沿岸警備の任務が解除されると、父とともに萩に帰った。アメリカの総領事ハリス（Townsend Harris）は和親条約を通商条約に改めるよう幕府にせまり、ついに一八五八年七月二九日（安政五年六月一九日）、大老の井伊直弼《なおすけ》は勅許を待たずに日米修好通商条約に調印した。井伊は、さらに英、仏、独、蘭とも同様の条約を締結したが（安政の五カ国条約）、これを契機に攘夷論が尊王論と結びつき、諸藩の改革派下級武士を中心に、公卿や諸国の豪農商層も加わった尊王攘夷運動が広がっていった。

このころ弥吉は、長州藩の命令で長崎に出てオランダ士官から洋式兵法を学んでいた。長崎に派遣されたのは二十数名であったが、そのなかにあの伊藤俊輔がいた。伊藤は相州警備の任が解かれたのち京都に派遣され、梁川星巌《やながわせいがん》、梅田雲浜《うんぴん》、頼三樹三郎《らいみきさぶろう》らと交わり、立派な尊王攘夷の志士に成長していた。弥吉らは長州藩邸で起居しながら洋式兵法の実習訓練を受け、それが終わると長崎奉行所西役所に出向き、洋学の勉強に没頭した。

一八五九年七月（安政六年六月）、弥吉は業を終えて萩へ戻ることになったが、そのさいに小銃雷管の製造機械をみやげにもち帰った。そして藩命により洋式の模範小隊をつくり、その世話役となった。この年、弥吉は藩命で江戸に出て、幕府の蕃書調所《ばんしょしらべしょ》で英学を学ぶことになった。江戸では井伊直弼による安政の大獄が吹き荒れており、幕政批判を展開していた吉田松陰も江戸に送られて処刑された。弥吉はこうしたなかで、「国家の用は特に銃砲の術のみならす、尚ほ他に航海の術、又は殖産興業の法、藉て以て国力を強大ならしむるもの多々あるへし、之を研究するには先つ英書を講せさる可らす」と考えて、蕃書調所への入学を決意したのである（前掲『子爵井上勝君小伝』）。

蕃書調所は、幕府が外交担当官と翻訳官の養成、軍事科学の導入などを目的に設立した洋学所を、一八五六年三月（安政三年二月）に改称したもので、同年七月に九段坂下の旗本屋敷を改修して五七年一月（安政四年正月）から開講した。教授陣には箕作阮甫《みつくりげんぽ》、杉田成卿《すぎたせいけい》らの洋学者や医者が任命され、砲術、築城術、造船術、兵学、測量術、航海術などの書籍の翻訳と語学教育を当面の目的としていた。入学者は、当初は幕臣に限られていたが、のちには諸藩士にも開放された。しかし主な入学者は幕臣で、それも下級幕臣の子弟が多くを占めていた。

弥吉は幕府が設立した洋学の教育機関蕃書調所に入学し、銃砲術、航海術をはじめ、殖産興業のために必要な知識を身につけようとした。そうしたある日、弥吉は教授手伝いをしていた長州藩の村田蔵六（のちの大村益次郎《ますじろう》）と顔をあわせた。村田は、弥吉よりも一〇歳以上も年長で、「日本は海外の近代文明を急速にとりいれる以外に救われない」「国内の各藩が競いたち、幕府がしっかりした定見を持たない現在、北からロシア、東からアメリカ、南からイギリス、フランスが押寄せつつある」と現状を認識し、国内統一と兵制改革の必要を説いていた（上田広『井上勝伝』井上勝銅像を再建する会、一九五九年）。

父の勝行の影響で洋学への関心が高かった弥吉は、蕃書調所の洋学では満足できなくなり、藩主毛利敬親の許可を得て箱館の武田斐三郎《たけだあやさぶろう》の塾に行くことになった。武田は、一八二七年一一月四日（文政一〇年九月一五日）、伊予大洲（現在の愛媛県大洲市）藩士武田忠敬の二子として生まれ、大坂の適塾で緒方洪庵から蘭学を学び、さらに江戸に出て伊東玄朴《げんぼく》の蘭学塾象先堂に入門した。また、信州松代藩の佐久間象山からは洋式の兵学を学んでいた。外国の情勢にも詳しく、一八五三（嘉永六）年には川路聖謨《としあきら》とともにロシア使節プチャーチン（Jevfimij Vasil'jevich Putjatin）の対応にあたった。その後蝦夷地巡回を命じられ、箱館にあって五稜郭の設計・建設に任じたほか、弁天岬砲台を築造し諸術調所を設置した。そして一八六一（文久元）年には亀田丸を操って黒竜江をさかのぼり、ロシアのニコライエフスクに赴いた。このような経歴からもわかるように、武田は当時「泰西の事情に通する」

という評判を得ていた（前掲『子爵井上勝君小伝』）。

弥吉が武田斐三郎の塾で学ぶようになったのは、一八六〇年九月（万延元年八月）のころかと思われる。同年一〇月四日（八月二〇日）に弥吉が桂小五郎（のちの木戸孝允《たかよし》）にあてた書翰（木戸孝允関係文書研究会編『木戸孝允関係文書』第一巻、東京大学出版会、二〇〇五年）によると、弥吉はこの年の九月二八日（八月一四日）に船で箱館に着き、一〇月二日（八月一八日）に武田斐三郎のもとに入塾したと記されている。弥吉はここで航海術、その他要用の学科を修めるとともに、イギリス副領事について英語を学んだ。なお武田斐三郎の塾では、のちに弥吉と一緒に英国ロンドンに密航する山尾庸三《ようぞう》や、維新政府にあって「鉄道臆測」なる鉄道敷設計画書を著した前島密《ひそか》らも学んでいる。

幕府は日米修好通商条約の批准のため、一八六〇年二月（万延元年正月）に新見《しんみ》正興を正使、村垣範正を副使とする遣米使節を派遣した。使節には幕府の使節・随員のほか、佐賀、仙台、長州、土佐、熊本など一〇藩の藩士が海外情勢の視察を目的に加わり、総勢八〇余名の一行となった。彼らは、世界一周をしながら英語の勢力圏の大きさを認識した。このころを契機に、蘭学にかわって英語を中心とする洋学の研究が始められるようになったといわれているが（梅溪昇『お雇い外国人――明治日本の脇役たち』講談社学術文庫、二〇〇七年）、弥吉も蘭学の限界を知り、当時産業革命の先頭を走り「世界の工場」の名をほしいままにしていたイギリスの学問にいちはやく注目し、二〇歳にも満たない年齢で、長崎、江戸、箱館と、新知識を求めて奔走していたのである。そして、まもなく国内での学問の限界を感じとり、イギリスへの密航・留学の道を探るようになるのであった（前掲「鉄道技術の自立過程と井上勝」）。

英国留学を決断

それから一年半後、野村弥吉は養父の野村作兵衛の希望もあって一旦萩に戻ったが、日本の情勢が大きく動いているなかでじっとしてはいられず、養父と藩主の許可を得て再び江戸に向かった。江戸に出ると、麻布にある長州藩邸の仕事を手伝いながら、暇をみては横浜の居留地を訪れて英語の勉強をした。弥吉がイギリスに行きたいと考えるようになったのは、このころからであった。弥吉は、「今や晏閑辺鄙《あんのんへんぴ》に在りて尋常読書を事とし空しく隔靴掻痒《かっかそうよう》の嘆を抱くの秋にあらす、寧ろ一躍外国に渡り親しく其物情を視察し其技術を実習し、以て速に国家の急に応す可き」（前掲『子爵井上勝君小伝』）ではないかと考えるにいたったのである。

長州藩では**表1－1**にみるように、安政期から文久期にかけて北條源蔵が幕府の遣米使節に随行して米国を視察したり、杉徳輔（のち孫七郎）が幕府の遣欧使節に随行して渡欧したりしたのをはじめ、多くの藩士が洋行を経験していた。長州藩には、「一面に於てかく攘夷の勅諚《ちょくじょう》を奉ずるに汲々《きゅうきゅう》たりしと同時に、他方に於ては夙《つと》に進歩せる西洋科学を応用せんとする思潮が底深く流れ」ていたのである。藩政の中枢にいた周布政之助《すふまさのすけ》や山田宇右衛門も「攘夷は勅諚にして藩是なれば、これを遵行すべきは勿論なるも、そは国威を輝かすが為めのみ、国威立たば、各国交通の時期来るに相違なし、その時西洋の事情を知り、日新の知識を具へざれば、万国に対峙するを得ず」として、「頻りに新人材を養成するの急務なるを主張し」ていた（春畝公追頌会編『伊藤博文伝』上巻、一九四〇年）。こうした長州藩内の雰囲気も、弥吉に英国留学を思いたたせた要因の一つであったと思われる。

表1－1　長州藩士の海外派遣

氏　　名	期　間	派遣先	目　　的
山県　半蔵	安政元年（1854年）	樺太	幕府の監察使堀織部正に随行し，樺太の地理・風物を探索
北條　源蔵	万延元年 1～9月（1860年）	アメリカ（ホノルル，サンフランシスコ，ワシントンなど）	幕府の遣米使新見豊前守に随行して米国に赴く
桂　右衛門 山尾　庸三	文久元年 4～5月（1861年）	ロシア（沿海州，黒竜江口）	幕吏武田斐三郎と同行し，シベリアのニコラエフスクの状況を観察
杉　徳輔（のち孫七郎）	文久2年 1～12月（1862年）	ヨーロッパ（フランス，オランダ，プロシア，ロシア，ポルトガル）	幕府の遣欧使節竹内下野守に随行し，ヨーロッパの文物を観察
高杉　晋作	文久2年 1～7月（1862年）	上海	支那派遣の幕吏根立助七郎と同行し，上海の形勢を探求

出典：春畝公追頌会編『伊藤博文伝』上巻，1940年。

ある日、弥吉は横浜の居留地で、武田斐三郎の塾で教授手伝いをしていた長州藩の村田蔵六にたまたま出合った。そして、村田の「方今天下の事知るへきのみ、一朝干戈《いっちょうかんか》動けは精鋭の武器を有するもの必す最後の勝利を制せん」という言葉に感銘を受けた（前掲『子爵井上勝君小伝』）。そのため弥吉は、居留地内の米国商館と小銃一〇〇〇挺の購買を約束し、のち江戸藩邸の会計主任来島《きじま》又兵衛に事情を話して正式に購買契約を結んだ。また長州藩は攘夷を藩論とし、その準備を進めていたので、一八六二年一一月（文久二年九月）に横浜のジャーディン・マセソン商会（Jardine, Matheson & Co.）から蒸気船ランスフィールド号を購入し「壬戌丸《じんいまる》」と名づけ、六三年には木製帆船ランリック号を購入して「癸亥丸《きがいまる》」と名づけた。いずれも購入した年の干支にちなんだ命名であった。なおジャーディン・マセソン商会は、イギリスの東インド会社所属商船の医師であったW・ジャーディンと私貿易業者J・マセソンが一八三二年に設立したパートナーシップ形態の商会で、四一年に本店を澳門《マカオ》から香港《ホンコン》に移し、当初は日本との貿易に慎重であったが、一八五九年七月（安政六年六月）に神奈川、長崎、箱館で自由貿易が開始されると対日貿易の準備にとりかかり、横浜に進出していたのである（石井寛治『近代日本とイギリス資本』東京大学出版会、一九八四年）。

弥吉は航海術を学んでいたので、船長として癸亥丸を品川から兵庫へまわすよう命じられ、そこに弥吉と同じくイギリスへの留学を希望していた山尾庸三も測量方として乗り込んだ。弥吉らは、一八六三年四月二七日（文久三年三月一〇日）に品川を出帆し、五月一三日（三月二六日）に京都についたのであるが、この船には江戸の豪商榎本六兵衛（大黒屋）の手代であった佐藤貞次郎が乗り合わせていた。京都の三条通りの豊後屋友吉方に止宿していた貞次郎は、周布政之助および小幡彦七（高政）から一力茶屋によび出され、弥吉と山尾をイギリスに遣わしたいので協力をしてほしいという相談を受けた。貞次郎の回想によれば、そのとき周布は、この二人をイギリスに派遣する理由をつぎのように語っていた。

長州に於て、一の器械を求度思ふなり、其器械と云ふは、人の器械なり、今熟々《つくづく》世態の成り行を考ふるに、尊王攘夷は勿論にして、諸藩輿論の趣く処なれとも、是は一旦日本の武を彼に示すのみ、後必す各国交通の日至るへし、其時に当て、西洋の事情を熟知せすんは、我国一大之不利益なり、依て其時に用る処の器械として、野村弥吉・山尾庸三の両人を英国に遣《つかわ》し度《たく》思ふなり

（周布公平監修『周布政之助伝』下巻、東京大学出版会、一九七七年）

このころ、長州藩には弥吉や山尾庸三と同様に海外留学を考えていた者がいた。志道聞多《しじもんた》（のちの井上馨）である。志道は攘夷のためにはなによりも海軍の強化が必要であると考え、藩費遊学生として江戸に出て海軍術を学んでおり、洋行の希望をもっていたが、佐久間象山の海防論に接していよいよその意を強くしたという。長州藩は象山を招聘しようとし、その内意を探るために山県半蔵と久坂《くさか》玄瑞《げんずい》を一八六三年二月（文久二年一二月）に信州松代に派遣した。象山の招聘は実現しなかったが、山県と久坂は「我が国のみ孤立して攘夷を為すが如きは、決して実行出来ない事であつて、外国と対峙して富強を争はうとするには、海軍を盛んにし、武備の充実を図らねばならぬ」という象山の海防に関する意見を拝聴し、一八六三年三月二日（文久三年一月一三日）、京都に戻った。志道は一両日後二人を京都三条の旅店池田屋に訪ね、象山の海防論の論旨を傾聴した。開国論には同意できなかったが、海軍振興論には強く共鳴し、志道は「象山の説を聴くに至つてその感益々深く、遂に洋行の志を決した」のである。そして脱藩をも辞さない覚悟で藩主をはじめ周布政之助、林主悦《ちから》、毛利登人《のぼる》、桂小五郎（のちの木戸孝允）ら藩政の要人に洋行の実現を上申し、ついに藩当局の承諾を得たのであった（井上馨侯伝記編纂会編『世外井上公伝』第一巻、内外書籍、一九三三年、石附実『近代日本の海外留学史』ミネル

ヴァ書房、一九七二年）。

人の器械となるべく

京都にあった藩侯世子毛利元徳《もとのり》は、野村弥吉、志道聞多、山尾庸三の三人から英国渡航の懇請を受けると、一八六三年六月四日（文久三年四月一八日）、「国家の為め万苦を忍ひて偉功を奏すへし」と励まして、各人に手元金二〇〇両、合計六〇〇両を「稽古料」として手渡した。藩侯には、「宇内の形勢を洞察し西洋文物を採用して藩政の改善を籌《はか》らんとし、先つ藩士を英国に派して事物を研究せしむる」という意図があったのである（前掲『子爵井上勝君小伝』）。なお、この間の事情について、「浦日記」（『毛利家文庫』山口県文書館蔵）文久三年四月一八日（一九六三年六月四日）条には、つぎのような文書がある。

志道聞多
右若殿様御付御小姓役被仰附置候処、被差替親元え可差返哉
慎平嫡子　志道聞多
作兵衛嫡子　野村弥吉
右海軍為修業当亥年より往キ五ヶ年之間御暇可被下候哉
繁沢石見家来　山尾庸蔵（ママ）
右身柄一代士御雇ニ可被準哉
同人

右海軍修業当亥年より往キ五ヶ年之間御暇可被下哉
右三人御暇被下候ハ、于於下心遣仕、外国え航海学校え入込修業仕度由、兼々内願之趣被聞召上候処、此節之時勢にてハ幕府え御申立にも難相成候間、右内願之趣御許容難仰附候、乍尓《しかりながら》一旦兵端を開絶交之上にては、外国之長技採用之思召も難被為行届候儀ニ付、右三人共五ヶ年之間御暇被下、御暇中於于下宿志を遂候様心遣仕、後年ニ至リ罷帰候節は海軍一途を以御奉公仕候様心掛可申之旨御内命可被仰聞置哉
　但本文之通可仰付候ハ、、三人え対し稽古料として御手元より金子取立可被下哉、尤員数之儀は
　追而沙汰奉伺候
一右之趣於爰元ニ沙汰被仰付、御帰国之上御直ニ殿様え被仰上、猶又石見・慎平・作兵衛えも内移(ママ)可被仰付哉

（三宅由紀子「幕末期長州藩の海外留学生」『山口県地方史研究』第八五号、二〇〇一年六月）

この文書は、浦靫負《うらゆきえ》が滞在先の京都で作成し、世子元徳が帰国のうえ藩主の敬親に上申したものである。志道聞多は「若殿様付小姓役」を免ぜられ、野村弥吉とともに海軍修業のため五年間の「御暇」を与えられている。また山尾庸蔵（庸三）は「一代士雇」となり、やはり海軍修業のために五年間の「御暇」を与えられた。三人の英国留学は幕府に届け出ていないという意味で「密航」であったが、長州藩内では正規の手続きを経て藩主および世子の許可を得ていたのである。

この弥吉らの英国渡航計画に、伊藤俊輔と遠藤謹助が加わった。伊藤俊輔は、一八六一年一月一七日(万延元年一二月七日)の来原良蔵《くるはらりょうぞう》にあてた書翰のなかで「昨年已来英学修行の志願あり」と述べており、早くから「海外遊学の志を起し」ていたが(前掲『伊藤博文伝』上巻)、志道の「懇篤な勧説に依り遂に同意を表し」たという(前掲『世外井上公伝』第一巻)。また遠藤謹助もかねてから洋行を切望しており、実兄の江戸藩邸公儀人遠藤多一郎の斡旋で一行に加わることとなった(前掲『伊藤博文伝』上巻)。野村弥吉と志道聞多は、一八六三年六月一四日(文久三年四月二八日)、京都を出て江戸に向かい渡航の準備に取りかかった。このとき京都藩邸にいた小幡高政は、江戸藩邸留守居役の波多野藤兵衛につぎのような書翰を送り、留学への支援を要請した。

然者遠藤謹助儀爰許ニ而亡命致候処、内実志道聞多其外外国行之衆中同道ニ而、何卒一同洋行仕候而、修業之志厚く、夫故内々ハ過日山尾要蔵《(ママ)》同伴御地罷下り申候、右志願之儀ハ、志聞其外篤と承知之由ニ而、太概許妄之事ハ無之様相聞候間、於御地も御試被成候而、弥以相違ノ儀も無御座候ハヽ、路料其外志道聞多其外之衆と同様ニ御下渡被成候間、志願相達候様御取計被成可然候、尤此儀ハ麻田談判之上私より右之次第申上候筈ニ申合候、孰れ巨細之趣ハ志聞よりも可申上候付、与得御聞取可被下候

この書翰も三宅の前掲論文で紹介されているが、野村弥吉らの英国留学の計画に周布政之助と小幡

高政が深くかかわっていたことがわかる。弥吉ら五人の英国留学は、京都藩邸にいた周布政之助を中心に計画され、藩主、世子の承認を受けた長州藩の政策として取り組まれていたのである。

英国留学を準備するにあたって、最大の困難は旅費と学資の不足であった。英国領事のジェイムス・ガワー（James Gower）によれば、英国留学にはイギリスでの滞在費と船賃をあわせて一人約一〇〇〇両、五人で五〇〇〇両を要するというので、藩侯から手渡された六〇〇両の「稽古料」ではまったく足らなかった。そこで、弥吉らは麻布藩邸にある先に注文した小銃代価の準備金一万両を抵当として藩の用達榎本六兵衛から五〇〇〇両を立て替えさせることにし、榎本の番頭佐藤貞次郎にはかって同意を取りつけた。弥吉らは、洋行費を借用し英国領事の斡旋で出立するにいたった顚末をつづった五人連署の陳情書を村田蔵六に託し、村田は弥吉らが出発したのち藩庁にその陳情書を提出した。陳情書には、「幾重も金の儀は不正の廉恐入候得共、飲食抔に遣ひ候訳にては無之、是も否様なければ生た器械を買候様被思召、御緩容奉願上候」（前掲『井上勝伝』）という追記があった。

かくて、野村弥吉（二一歳）、志道聞多（二九歳）、遠藤謹助（二八歳）、山尾庸三（二七歳）、伊藤俊輔（二三歳）ら五名は、西洋文明受容のための「人の器械」となることを要請され、国禁を犯して長州藩からイギリスに派遣されることになったのである（宮地ゆう『密航留学生「長州ファイブ」を追って』〔「萩ものがたり」第六号、二〇〇五年〕および道迫真吾『長州ファイブ物語——工業化に挑んだサムライたち』〔「萩ものがたり」第二八号、二〇一〇年〕）。なお志道聞多は、イギリスに旅立つ前に養家に累が及ぶのではないかと危惧し、井上姓に復している。

2　英国留学

イギリスに密航

一八六三年六月二七日（文久三年五月一二日）の夜、野村弥吉ら五人はイギリスへの出立を前に横浜太田町の料亭「佐野茂」で宴を張り、世話になった村田蔵六と佐藤貞次郎を招いて別れを告げた。そして佐藤の家で髪を切って洋装に改め、ジャーディン・マセソン商会の社員ケズィック（Keswik）の社宅に赴き、その裏手の海岸から小蒸気船を利用してチェルス

長州ファイブ（1863年）
後列左から遠藤謹助，井上勝（21歳），伊藤博文，前列左から井上馨，山尾庸三（村井正利編『子爵井上勝君小伝』井上子爵銅像建設同志会 より）

ウィック号（Chelswick）に乗り込み上海に向かった。時刻はすでに夜中の一一時をまわっていた（前掲『伊藤博文伝』上巻）。

長州藩では、一八五四年四月（安政元年三月）に吉田松陰が下田からアメリカに密航しようとして失敗していたが、それからほぼ九年余の歳月が経っていた。また長州藩は朝命を奉じ、一八六三年六月二五日（文久三年五月一〇日）以降、下関海峡を通る外国艦船に砲撃を加えていた。弥吉ら一行五人は、長州藩が攘夷決行を開始した直後に横浜を出帆したのである。もちろん、弥吉らはそのことを知る由もなかった。

横浜を出てから五日後の一八六三年七月二日（文久三年五月一七日）、弥吉らは上海に到着した。上海は、南京条約締結後の一八四三年一一月に国際貿易港として開かれていた。そして一八四五年にイギリス、四八年にアメリカ、四九年にはフランスがそれぞれ「租界」を設け、欧米諸国の商社、銀行、新聞社などが進出していた。弥吉らがみたのは、欧米諸国の租界となって西欧の近代文明を取りいれながら発展しつつある国際貿易港の上海であった。井上聞多は、このとき早くも「我が国人も攘夷の謬見を破り、開国の方針を執つて進まねば、将来国運の隆盛は望むことは出来ないのみならず、却つて自ら衰亡を招くことに至らう」と、攘夷論に疑問を覚え開国論に転じていた（前掲『世外井上公伝』第一巻）。井上聞多は、高杉晋作、伊藤俊輔、山尾庸三らと一八六三年二月一二日（文久二年一二月二日）に品川御殿山に建設中の英国大使館を襲ったほどの攘夷論者であったが、その井上が上海を一目みただけで開国論者に転向したのである。このことから上田広『井上勝伝』は、上海で近代文明に接した野村弥吉の心情を「弥吉とて（井上聞多と…引用者）同じだつたに相違ない。いや、他のものよりよけい国内において外国事情を調べてきた彼のことだし、それに俊輔や聞多などとちがい、ロンドンまで行つて軍備とか政治とかということより、鉄道、鉱業、造幣等をすすんで研究するにいたつた彼の性格から推して、以上につよくさとるところがあつたとみていい。日本の鉄道建設にささげた彼の後半生は、案外上海で接した近代文明によつて決定されていたのかもしれない」と推察しているが、正鵠を射ているように思われる。

野村弥吉らは、ガワーの紹介状をもってジャーディン・マセソン商会上海支店のケズィック氏（同商会横浜支店員ウィリアム・ケズィックの実兄）を訪ねた。五人のなかでは英語に覚えのある弥吉がケズィックの談話を傾聴し、イギリスへの渡航の目的は何かと聞いていると井上聞多に告げると、聞多は navy（海軍）というべきところを誤って navigation（航海術）と答えてしまった。そのため、航海術の修行のためにイギリスに行くと思いこんでしまったケズィックは、聞多らのためにロンドンに帰帆する二隻の帆船を用意し、親切にも船長に航海術の実地訓練をしてくれるようにと依頼した。そのため弥吉らは、船のなかでひどい目にあわされた。船長らはケズィックの依頼に応えて、帆の上げ下ろし、甲板の掃除、石炭の積み込みなど、船員としての教育を弥吉らに施したのである。また、三度三度の食事も石のように硬いビスケット、塩漬けの肉といった粗末なものであった。

井上聞多と伊藤俊輔の二人が、ペガサス号（Pegasus）という三〇〇トンほどの小さな船に乗り込んで上海を出帆したのは一八六三年一〇月五日（文久三年八月二三日）ごろであった。そして、それから一〇日ほど経って、野村弥吉、遠藤謹助、山尾庸三の三人も一回り大きい五〇〇トンのホワイト・アッダー号（White Adder）に乗り込んで上海を発った。ペガサス号とホワイト・アッダー号は、台湾沖を通過して南シナ海を南下し、マラッカ海峡を抜けてインド洋に出た。そして、そこからマダガスカル島沖を通過し、喜望峰、フリア岬、ポルトガルのサン・ヴィセンテ岬などを経て、一〇月の末から一一月の初めにかけてイギリスのドーヴァーの白い壁に達した。まず、野村弥吉、遠藤謹助、山尾庸三らが一八六三年一〇月の末（文久三年九月中旬）、ロンドンに着いた。井上聞多と伊藤俊輔が乗船したペガサス号は、上海を先に出発したのにもかかわらず、ロンドンに到着したのは一八六三年一一月四日（文久三年九月二三日）と大幅に遅れてしまったのである。

『世外井上公伝』は、彼らがはじめてみるロンドンを「港内は商売用の蒸気船・風帆船が数限りなく停泊して、実に舷々《げんげん》相摩す有様。陸上の市街は三層又は五層の大廈高楼が櫛比《しっぴ》し、汽車は諸方に快走し、工場から昇騰する黒烟は中天に靉靆《たなび》き、人々の往来は織るが如く」と描写している。井上聞多と伊藤俊輔はジャーディン・マセソン商会の世話で、汽車に乗ってアメリカン・スクエア（American Square）のホテルに案内され、先着の野村弥吉、山尾庸三、遠藤謹助と再会した。彼らは、感極まって互いに抱擁し無事を祝った。

ユニバーシティ・カレッジ・ロンドン（UCL）で学ぶ

ロンドンに着いた五人は、ジャーディン・マセソン商会の支配人ヒュー・マセソン（Hugh Matheson）の紹介で、ユニバーシティ・カレッジ・ロンドン（University College, London：UCL）の化学の教授アレキサンダー・W・ウィリアムソン

ウィリアムソン教授

博士（Alexander William Williamson）の家に寄宿することになった。ヒュー・マセソンがUCLの評議会のメンバーの一人であったプレヴォスト（Pre-vost）を通して、ウィリアムソン教授に話をもちこんだのである。

ウィリアムソン教授は英国学士院会員およびロンドン化学協会会長という要職にあり、イギリス化学界の長老として知られていた。当時、エマ・キャサリン（Emma Catherine）夫人とともにUCLから数キロ離れた、フェローズ街（Fellows Road）の小さな家に住んでいた。そこへ五人の日本の若者がやってきた。教授夫妻は彼らを温かく迎えたが、五人が生活をするのにには狭かったので、井上聞多と山尾庸三はカレッジのすぐ近くのガワー街（Gower street）にある画家のアレキサンダー・M・クーパー（Alexander M. Cooper）の家に移った。クーパーは風俗画を得意とし、ロイヤル・アカデミーにも時々出品していたほどの画家であった。

野村弥吉は下宿が決まるとまず英語の勉強に力を入れ、聴講生（Students not Matriculated）としてUCLの法文学部（Faculty of Arts & Laws）に入学した。UCLは一八二六年に中産層や非国教徒らの要望に応えて設立され、オックスフォードやケンブリッジなどの伝統的なカレッジと異なり、宗教上の理由によって就学を差別しないという無宗教性と、実践的な科学・技術の教育を特徴としていた。

ＵＣＬでは、ウィリアムソン教授が担当する「分析化学」の講義のほか、地質や鉱物に関する学問を専攻した。『子爵井上勝君小伝』に挿入されているＵＣＬの修了証書によると、弥吉は地質学のクラス（Class of Geology）にいたことがわかる。日本にも鉄道が必要であると考え、鉱山および土木工学を専攻したのであろう。弥吉は、ＵＣＬでの学習ぶりをみずから「始めは語学算術理化学等を研究し、後には鉱山及鉄道の実業を専習した」（前掲「日本帝国鉄道創業談」）と述べている。

こうしてロンドンでの留学生活が始まったのであるが、弥吉は大学で学ぶだけでなく、ジャーディン・マセソン商会の支配人ヒュー・マセソンの紹介で、実際に鉄道や鉱山の現場に出かけ、実践的な技術を身につけていった。それだけではなく、ヒュー・マセソンには「洗濯は如何にすべきか」「靴は何処にて買ふべきか」といった類の日常生活全般にわたって世話になった（前掲『伊藤博文伝』上巻）。また弥吉ら五人は、一八六四年一月二二日、当時世界一の造幣技術を誇っていたイングランド銀行を訪問し、造幣工場を見学している（前掲『密航留学生「長州ファイブ」を追って』）。

弥吉らは、蕃書調所編纂の英和辞書を用いて日夜熱心に英学を勉強した。その甲斐があって新聞などは辞書を頼りに何とか読めるようになった。ロンドンに来てから半年ほどたった一八六四（元治元）年の正月、弥吉らは生麦事件の報復としてイギリスが艦隊を鹿児島湾に集めて薩摩藩と開戦したという新聞の記事をみて、「我が藩（長州藩…引用者）でも之と競争して下関で開戦したに違ひない」と語り合った。彼らは熟考の末、藩論を攘夷から開国に転換させるため井上聞多と伊藤俊輔が帰国することにした（前掲『世外井上公伝』第一巻）。

蒸気船を利用すれば航海に要する日数を短縮できるが船賃がかさむため、井上と伊藤の二人は一八六四年四月半ば（元治元年三月）に再び帆船に乗ってロンドンをあとにした。喜望峰をまわってマダカスカルにいたる途中で暴風にあって沈没の危機に遭遇したが、上海を経由して同年七月一三日（元治元年六月一〇日）ごろ横浜に帰着した。横浜に着いた井上と伊藤はただちに英国領事ジェームズ・ガワーと面会し急遽帰国した趣旨を説明すると、ガワーは英・仏・米・蘭の四カ国が下関を砲撃しようとしていると告げた。そこで二人は、ガワーを通じて英国公使館の通訳であったアーネスト・サトウ（Ernest Satow）に面談し、その紹介で英国公使オールコック（Rutherford Alcock）と会見すると、和平解決に向けて藩主の毛利敬親を説得すると伝えた。オールコックも長州藩との戦争を避けようとしていたので、二人をイギリスの軍艦バロッサ号（Barrosa）に乗せ長州藩主宛の書翰を託した。書翰では攘夷が無謀であること、幕府の貿易独占を廃し自由な交通・貿易が実現されれば内政には干渉しないこと、などが述べられていた。

井上と伊藤は長州藩家老の浦靫負をはじめ、藩政府要人に英国留学中に見聞した海外情勢や英国をはじめとするヨーロッパ諸国の「富強の実況」を具申し、「従来の国論を翻し、開国の方針に一変せねばならぬ」と説いたが、藩論を変えることはできなかった（前掲『世外井上公伝』第一巻）。そして一八六四年九月五日（元治元年八月五日）、英・仏・蘭・米の四国連合艦隊が下関の砲台を攻撃し始めると、長州藩はわずか三日間で陥落した。

野村弥吉、山尾庸三、遠藤謹助の三人はさらにロンドンにとどまり、学費に窮しながらも学業を続けた。興味深いのは、先に帰国した井上聞多、伊藤俊輔の二人と、ロンドンに残った野村弥吉、山尾庸三、遠藤謹助ら三人の、維新後における歩みにはっきりとした違いが出たことである。井上や伊藤は行政官僚としての道を歩んだのに対し、弥吉は鉄道、山尾は造船、遠藤は造幣と、それぞれの分野で専門官僚としての道を歩むことになったのである。山尾は途中から工部省の行政官僚となったが、弥吉は最後まで一貫して鉄道専門官僚にとどまり、井上や伊藤、そしてあるときには山尾の下僚の地位に甘んじたのである。

ところで一八六五年六月二一日（慶応元年五月二八日）、視察員、通弁、留学生からなる薩摩藩の遣英使節団一九名がロンドンに到着した。このなかには、のちに大阪商法会議所の初代会頭に就任するなど財界で活躍する五代才助（のちの五代友厚）、初代文部大臣となる森金之丞（のちの森有礼《ありのり》）らがいた。弥吉、山尾、遠藤の三人は同年七月二日（閏五月一〇日）の日曜日に薩摩藩留学生の宿舎を訪ね、その後も交流を重ねた（犬塚孝明『密航留学生たちの明治維新――井上馨と幕末藩士』日本放送出版協会、二〇〇一年）。

遠藤はまもなく肺病の兆候があらわれ、一八六六（慶応二）年に帰国を余儀なくされた。在英の野村弥吉からの情報をもとに、井上馨にあてた一八六六年五月一二日（慶応二年三月二八日）付の伊藤博文の書翰には、井上馨と伊藤博文が帰国したのちのロンドンの様子がつぎのように記されている。

当正月仕出之英より野村書簡相達申候処、遠藤謹助帰国之模様に被察申候。此節無程着船乎と奉存

候。山崎小三郎、南同行之処両人共無金にて着英之上大ひに困窮にて、朝夕衣食之事も難弁、昼夜共衣服をも不替、且居処に火炉等も無之深冬を凌き、誠に無窮之貧困を致候由。居住は彼のクーパーの内に居候由。ハリソン父之世話にて有之候処、誰壱人金を出候と申ものも無之送光せし中、山崎は労瘵《(ママ)》之病を得殊の外難儀仕候。折柄ハリソン父より月別二十五パウンド宛を救ひ呉候由にて、それよりドクトルウイレムソン方へ転居、同人夫婦至極懇切に致候由。然処其中に山崎は病気日々深入終に病院に参り療養致し居候趣野村より申参り候処、此節英人ホームと申人本国より渡来中には、山崎は当 march 之始頃終に病死仕候と申居候。実に不堪悲泣事と奉存候。野村書中に云らく、山崎之病気畢竟衣食不足、朝夕余り之困難を経て、其上異郷言語等も不通、且は自国之事を煩念して不休、終に此病を醸すに至る、此已後は必ず外国へ人を出すなれば先づ金等之事を弁し、其上ならでは決而《けっして》送り呉不申様との事に御座候。野村は分析精密学を執行仕候由、山尾はスコットランドに在て造船局に入候由。両人共随分学学《(ママ)》成立候由に承り及申候。

（木戸孝允関係文書研究会編『木戸孝允関係文書』一、東京大学出版会、二〇〇五年）

野村弥吉は、一八六八年九月（慶応四年八月）にUCLを修了した。修了証書には、弥吉の名前が「Mr. Nomuran」としるされていた。これには若干の事情があった。弥吉はお酒が飲めるほうで、お金に余裕があれば留学生同士でよく飲み、日本の情勢について議論をした。その友人たちが、弥吉に「呑乱（ノムラン）」というニックネームをつけた。弥吉はこの「呑乱」が気に入り、みずからも「ノムラン」と名のったので、大学内でこの名が通用するようになり、修了証書にも使われることになったというのである。おもしろい話ではあるが、これが事実かどうかはわからない。ただこの逸話から、酒を飲みながらロンドンで日本の情勢を熱く語っている「豪放磊落《らいらく》」な弥吉の姿が髣髴と浮かびあがってくる。おそらく弥吉は、相当の熱血漢であったと思われる。なお山尾庸三はＵＣＬで学んだのち一八六六年にグラスゴーに移り、さらに二年間そこで勉強した。山尾は昼間はネイピア社の造船所で働いて実地に造船技術を学び、夜はアンダーソンズ・カレッジ（Anderson's Collage）の夜間課程で自然哲学、無機化学、冶金学などを学んだのである（オリーブ・チェックランド著、杉山忠平・玉置紀夫訳『明治日本とイギリス——出会い・技術移転・ネットワークの形成』法政大学出版局、一九九六年、加藤詔士「日本・スコットランド教育文化交流の諸相——明治日本とグラスゴウ」『名古屋大学大学院教育発達科学研究紀要（教育科学）』第五六巻第二号、二〇〇九年度）。

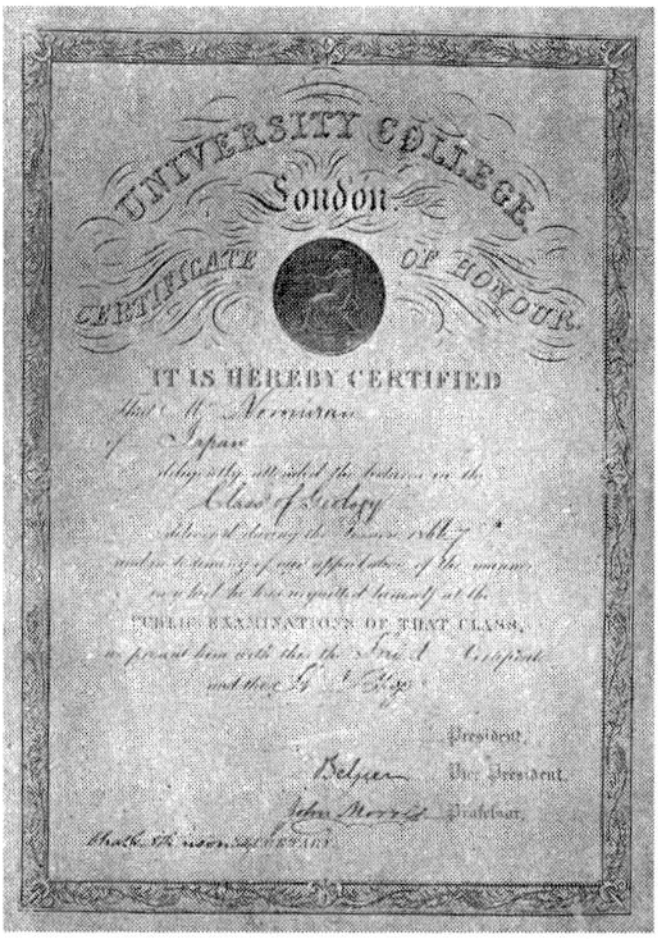

UCLの修了証書（1868年）
（村井正利編『子爵井上勝君小伝』井上子爵銅像建設同志会 より）

帰国

野村弥吉は、長州藩の要職にあった桂小五郎が一八六七年九月二〇日（慶応三年八月二三日）に投函した書翰を同年一一月三〇日に受け取った。そこには、日本では徳川幕府が倒れて新政府が成立し新しい時代が始まろうとしているので、早く帰国してイギリスで学んだ知識や技術を役立てるようにと書かれていた。弥吉は、この桂小五郎の帰国要請に対して、一八六八年一月四日（慶応三年一二月一〇日）、つぎのような返事を出した。

八月廿三日之御投書、西洋十一月三十日相達奉謹読候。私帰朝可仕との君命奉承知候。当国渡来已来、成へく速に帰来せん事を祈候得共、今以て其業成に乏しく帰国仕兼候仕合、節格之君命早速復命し兼、万々恐入候得共、今十ヶ月計之御暇押而願出申度候。只十ヶ月早く帰国を以て是迄苦心之功を十一分に得さるは、私之願而已ならす為国とも相考難く候。文錯雑心事御推量困《ママ》るしく候得共、何卒可然様君上え言上奉希候。謹言

　十二月十日認　　　　井上弥吉

木圭《(桂)》小五郎様

二白　幸に南貞介帰朝、同生一力相尽し可申事に付、差当り君上私帰国を御待も左迄無之と奉推量候。久しく流《ママ》学、諸友之如く速に帰国致し不克、恥辱之至り苦心仕候。其内時下貴体御保養専一に奉存候。以上

二大夫其外音見、竹田壮健勉強之様子、各生皆々当時英都に在り。私此節ニューカーソルと申所え滞留修行、山尾は五十里許西之方に此二、三年滞留、造艦学頗る達業、為国賀し申候。此書御落手已来、無間御一声御聞せ可被下候。多分山尾も同様十ヶ月之余は帰国仕得申候間、

何か差当り要用之器械当国に於て求むへきと御考合有之候はゝ、御申越被成へく候。井、遠、伊三友其外政府之方に可然御一声是祈候。（前掲『木戸孝允関係文書』一）

弥吉は帰国を十カ月ほど待ってほしいと桂に嘆願し、山尾もおそらく同じ考えであるとしている。十カ月ばかり早く帰国してこれまでの苦労を無にしたくないというのであった。弥吉はイギリスでもっと技術を学んで完璧な技術者となって帰国したいと考えていたので、志半ばで帰国するのは本意ではなかった。しかし、桂はさらに英国留学中の萩藩士河瀬真孝に「野村弥吉おいおい君命もこれあり、帰国致し候様にとの御事に御座候。さらに相帰り候様子これなく、政府（萩藩府）一統も甚だいかゞ哉と申し居り候。何卒早々帰国に相成候様、老兄よりも屹度御説諭成さるべく候」（兼清正徳『山尾庸三伝――明治の工業立国の父』山尾庸三顕彰会、二〇〇三年）と、弥吉に帰国を説得するよう依頼した。

弥吉は桂のたび重なる帰国要請に屈服し、ついに帰国を決意した。後年、弥吉はこのときの心境を「本国は已に王政維新の時期到来したりと聞き、将さに為す有るへきを察し匆々《そうそう》帰朝の途に就」いたと語っている（前掲「日本帝国鉄道創業談」）。野村弥吉と山尾庸三は、それからほぼ一年後の一八六八年一一月三〇日（明治元年一一月一七日）の夜、横浜港に降り立った。一八六三年に横浜港を経ってから五年半の歳月が経ち、弥吉は二六歳となっていた。すでに徳川幕府は倒れ、長州藩と薩摩藩を中心とする新しい政府ができていたので、密航の罪を問われるようなことはなかった。

弥吉と山尾は、横浜に帰着した翌日の一二月三一日（一一月一七日）、連名でつぎのような書翰を桂にしたためた。

私共昨夜当港迄帰帆仕候。附而者若し貴兄御閑暇に候は丶僕等帰国前御面会仕度、且万事之御指図被成下候は丶山海難有奉存候。僕等早々御尋可仕之処未た日本之様子専ら不存且衣服之不心得旁一先貴兄之御差図有之候迄は当地に止居仕候。私共凡七、八日位は当所に滞留仕候。其より直様蒸気船に而馬関迄罷帰候間左様御承知奉願上候。以上

十一月十八日

井上弥吉

山尾庸造（ママ）

呈

桂君坐下

二白　若し御答御返被下候は丶横浜本町四丁目中蔦や半兵へ方迄御送り奉願上候。以上

（前掲『木戸孝允関係文書』一）

二人は横浜本町四丁目の中蔦屋半兵衛方に身を寄せ、桂小五郎こと木戸孝允に今後の身の振り方を相談しているのである。木戸は書翰を受け取ると「江戸に来る事を申し送」（日本史籍協会編『木戸孝允日記』一、東京大学出版会、一九六七年）った。弥吉らは一八六九年月一月三日（明治元年一一月二一日）の夕刻、さっそく木戸孝允を訪ねた。木戸は久しぶりの再会を喜び、日記にそのときの様子をつぎの

ように記している。

夕刻山尾庸蔵（ママ）、井上弥吉来る。訣別、図らず再会、心事夢の如し、暫く往時を談じ相共に桜屋に至り数杯を傾く。癸亥《きがい》の攘夷の事決す、彼等と遠遊の約あり、時に余係官、依て余断然相留む、彼をして遠遊せしめ、数輩の同志存するものあらしめんと欲す、図らずも再会、実に浮世の変遷期すべからず。
（前掲『木戸孝允日記』一）

弥吉と山尾はしばらく木戸の家に逗留し、さまざまなことを話し合ったようである。木戸の一月四日（一二月二三日）の日記には「井上、山尾等と終日相談す」と記されている。

木戸孝允
（国立国会図書館提供）

その後二人は長州藩にもどり、弥吉は井上家に復籍して井上勝と名のることになった。実父の勝行が、弥吉は国禁を犯して海外に渡ったので、養家に迷惑をかけてはならないと考え、弥吉の籍を実家に戻し、長男勝一の嗣子としておいたのである。なお、桂小五郎からの書翰に対して井上勝が「野村弥吉」ではなく「井上弥吉」として返信しているところをみると、井上勝は在英中に井上姓に戻ったことを知っていたのかもしれない。

第二章　鉄道の創始と鉄道技術の自立

1　鉄道敷設の「自国管轄方針」

鉄道敷設の廟議決定

故郷にもどった井上勝は小鯖《おさば》村（現・山口市）の父の家に身を寄せ、さっそく山口の藩庁に復命した。長州藩では「直ちに礦業管理の職」（宇部炭鉱の管理とみるべきか）を命じたが、その後まもなくして木戸孝允から「地方に小用するのは中央に大用するに如かさる」と説得されて東京によび出され、一八六九年一一月一三日（明治二年一〇月一〇日）に大蔵省造幣寮造幣頭《ぞうへいのかみ》兼民部省鉱山司鉱山正《こうざんのしょう》に任ぜられた（村井正利編『子爵井上勝君小伝』井上子爵銅像建設同志会、一九一五年）。上京後、井上はしばらくのあいだ、東京築地（現・中央区築地）の西本願寺脇にあった伊藤博文の屋敷に身を寄せていた。伊藤は英国ロンドンへ留学したさいの仲間で、新政府にあっては開明派官僚とよばれ大隈重信とともに鉄道敷設を熱心に推進していた。

大隈重信

伊藤博文

（鉄道博物館提供）

このころ新政府は、すでに鉄道敷設の方針を明確にしていた。大政奉還後の一八六八年一月一七日（慶応三年一二月二三日）に幕府老中小笠原長行から鉄道敷設の許可を得ていたアメリカ公使館員のポートマン（A. L. C. Portman）は、六九年三月一一日（明治二年一月二九日）、鉄道敷設の許可を新政府に追認してほしいという願書を外国官に提出した。外国官知事の伊達宗城《むねなり》および同副知事の大隈重信は、これを一八六九年三月二二日（明治二年二月一〇日）の書面で「鉄道設方之儀は既に我政府に評議之趣有之、我内国人民合力を以て取設候様積」と述べ、「差支候廉不少」として拒否した（外務省編纂『日本外交文書』第二巻、一九三七年）。イギリス駐日公使ハーリー・S・パークス（Harry Smith Parkes）の勧めによって明治政府は、外国人技術者を雇傭し国内資本をもってみずから鉄道を敷設するという、いわゆる「自国管轄方針」を確定していたのである（田中時彦『明治維新の政局と鉄道建設』吉川弘文館、一九六三年）。

一八六九年には東北地方および九州地方で凶荒があり、東京では米不足が深刻な問題となった。北陸地方などには余剰米があったにもかかわらず、運輸の便が開かれていなかったため米価が著しく騰貴し、外国米を輸入しなければならなくなった。パークスは、このことを例にあげて明治政府に鉄道敷設を勧告したといわれている。井上勝は、のちにこの間のいきさつをつぎのように回想している。

我国に鉄道を拵《こし》らへるやうになつた抑《そもそ》もの起りと云ふは、明治二年に大雨が降り米作が出来なかつた為め東京辺の米は十円台にも上つたが、其れに越後の米価はどうかと云ふに僅か五円位である。然るに此廉《やす》い米を東京へ引き寄せることが出来ず遙々《はるばる》支那米を沢山《たくさん》輸入したことがある。此れは何故ぞと云ふに結局交通の不便な為めから起つたことであるから何でも速く鉄道を敷てこんな不都合の無いやうに仕《し》たらよからうと其時の英国公使であつたパークス氏が唱へ出し、此事を今の伊藤侯（伊藤博文…引用者）や井上伯（井上馨…引用者）に勧めたのが始まりであつた。

（「車中の聞書き（井上子爵の話）」『鉄道時報』第四九号、一九〇〇年五月一五日）

新政府には一八六九年八月一五日（明治二年七月八日）に民部省および大蔵省がおかれ、前者は地理、土木、駅逓の三司、後者は造幣寮と出納、租税、監督、通商、鉱山の五司を管理した。しかし同年九月一七日（八月一二日）には民部省と大蔵省を一庁舎にあわせ、民部卿の松平慶永《よしなが》が大蔵卿を、民部大輔《たいふ》の大隈重信が大蔵大輔を兼ねた。そして、同年一〇月一八日（九月一四日）には伊達宗城が民部兼大蔵卿となった。民部大蔵省は大隈重信と伊藤博文という開明派官僚を擁し、鉄道敷設をもっとも重要な課題の一つとし、パークスと鉄道敷設に関する打ち合わせを進めていたのである。

パークスは大隈重信や伊藤博文に鉄道敷設を進言し、鉄道敷設資金についてはイギリス人のホレシオ・ネルソン・レイ（Horatio Nelson Lay）に相談するように勧めた。レイは一八三二年にロンドンで生まれ、四六年に清国にわたり通訳官、上海副領事を経て五九年に清国の総税務司（Inspector General）となり清国の関税の実権を握ったが、一八六四年に退職し帰国した。その後、一八六九年に再び清国にわたり鉄道・電信事業を企てたが実現の見込みが立たず、同年七月に鉄道敷設事業の請負を目的に旧知のパークスをたよって来日したのである（林田治男『日本の鉄道草創期——明治初期における自主権確立の過程』ミネルヴァ書房、二〇〇九年）。

パークス
（鉄道博物館提供）

レイと大隈・伊藤との最初の交渉は、一八六九年一〇月（明治二年九月）に伊藤博文の自宅で行われた（伊藤博文「鉄道創業の事歴」一九〇二年五月一四日、木下立安編『拾年紀年 日本の鉄道論』鉄道時報局、一九〇八年）。このとき伊藤家に寄寓していた井上勝は、「通訳の任に当り（略）親しく其説を聞」いた。井上によれば、この会談こそが「予か鉄道に関渉するの始め」であった（井上勝「鉄道誌」副島八十六編『開国五十年史』上巻、開国五十年史発行所、一九〇七年）。

ついで一八六九年一二月七日（明治二年一一月五日）には、大納言岩倉具視および外務卿沢宣嘉《さわのぶよし》とパークスの三人が、東京の麻布区市兵衛町（現・港区六本木付近）にある三条実美《さねとみ》邸で鉄道敷設に関する非公式な会談をもった（上田広『井上勝伝』井上勝銅像を再建する会、一九五九年）。大隈重信（民部兼大蔵大輔）と伊藤博文（大蔵少輔）は関係者としてこの会談に参加し、井上勝も通訳として顔を連ねた。席上、岩倉らはパークスの質問に答えるかたちで、東京と京都を結ぶ東西両京間鉄道を敷設する方針を決定したことなどを述べ、パークスは鉄道の敷設・経営には政府みずからがあたるべきであると述べた。パークスによれば、鉄道は版籍奉還後も存在する封建割拠の状況を改め、国内統一をはかるのに有効で、とりわけ東京〜京都間の東西両京間鉄道は天皇東幸後における京都の人心の安定にも寄与すると述べた。またパークスは、東西両京間鉄道に続いて敦賀から琵琶湖岸にいたる鉄道敷設の必要を説き、さらに京都〜伏見〜神戸間の鉄道敷設も勧めた。

以上のような経緯を経て、明治政府は一八六九年一二月一二日（明治二年一一月一〇日）の廟議で「幹線ハ東西両京ヲ連絡シ、枝線ハ東京ヨリ横浜ニ至リ、又琵琶湖辺ヨリ敦賀ニ達シ、別ニ一線ハ京都ヨリ神戸ニ至ルヘシ」（鉄道省篇『日本鉄道史』上篇、一九二一年）という鉄道敷設計画を正式に決定した。パークスは、このことを義兄のロックハートにあてた手紙のなかで、「説得の結果、日本政府は江戸（東京）と京都の間に鉄道を敷設することに同意した。うまく完成すれば、すばらしい工事となる。政府は英国技師の援助により、自分の手で鉄道を建設しようとしている。この工事を始めるために、英貨百万ポンドを借款することになる」（F・V・ディキンズ著、高梨健吉訳『パークス伝』平凡社、一九八四年）と述べている。井上勝はこの廟議決定を、のちに「本邦鉄道経営の紀元」であったと述べている（井上勝「帝国鉄道の創業」、前掲『拾年紀念 日本の鉄道論』）。

このように井上勝が上京して造幣頭兼鉱山正に任命されたころには、政府はすでに鉄道敷設の自国管轄方針をかなり明確にしていたといえる。井上は、長い英国留学で養った語学力を買われて通訳を務めたりしが、鉄道敷設の政策決定に直接参加したというわけではなかった。鉄道敷設の政策決定は岩倉具視、三条実美、大隈重信および伊藤博文ら行政官僚の掌中にあり、この段階では井上のような専門官僚が出る幕はなかったのである。

レイとの外資導入契約と破棄

鉄道敷設の廟議決定後、一八六九年一二月一四日、一二月一八日、一二月二八日（明治二年一一月一二日、一一月二〇日、一一月二六日）の三回にわたって明治政府はレイと交渉し、外資導入に関する契約を締結した。その契約によれば、政府はレイを通じて一人または数人から英貨一〇〇万ポンドを年利一二パーセントで借り入れ、一八七三年から一〇年間で元本を返済するということになっていた。担保には、日本の海関税と敷設後の鉄道からあがる収入があてられていた。また政府は鉄道技師や職工の雇入れ、鉄道敷設資材の購入などもレイに一任することにしていた。前掲『パークス伝』はこの間の経緯を、「昨年末に日本政府から、江戸京都間に鉄道を建設することに決定したとの知らせを受けた。建設を開始するのに資金不足で困っていたが、そのころ前中国駐在のH・N・レイ氏が日本訪問中で、鉄道予定線と関税収入を担保として、一〇〇万ポンドを日本政府に貸そうという提案が出された。政府はこの提案を受け入れ、レイ氏は英国へ帰り、以上の金額を調達し、必要な技師たちを雇うことになった」と記している。なお、この契約書に添付された鉄道線路計画図によれば、東京〜大阪〜神戸間の鉄道線路は、東京から宮（熱田）までは東海道筋、宮から桑名までは佐屋路筋、桑名からは再び東海道に入り、やがて伊勢路筋を奈良、大阪、神戸へと向かう路線が考えられていた。そして、さらに兵庫（西宮）の近くから京都を経て敦賀港に向かう路線と東海道から分かれて横浜に向かう路線が描かれていた。

しかし、レイとの契約はまもなく破棄されることになった。大隈らは私的な外債の募集を望んでいたが、イギリスの有力紙であるタイムズ紙の広告によれば、レイはロンドンで日本帝国公債を公募公債として発行して資金を調達し、しかも利率を年利九パーセントとしていた。政府部内ではレイに公債発行を委任したとは認識されておらず、一二パーセントと九パーセントの利率の差額をレイが得ようとしていたことも知らなかった。したがって、このことがあきらかとなれば大隈と伊藤の失策とされることは間違いなかった。

そこで大隈と伊藤はレイとの契約を解除し、横浜に支店があったイギリスのオリエンタル銀行を日本政府代理として危機を切り抜けようとした。政府は特例弁務使として大蔵大丞の上野景範を正使、租税権正前島密を副使に任命してイギリスに派遣し、オリエンタル銀行の協力を得てレイとの契約を破棄することに成功したのである。

ところで井上勝の職位はこのときなおも造幣頭兼鉱山正で、鉄道敷設の業務には直接かかわっていなかった。井上が鉄道敷設にかかわるようになるのは、それから約半年後の一八七一年九月二九日

モレル
（鉄道博物館提供）

（明治四年八月一五日）、工部省鉱山寮鉱山頭兼鉄道寮鉄道頭となってからであった。

モレルの着任と工部省の設置

一八七〇年四月九日（明治三年三月九日）には、レイが雇い入れたエドモンド・モレル（Edmund Morel）が鉄道建築師長として来日した。モレルはイギリスの植民地で、土木、炭鉱などの技師としてさまざまな経験を積んでいたが、来日後まもなくの五月二八日（四月二八日）、伊藤博文の諮問に応じて「国内の事業、物材の使用、細微の事に到迄」を指揮し、「鉄道の建築、道路の補理、海港海岸の増築、灯明台、礦山等の諸件」を管轄する「建築局」をおき、さらに技術者と経理担当者を養成する「建築学校」を設けるべきであるという意見書を提出した（前掲「鉄道創業の事歴」）。

モレルの意見書をもとに土木、鉄道のほか鉱山、電信、灯台、造船などの官業部門を管掌する「工部院」の建置が議せられたが、レイとの契約が見直されるなかで工部院構想は中断した。しかし、一八七〇年一二月六日（明治三年閏一〇月一四日）にオリエンタル銀行を通じてレイとの解約に関する示談が成立すると、一二月一一日（一〇月一九日）に工部省の設置が決定された。岩倉具視や三条実美らの政府首脳は、鉄道と同様に灯台、電信などは日本側に主導権を確保する必要があると考えており、それらを統括する工部の機関を設置しようとしたのである。

発足当初の工部省でもっとも地位が高かったのは、一八七〇年一二月一四日および一五日（明治三年閏一〇月二二日、二三日）付でそれぞれに発令された権大丞《ごんのだいじょう》の山尾庸三と井上勝で、卿はもちろん大輔も少輔も欠いていた。また、発足当初に工部省に移管されたのは山尾が管轄していた横浜横須賀製鉄所掛で、民部省の鉱山司は廃止の布告はなされたが、実際に工部省に移管となったのは一二月になってからであった。したがって、井上勝はそれまで工部権大丞と鉱山正を兼務していたことになる。その後鉄道掛が一八七一年二月二日（明治三年一二月一三日）に、電信掛と灯明台掛が一八七一年六月二七日（明治四年五月一〇日）に工部省に移管となった。

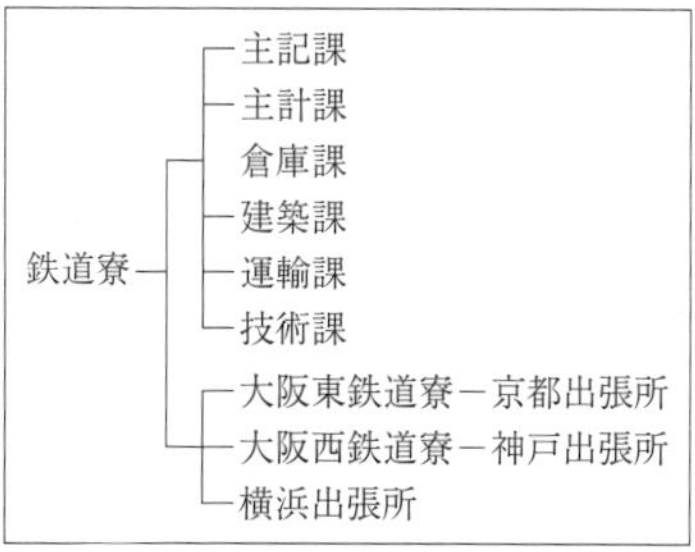

鉄道寮の組織図（1872年）
（野田正穂・原田勝正・青木栄一・老川慶喜編『日本の鉄道』日本経済評論社より）

工部省は、一八七一年八月一四日（明治四年六月二八日）に後藤象二郎が大輔に就任するとようやく省としての体裁が整えられ、九月一一日（七月二七日）には土木司が工部省に移管された。そして九月二八日（八月一四日）には事業機関が整理され、工部省に一〇の寮と一の司がおかれた。一等寮は工学、勧工、鉱山、鉄道、二等寮が土木、灯台、造船、電信、製鉄、製作、一等司が測量であった。鉱山、鉄道、灯台、電信は掛からの改組、造船、製作は旧横浜横須賀製鉄所掛と長崎府から移管された長崎造船所をあわせて改編したもの、土木は民部省から移管した司の改組であった。工学、勧工、製鉄の各寮と測量司は新設であった。

その後一八七二年二月二六日（明治五年一月二四日）には、工部省の職制および事務章程が制定された。工部省の職制は卿、大輔、少輔（以上、勅任官）、大丞、小丞（以上、奏任官）からなり、事務章程では「工部ハ工業ニ関スル一切ノ事務を総管ス」と定められ、「工学ヲ開明スルコト」「百工ヲ褒勧シ工産ヲ繁昌セシムル事」「鑛礦一切ノ山物ヲ主宰ス、故ニ諸礦山ヲ管轄スルコト」「鉄道、電信、灯台、礁標《しょうひょう》ヲ建築修繕スルコト」「船艦ヲ製造修理スル事」「諸般ノ製作ニ供スル銅鉄鉛類ヲ錬製鋳造シ及ヒ各種ノ器械ヲ製作スル事」「海陸ヲ測量スルコト」が工部省管掌の事務とされた。鉄道の建築・修繕も工部省の事業とされたが、運賃や行線については「工部卿輔之ヲ判案シテ其要旨ヲ略記シ、又ハ処分ノ法案ヲ作リ上奏シテ制可ヲ乞ヒ後之ヲ施行スヘシ」（大蔵省編『工部省沿革報告』一八八九年）とされた。

狭軌道の採用

廟議決定による鉄道敷設を実現するには、まず軌間（ゲージ）を決定しなければならなかった。日本の鉄道の軌間はオーストラリアやニュージーランドなどイギリスの植民地並みの狭軌（三フィート六インチ、一〇六七ミリメートル）とされたが、その決定のプロセスは不詳である。当時民部兼大蔵大輔であった大隈重信の回顧によれば、一八七〇年四月（明治三年三月）にモレルと会見したときに軌間の説明を受け、「元来が貧乏な国であるから軌幅は狭い方が宜からう」と答えたとされている（「大隈新会長歓迎晩餐会 会長大隈侯爵の答辞」『帝国鉄道協会報』第二一巻第七号、一九二〇年七月）。

井上勝も狭軌道を採用すべきであると考えていた。井上によれば、狭軌を採用するにあたっては、イギリスでの「軽便鉄道論」の影響やモレルの進言もあったが、当時「我国の如き山も河も多く又屈曲も多き地形上に在りては三呎《フィート》六吋《インチ》ゲージを適当とす」という意見が多数を占めていた。すなわち、欧米で採用されているような四フィート八インチ半（一四三五ミリメートル）の広軌道では「過大に失し不経済」であり、「殊に現下の勢にては広軌にて百哩造るよりも狭軌にて百三十哩も造る方、国利尤《もっとも》多からん」と考え、狭軌道の採用を大隈に建言したというのである（井上勝「日本帝国鉄道創業談」、前掲『子爵井上勝君小伝』）。

また井上は、一八八七年七月、陸軍参謀本部長の有《あり》栖《す》川宮《がわのみや》熾仁《たるひと》親王にあてた「鉄道改正議案ニ対スル上陳書」においても「吾邦ノ鉄道ハ漸次内部山嶺険峻ノ地ニ延長セサル可ラスシテ必ス急ナル屈曲ヲ要スヘク、又運輸ノ数量ハ非常ニ多キニ至ラサルモノ多ク、而シテ到底峻急ナル陂度ヲ要スルヲ以テ速力ハ第二ノ問題トセサルヲ得サル等ノ諸要点ヲ斟酌シ」て（前掲『日本鉄道史』上篇）、一〇六七ミリメートルの狭軌道を採用したと述べている。すなわち、狭軌道を採用したのは日本の急峻な地形や経済の幼稚な発展段階を考えてのことで、資金や鉄道の延長を優先し速力の問題を次善の策と考えたからであるというのである。

しかし、この井上による狭軌道の採用には興味深い後日談がある。狭軌道は工業化の進展とともに輸送力不足をひきおこし、日清戦争（一八九四〜九五年）前後には批判の矢面に立たされるようになった。井上はそうした批判に対して、一八九五年一一月二五日刊の『東洋経済新報』（第二号）に掲載された「井上子鉄道談」のなかでつぎのように答えていた。

動《やや》もすれば我国の鉄道に最初より広軌道制を採らざるの不可を責めて嘖々《しゃくしゃく》す、然れども明治の初年初めて東京横浜間に所謂陸蒸気《おかじょうき》の敷設せられたる当時の国状如何を回憶せよ、伊藤、大隈二人が衆論を排して鋭意之れが建設の事に勗《つと》むるや物議洶湧《きょうゆう》刺客二人の身を窺《うかが》ふに至りたる事人の知る所の如し、今となりてこそ狭軌道を取りたるは大体の方針を過まりたるものなりとか、広軌道を採らさりしは国家百年の長計を失ひたるものなりとか、口重宝彼是非難を試むるなれ、陸蒸気敷設の当時乃至二十年、十五年の往時にありて誰れか二十八年の今日に此鉄道世界あることを予測し得たるものぞ、人を責むるに周にして酷なるものと謂ふ可し

このように井上によれば、明治初年に狭軌道を採用したのは、当時の国情を考えればやむをえなかったのである。そして、狭軌道のままでも「複線を布設して可及的便法を取るに於ては前途約二十年間は格別差閊《さしつかえ》なかるべきを信ず」、あるいは「二條の鉄軌を三條とし狭車は従来の軌道により、広車は其片輪を従来の軌道に他の片輪を新加の軌道に箝《はさ》め、以て運転する」「貨車客車の車輪部に属する所のみを改修して広軌道に適合するの工夫を施す」などの「簡便」な改良によって輸送力を増強できるとも主張していた。

興味深いのは、その後井上勝の狭軌道に関する認識が徐々に変化していることである。すなわち一

九〇〇年の段階では、鉄道が「今日の如く発達するなれば無論欧米の通り広軌道が適当だ」としながらも、「今日でも鉄道を速成するには矢張現行のゲーヂが或る意味に於ては適当ならん」（前掲「車中の聞書き」）と述べていた。しかし日露戦争後になると、「只慙愧《ざんき》に堪へない事が一つある、夫れは我国に鉄道が出来てから四十年になる、其時なぜゲージを四呎《フィート》八吋《インチ》半の広軌にして置かなかつたのか、日清戦役には彼の様に勝ち、日露戦役にも彼の様に勝ち露国を満洲より追ひ払ふやうな進歩を我国に予期して居たならば、マサカ狭軌にしては置かなかつたにと、余は全く先見の明がなかつたのを頗る愧《は》ぢて居る次第だ」（井上勝「先見の明なきを愧ず」『鉄道時報』第五〇五号、一九〇九年五月二日）と、狭軌道を採用したことを悔いるようになったのである。

前島密の「鉄道臆測」

井上勝は、前島密が著わした「鉄道臆測」を高く評価していた。前島は、近代官営郵便制度を創設した官僚・政治家で「日本郵便の父」として知られているが、一八七〇（明治三）年に「鉄道臆測」なる鉄道敷設計画書を著している。前島は越後国頸城《くびき》郡下池部村（現・上越市）の豪農・上野助右衛門の二男として生まれ、江戸に出て医学を修め、蘭学・英語を学んだのち、一八六六（慶応二）年に幕臣前島家の養子となったが、明治維新後の一八六九年三月三〇日（明治二年二月一八日）に民部省九等出仕改正局勤務を命じられた。前島は一八七〇年のある日、大隈重信から

前島密（明治初年）
（前島密『鴻爪痕』より）

東京～横浜間鉄道および東京～大阪間の東海道鉄道の収支を明らかにせよと命じられた。それに応えて著されたのが「鉄道臆測」であった。

前島は、お雇い外国人の灯台器械方リチャード・ヘンリー・ブラントン（Richard Henry Brunton）が執筆した「鉄道ニ関スル意見書」を読んで参考にし、みずからも東海道の実地調査を試みて「鉄道臆測」を作成した。すなわち、私設鉄道が一〇年間で東京から西京（京都）を経て大阪にいたる幹線と東京～横浜間、大阪～神戸間の二支線を落成した場合の建設費や営業収支の「推算書」を作成し、鉄道敷設資金の調達方法を示したのである。それによれば、敷設費は一一〇二万五〇〇〇両、営業収入は六〇〇万両で、その三分の一にあたる二〇〇万両が営業費と見込まれていた。前島によれば、私設鉄道会社が鉄道敷設資金を調達し一二パーセントの利息を支払っても二六七万七〇〇〇両の利益が生じ、原資は五年間で償却できるというのであった。

このように「鉄道臆測」は株式発行による資金調達の必要を説いたもの、すなわち私設鉄道による鉄道敷設を念頭においたものであるが、前島自身ものちに回顧しているように、「政府の鉄道に対する方針は、最初から国有と決して居たのでも何でも無く、当時は却つて私設主義の方に傾いて居た」（前島密「帝国鉄道の起源」、前掲『拾年紀念 日本の鉄道論』）のであった。井上勝も「国有」か「私設」かという、鉄道の経営形態の問題にはまったく触れずに「将来時勢の変遷もあれは其予算果して当りしや否やは知らされとも、之を鉄道予算の鼻祖と称するも可ならんか」（前掲「帝国鉄道の創業」）と、「鉄道臆測」を歓迎していた。井上にとっては、一八六九年一二月の廟議で決定された鉄道敷設計画の早期実現こそが重要な課題であり、前島の「鉄道臆測」はそれに資金的な見通しを与えたものとして高く評価したのである。このようにこの段階では政府も井上も、私設鉄道の敷設に必ずしも否定的なわけではなかったのである。

2　京浜間、京阪神間の鉄道敷設

東京〜横浜間鉄道の敷設

一八七〇年四月一七日（明治三年三月一七日）、建築師長のエドモンド・モレルらが横浜に到着し、東京〜横浜間鉄道敷設のための線路測量が神奈川、品川の両県に令達された。鉄道事業は民部、大蔵両省の所管となり、一八七〇年四月一九日（明治三年三月一九日）に両省中に鉄道掛がおかれた。鉄道事務を主管する寮司がないため、鉄道掛の事務局は東京築地の旧尾張藩邸におかれた。測量は六郷川を境に東京、横浜の両端から行われ、東京側は一八七〇年四月二五日（明治三年三月二五日）に東京芝口汐留の近くから、横浜側では同年四月二二日（明治三年三月二二日）に横浜出張所がおかれ五月三日に横浜野毛裏海岸から着手された。

一八七〇年七月に東京〜横浜間一八マイル（約二九キロメートル）の鉄道敷設工事が、モレルの管理・設計によって開始された。鉄道掛に任命された監督正の上野景範が、建築師長のモレルとともに工事を監督し、建築副役ジョン・ダイアック（John Diack）、ジョン・イングランド（John England）、チャールス・シェパード（Chales Shepherd）らのお雇い外国人が直接鉄道敷設工事の指導にあたった。

東京～横浜間鉄道は日本で最初の鉄道であったので、工事はすべて外国人技師の指導・監督のもとに行われたのである。

一八七〇年八月一三日（明治三年七月一七日）には、同年八月六日（同年七月一〇日）に民部省と大蔵省が分離したのにともない、民部省に土木、駅逓、鉱山、通商の四司のほか、あらたに聴訟、社寺、鉄道、電信機、燈明台、横須賀製鉄所の六掛がおかれ、鉄道掛が鉄道敷設工事にあたることになった。このいわゆる民蔵分離に対して、民部権大丞であった井上勝はのちに「初め鉄道経営の主掌官庁は民部大蔵合同の下に属して上野景範、塩田三郎等御用掛となりて一切に従事せしか、三年の夏民部大蔵は分割し鉄道は民部に専属し大輔大木民平、少輔吉井幸助（輔）等の管轄する所となり、上野、塩田も外国公使等に転任し、鉄道経営も少しく頓挫の気味なりし」（前掲「日本帝国鉄道創業談」）と鉄道事業がスムーズに進まなくなったと回顧している。

なお、お雇い外国人の指導のもとで測量などの作業に従事していた鉄道掛の役人たちは、いずれも羽織、袴に陣笠という出で立ちで、実地の活動にははなはだ不便であった。こうした状況をみて、工部権大丞の井上勝は太政官に「当省（工部省…引用者）官吏の着服は諸官省の如く羽織袴にては動作不便なるのみならず、器械運転の際災害も計り難ければ、予《かね》て仰出《おおせいだ》されし非常服或は筒袖股引勝手次第に着用し、工場のみならず営中諸官省へも其侭《そのまま》出頭苦しからざるやう許可あり度」と稟申し、ただちに許可されたという（菅野忠五郎他編『日本鉄道請負業史 明治篇』鉄道建設業協会、一九六七年）。

東京～横浜間鉄道の敷設工事では、神奈川、高輪で海中築堤が行われた。一八七一年九月（明治四年八月）になって本芝海岸の鉄道築堤工事が始まると、本芝町の町年寄川村常松ら沿線住民は汐入通船口が設置されていないので損害をこうむるのではないかと考え、東京府に対しその設置を再三にわたって要求した。東京府知参事は、工部省の井上勝鉄道頭に東京府が住民の要求を退けるのは難しいと訴えた。これに対し井上は、東京府知事由利公正《ゆりきみまさ》に対し「本芝海岸鉄道線築造ニ付、小民共愁訴切迫之趣御申越致承知候。右ハ兼而御打合之上最寄民居弁利之為本芝小川掘割中ニ有之、且本日福岡権典事江大江卓造より御談および候通、成功之上弥以事実差支候節ハ見込ヲ以差支無之様処置可致。右等御含其筋江御説諭有之度、此段御報旁申進候也」（「鉄道一件（明治四年）」『東京府文書』）という返答をした。井上は沿線住民の切迫した状況を承知のうえで、竣工後実際に問題が生じれば対処するので住民を説諭するようにと述べている。鉄道敷設工事をなによりも優先するという井上の姿勢が垣間見えて興味深い。なお、この一件は住民の費用負担による通船口の設定ということで落着した（柏原宏紀『工部省の研究――明治初年の技術官僚と殖産興業政策』慶應義塾大学出版会、二〇〇九年）。

帰国時の井上勝（1868年）
横浜にて撮影（26歳）（『鉄道時報』第569号，1910年８月13日 による。写真は鉄道博物館提供）

鉄道掛は一八七〇年八月二六日（明治三年七月三〇日）には大阪～神戸間二〇マイル二七チェーン（三二・七キロメートル）の

鉄道敷設にも着手し、出張所を大阪と神戸において関西鉄道局と称した。このように東京〜横浜間および大阪〜神戸間の鉄道敷設が着工されたが、井上勝はこれらの工事に最初からかかわっていたわけではなかった。

鉄道頭に就任

井上勝は工部省が設置されると、山尾庸三とともに権大丞を拝命して同省内の事務処理にあたり、一八七一年九月二九日(明治四年八月一五日)に鉱山頭兼鉄道頭に任命された。井上を鉄道頭に任じたのは、一緒に英国に留学した井上馨と伊藤博文であった。いよいよ鉄道敷設に着手する段になって、彼らは「鉄道頭としては、此男より外に適当の人物無しとまで放言して」(「飯田俊徳君(一)」『鉄道時報』第一五〇号、一九〇二年八月二日)井上を推薦したといわれている。

なお鉄道頭は勅任官で、「鉄道一切の事務ヲ管掌」(「鉄道寮事務章程」、前掲『日本鉄道史』上篇)する鉄道寮の「諸官員ノ首長」で「鉄道一切ノ事務ヲ管理スル」ことを職務とし、卿輔につぐ地位にあった(「鉄道寮職制」、前掲『日本鉄道史』上篇)。

こうして、井上勝は鉱山頭との兼任ではあったが鉄道頭に任ぜられ、直接鉄道行政にかかわっていくことになった。『子爵井上勝君小伝』によれば、「抑も公(井上勝…引用者)か鉄道事業に関係せしは二年の冬、伊藤侯爵とレー氏との談判に通訳の労を取りしに始まり、民部工部の丞官として常に其議に参せしは固よりなれとも、公然責任を負ひしは此時を以て始めとなす」のであった。また、みずからも、鉄道頭に任ぜられたことによって「始めて表面鉄道主宰の位置に立ち(略)夫れより躍起と督励して京浜幷に阪神の工事を進行せしめ、且つ外国技師を分派して大阪以北京都を経て大津に出るの

鉄道開業式 横浜式場の図
（1921年南薫造筆，日本交通協会所蔵）

線路を測量せしめた」（前掲「日本帝国鉄道創業談」）と、のちに語っている。

東京～横浜間鉄道の開業

東京～横浜間鉄道は一八七二年六月一二日（明治五年五月七日）に品川～横浜間一四マイル六二チエーン（二三・八キロメートル）が仮開業したのち、一〇月一四日（九月一二日）に全線一八マイル（二九キロメートル）が完成して鉄道開業式を迎えた。井上勝は、この間一八七二年八月七日（明治五年七月四日）に鉱山頭を免ぜられて鉄道頭専任となった。井上は兼務の鉱山頭をはずされて、鉄道頭専任として東京～横浜間鉄道の開業式に臨んだのである。

開業式は当初一八七二年一〇月一一日（明治五年九月九日）の重陽の節句に実施する予定であったが、大雨のため一〇月一四日に延期され、秋晴れの涼風そよぐなかで行われた。

新橋、横浜両式場の飾り付けを英国人建築家ジョン・スメドレー（John Smedley）に委託したところ、柱を緑葉で巻いて万国旗が張り渡され紅白の球灯がかけられた。紅白の球灯がかけられたのは井上鉄道頭の発案によるもので、日本で洋式装飾が行われたのはこれが最初であったといわれている。また新橋停車場では周囲に木柵をめぐらし、井上鉄道頭の要望で三カ所に緑葉の大アーチをつくったとのことである（前掲『日本鉄道請負業史　明治篇』）。

開業式には明治天皇が臨席した。井上勝は山尾工部少輔と並んで明治天皇を迎え、鉄道図一巻を天皇に手渡した。開業式後の一八七二年一一月二五日（明治五年一〇月二五日）、参議大隈重信、工部大輔伊藤博文、それに鉄道頭井上勝と鉄道助竹田春風《しゅんぷう》、七等出仕伊東勅典《ちょくてん》に、鉄道敷設の功労者であるとして賞与が下賜された。また、お雇い外国人の鉄道差配役ウィリアム・ウォルター・カーギル（William Walter Cargill）、建築師長代理チャールス・シェパード、建築副役J・A・デューイング（J. A. Dewing）、運輸長ウィリアム・ゴールウェー（William Galway）、汽車観察方フレデリック・コリール・クリスティ（F. C. Christy）、汽車器械方トーマス・ハート（Thomas Hart）、建築頭取ジェームス・アナンド（James Anand）、医師シォボルド・アンドリュー・パーセル（Theobald A. Purcel）、同エドウィン・ホィーラー（Edwin Wheeler）らも賞与の下賜を受けた。

なお、開業式のあとで催された宴席に井上は病気のため欠席をした。その席上、祝辞に立った鉄道差配役のカーギルは「我益友鉄道頭井上勝公の病患にて此席に在らさる而已《のみ》遺憾なり」（前掲『子爵井上勝君小伝』）と述べたといわれている。また、一八七二年一〇月二五日、井上は「鉄道創業の儀は我邦未曾有の大業に候処精励尽力成功に及候段叡感不浅依之為其賞目録の通下賜候事」という御沙汰書を賜り、金四〇〇両および白縮緬一匹を与えられた（三崎重雄『鉄道の父 井上勝』三省堂、一九四二年）。

ところで東京〜横浜間鉄道をはじめ、日本の創業期の鉄道に大きな貢献をなした初代建築師長のエドモンド・モレルは肺結核の病に倒れ、一八七一年九月（明治四年八月）にインドへの転地療養が認められた。明治天皇から療養費五〇〇〇円が下賜されたが、インドに出発することなく同年一一月五日（同年九月二三日）に死去した。井上勝はその数日前にモレルを見舞い、モレルの病状を大隈重信あての書翰（一八七一年一一月一日）で「過刻川崎より後藤氏迄申遣候処、着港直様《すぐさま》モレルへ見舞、既に没命之有様気之毒之至り、何卒今晩より明朝迄今朝申上置候事何卒御運ひ被成下度」（早稲田大学大学史資料センター編『大隈重信関係文書』二、みすず書房、二〇〇五年）と伝えている。

大阪〜神戸間鉄道の敷設　明治政府は大阪〜神戸間二〇マイル二七チェーン（三二・七キロメートル）の鉄道を当初から東京〜横浜間鉄道と一体のものと考えていたが、着工されたのは約四カ月遅れの一八七〇年八月二六日（明治三年七月三〇日）であった。また開業したのは一八七四年五月一一日で、同じく一年八カ月遅れであった。そのためか、阪神間鉄道には京浜間鉄道とはやや異なる特徴がみられた。

まず京浜間鉄道の六郷川鉄橋は木橋であったが、阪神間鉄道の神崎川や武庫川にかかる橋梁は錬鉄製のトラスを用いた鉄橋であった。また、大阪から神戸に向かって西宮をすぎると石屋川、住吉川、芦屋川があるが、この三河川に日本で最初の鉄道トンネルが開鑿された。これらは六甲山系から大阪湾に注いでおり、短距離で急勾配なため土砂の堆積がいちじるしく、川底が道路よりも高い天井川であった。そのため、川底を開鑿してこえなければならなかった。

トンネル工事は開鑿工法によってなされ、まず一八七〇年一二月一六日（明治三年閏一〇月二四日）に石屋川トンネル（長さ六一メートル、幅四・三メートル、高さ四メートル）が着工され、翌七一年に住吉川トンネル（長さ五〇・三メートル、幅四・三メートル、高さ四メートル）と芦屋川トンネル（長さ一一一・三メートル、幅七・七メートル、高さ五・一メートル）が着工となった。石屋川トンネルと住吉川トンネルは単線であったが、芦屋川トンネルは複線であった。

建設工事はお雇い外国人が担当し、N・ノルデンステット（N. Nordenstedt）が神戸停車場、チャールズ・ハーディ（Charles Hardy）が神戸〜住吉間、トーマス・グレー（Thomas Grey）が住吉〜西ノ宮間、ダイアックが芦屋川〜神崎川間、ウィリアム・ロジャース（William Rogers）が神崎川〜大阪停車場間、セオドア・シャン（Theodore Shann）が武庫川、神崎川、十三《じゅうそう》川の三橋梁の工事を担当し、イングランドが全線を主管した。

京都〜大阪間鉄道の敷設

一八七一年八月一日（明治四年六月一五日）には京都〜大阪間鉄道の測量が開始され、備英国人建築副役A・W・ブランデル（A. W. Blundell）が担任した。京都に出張所がおかれ、工部省出仕佐藤政養（与之助）がその事務を管理した。この間、井上勝は大阪から京都を経て大津にいたる線路を測量し、大阪〜京都間の路線選定に関して一八七二年三月二日（明治五年一月二三日）、「大坂西京間鉄道建築調書」を工部省に提出して大阪駅を頭端式とせずに通過式とすべきであると主張した。

京都〜大阪間鉄道の路線選定をめぐっては、神戸から大阪に入ってきた線路を、甲案＝そのまま吹田を経て京都に向けて延長する（大阪堂島から本庄、中津を貫き捷路《しょうろ》をとって吹田を経て京都に達す、四五・四キロメートル）、乙案＝いったん大阪から神崎まで後退させ、神崎で阪神間の線路と分かれて京都に向かう（大阪堂島から神崎にいたり、右行して吹田に出て京都に達す、四八・四キロメートル）という二つの案があった。乙案は大阪の始発列車および終着列車には便利であるが、京都〜神戸間の直行列車は大阪でスイッチバックをしなければならない。これは「総て雇外国人の測定に係」るもので、これを採用すれば「大坂以東の交通は永く無限の不利を被らん」として、井上は甲案の採用を主張した（前掲『子爵井上勝君小伝』）。甲、乙両案の建設費をみると、甲案一三一万四八四一ドル、乙案一二七万六三九三ドルで、乙案は神崎川、十三川の架橋を避けることができるので甲案よりも建設費が安かったが、京都〜大阪間の鉄道は、「捷路」であるということが決定的な要因となって一八七二年三月一三日（明治五年二月五日）、甲案に決せられた（前掲『日本鉄道史』上篇）。井上は、このときすでに計画段階の鉄道の工費を算出する能力を身につけていたのである。

このように外国人技師たちは、京阪間鉄道については大阪駅でスイッチバックする方式を採用すべきであるとしていたが、井上はこれをきっぱりと否定して大阪駅を通過式停車場とした。そのため大阪駅は堂島から北に後退し曽根崎に建設された。前掲『子爵井上勝君小伝』は、井上のこの行動こそが「邦人にして線路採択を云為するの嚆矢」で、「外人為めに呆然」となったとしている。京阪間鉄道の敷設は一八七三年一二月二六日に着工となり、傭英国人建築師ダイアック、ブランデル、ジェームス・エドワード・デー（James Edward Day）、ロジャース、シャンらが工事を分担した。なお、京阪間鉄道工事にあたって労働力の供給を命じられたのは大阪の実業家藤田伝三郎の率いる藤田組であった（前掲『日本鉄道請負業史　明治篇』）。

鉄道頭の辞任・復職と鉄道寮の大阪移転

井上勝は、工部大輔の伊藤博文が岩倉使節団の一員として渡米欧中の一八七三（明治六）年七月二一日、鉄道頭を依願免職となった。井上は退官を求めた事由について、一八七四年二月の伊藤工部卿宛の書翰のなかで、「閣下大命ヲ奉シテ各国ニ使ヒシ、其亜官該省ノ事ヲ理スルニ当リシヨリ日ヲ逐ヒ月ヲ経ルニ随ヒ悲哉其亜官ト共ニ不信ヲ懐キ、頗ル議ノ協サルニ至リ勉テ事ヲ倶ニセントスルニ堪ヘス、強而《しいて》命ヲ須《もち》ヒントスルモ不忍《しのばず》此際タトヘ堪忍《たえしの》フモ到底勝カ国家ニ奉スルノ志ニ背クアルノ故ニ不得止一旦職ヲ辞ス」（前掲『日本鉄道史』上篇）と述べている。

伊藤博文の留守中、工部省を指揮したのは工部少輔の山尾庸三であった。山尾はかつてともに英国ロンドンへ留学した仲間であったが、井上は山尾のさまざまな干渉に耐えられないとして鉄道頭の辞任を申し出たのである。井上が鉄道頭を辞すると同時に鉄道助の太田資政《すけまさ》が鉄道権頭に任ぜられ、同じく鉄道助の竹田春風が工部少丞となった。

しかし、伊藤博文が帰国したのちの一八七四年一月一〇日、井上勝は政府から説得されて鉄道頭に復帰した。現職に復帰した井上は、同年二月一〇日、さっそく伊藤工部卿に鉄道寮の大阪移転を建議した。その趣旨は、「東京横浜間線路は已に竣成して目下復た為すへき事なし、之に反して阪神の建築は未た告竣に至らす、京阪の工事又将《ま》さに始まらんとす、且予か暫時引退せし間に於て濫《みだ》りに規模を膨大にし、外国人を多数に増聘して洛東敦賀線及名古屋方面を測量せしめつゝあり、鉄道の事業は今方さに関西地方に旺《さか》んなり、我々晏然《あんぜん》として東京に起臥《きが》すへき時に非す、宜しく本寮を大阪に移して指揮監督を敏捷《びんしょう》ならしむへし」という点にあった（前掲「日本帝国鉄道創業談」）。

井上の建議は容れられ、鉄道寮は大阪に移転した。そして井上は、常時現場を巡回して内外従業者を督励し、一八七四年五月には阪神間の工事を竣功させ一一月に運輸営業を開始した。また、京都〜大阪間二七マイル（四三・四キロメートル）の鉄道敷設も漸次竣工し、一八七六年九月には京都大宮通りに仮停車場を設けて京阪間の運輸営業を開始した。開業式は京都本停車場が竣功したのちの一八七七年二月に行われたが、井上はこれを「関西地方鉄道開業式の嚆矢」（同前）であったとしている。日本の鉄道開業距離は、創業以来約八年を費やして東西あわせ七〇マイル（一一二・六キロメートル）となった。

ところで、一八七四年八月一七日、木戸孝允につぎのような書翰をしたためている。

> 東下難論日々荏苒《じんぜん》、若武者数多之(有、欠カ)大臣等は兎も角も、我君を始め一、二之大臣等、老台之御帰省被為在を患る者は嘸《さぞ》かし心細きものあらんかと、兼而之職掌は唯クロカネ之道作に候へ共、過日来東下之形勢聞の侭□(ママ)円思ひ付、尊台御帰京之時かと勘考之余り、素より御進退之御気付可申上迄も無之候へ共、我心に思ひ之侭一書呈上仕候。

（木戸孝允関係文書研究会編『木戸孝允関係文書』一、東京大学出版会、二〇〇五年）

井上勝は長州藩の先輩木戸孝允にあてた書翰で、みずからの職は「クロカネ之道作」であると述べ、政局への関与を自制するとしている。井上勝は、井上馨や伊藤博文とは幕末期に英国留学を試みた仲間であったが、彼らが行政官僚として新政府のなかではなばなしい活躍をしているのをみながらも、みずからは「鉄道の圏内に踏留ま」る覚悟を決めたのである（谷口守雄『随筆集　落葉籠』鉄道弘済会、一九四二年）。

3　大津線、敦賀線の敷設

鉄道敷設の停滞

一八七二年一〇月一四日（明治五年九月一二日）の京浜間鉄道につづいて、七四年五月一一日には大阪～神戸間の官設鉄道が開業したが、京都～大阪間鉄道は七三年一二月二六日に着工されたものの、全線が開通したのは七七年二月五日であった。井上勝が鉄道庁長官に復帰してから四年の歳月を経たが、その間に敷設されたのは京都～大阪間鉄道二六マイル六四チェーン（四三・一キロメートル）のみであった。鉄道敷設はその後も停滞し、ようやく軌道にのるのは一八七八年に起業公債の発行が決定されてからであった。

井上勝は、鉄道敷設が停滞したのには「無余儀事情」があったとしてつぎのように述べている。

丁度七年には佐賀の事変か起り、続て萩の事変あり、台湾の征討、支那の談判等大事打続き、漸く夫等騒動の余波も全く収まらんとする時に又も西南の大事変起れり、政府も夫等鎮撫及善後策に専ら猷謀を費やし、用度も非常に支出せしなり、素より新造の政府にて辛々百般の事を支持し来りし処へ、右等の臨時事件打続きては実に眼前の処置のみにも困難せしならん、迚《とて》も利益を将来に期する鉄道事業等に顧念するの余地なかりし（前掲「日本帝国鉄道創業談」）

佐賀や萩での士族の反乱、さらには西南戦争や台湾征討などの対策に追われ、財政支出がかさみ、鉄道敷設を推進するどころではなかったというのである。井上はこうした事情に理解を示し、鉄道事業の停滞も「時勢の然らしむると云ふの外無き」（同前）と認識していた。

しかし、政府が一八七五年に内国運輸網を海運中心に編成するという方針を打ち出していたことにも注意を払わなければならない（小風秀雅「明治前期における鉄道建設構想の展開――井上勝をめぐって」、山本弘文編『近代交通成立史の研究』法政大学出版局、一九九四年）。大蔵卿の大隈重信は同年一月四日の「収入支出ノ源流ヲ清マシ理財会計ノ根本ヲ立ツルノ議」において、「現今鉄道ノ如キ又所謂回漕復生ノ一資本ニシテ若シ能ク之ヲ処分スレハ則チ未タ必シモ上下官民ノ便利ニ非スンハアラサルナリ」と官設鉄道の処分（払い下げ）を主張する一方で、「沿海運漕ノ便利ヲ開キ、内地物産ノ融通ヲ為ス」海運の便を開くべきであるとした（早稲田大学社会科学研究所編『大隈文書』第三巻、一九六〇年）。また、内務卿の大久保利通も一八七五年五月二四日に「本省事業ノ目的ヲ定ムルノ議」を三条実美に提出し、

「海路ノ運漕ハ陸路ニ反シ其便宜ニシテ利益ナルハ、蓋シ世界ニ冠タルヘシ」と、交通網の主軸を陸運ではなく海運におくべきであるとした（外務省編『日本外交文書』第八巻、一九四〇年）。

大隈と大久保の海運保護の内容は必ずしも一致していたわけではなく、大蔵省と内務省のあいだで海運政策の主導権をめぐる対立もみられたが、ともあれ内国運輸網を海運中心に整備していくという方針が打ち出され、一八七五年九月一五日には内務省が三菱商会に第一命令書を交付し、船舶の無償下付と年額二五万円の補助金支給を中心とする海運保護政策が本格化した。一方で鉄道事業は着工中の京都〜大阪間鉄道をのぞいて、京都〜敦賀間鉄道、東西両京間鉄道など各地で進められていた測量事業などが中止となった。のちに鉄道局長となった井上は、佐々木高行工部卿に提出した「大垣ヨリ高崎マテ幹線布設ノ儀ニ付具状」（一八八三年八月）において、こうした状況を「廟議益々工事ヲ顧ミサルノ点ニ傾キ、建築着手ハ勿論、測量ノ事ト雖、遂ニ之ヲ中絶スルニ至ル」と記述していた（日本国有鉄道編『工部省記録　鉄道之部』第七冊、一九七七年）。

また、東京〜横浜間鉄道の払下げも検討されていた。九条道孝ら二七名によって結成された華族組合が一八七五年六月に同鉄道の払下げを出願すると、翌七六年八月五日、大蔵卿大隈重信および工部卿伊藤博文と華族組合は、三〇〇万円、七カ年賦で東京〜横浜間鉄道を払い下げるという条約を取り交わしたのである（日本国有鉄道編『日本国有鉄道百年史』第一巻、一九六九年）。

伊藤工部卿への建議

井上勝鉄道頭はこうした鉄道敷設の停滞を打破するため、一八七六（明治九）年二月、鉄道の敷設を急ぐべきであるとして、伊藤博文工部卿に京都から琵琶湖岸を経て敦賀にいたる鉄道の速成を迫った。井上は、「今コノ鉄道ヲシテ琵琶湖ヲ懐ニスルノ業ヲ全フシ、続々原野ヲ通シ山岳ヲ穿《うが》チ終ニ全国ヲ網羅シ大ニ国ノ弁利交通ヲ成スニ至ラハ、膏地《こうち》以テ開クヘク鉱山以テ拓《ひら》クヘク、人民則業ニ就クヘシ」と、鉄道網を全国に張りめぐらして国を富まさなければならないとして、つぎのように訴えたのである。

勝今如此陳腐ノ説ヲ閣下ニ言フ、閣下ハ夙《つと》ニ卓見ヲ以テ此業ヲ起スノ人ナリ、鉄道ノ利害得失ハ明知スル所ニシテ所謂《いわゆる》仏ニ向テ法ヲ説クノ誹《そし》リヲ免カレスト雖モ、勝此職ヲ辱《はずかし》フシ身ヲコノ鉄道ニ委ネ曾《かつ》テ国家ノタメニハカルニ世ヲ開化ノ域ニ進メ国勢ヲシテ一振セシムルモノハ鉄道ヲ措《おい》テ何ヲカ求メン、而シテ今日ノ萎靡《いび》ヲナスハ到底国家ノ為メニ非サルヲ信ス、故ニコノ陳腐ノ説ヲ吐露ス、閣下勝カ職ニ尽スノ微衷ヲ察セハ大ニ廟堂ニ議ヲ起シ、以テ進業ノ令ヲ発セン事ヲ希望ニ堪ヘサルナリ
（前掲『日本鉄道史』上篇）

井上はかつて木戸孝允宛の書翰で「クロカネ之道作」に進むという決意を表明していたが、まさに鉄道頭の職を賭して工部卿の伊藤博文に鉄道事業の推進を訴えたのである。しかし、伊藤工部卿からは何の返答もなかった。すると井上は、一八七六年一二月、再度伊藤工部卿に「嚮《さ》キニ京阪ノ工事殆ント工ヲ畢《お》ヘントスルニ際シ、京以東ノ起業未タ命ヲ得サルヲ以テ呶々《どど》ノ肺肝ヲ陳シ僚佐ノ所見ヲ併セテ之ヲ閣下ニ聞ス、閣下果シテ覧観ヲ賜ハリシヤ否ヤ、爾来数月未タ可否ノ明答ヲ辱フセサルノミナラ

ス閣下落握ノ一報ヲタモ見ル能ハス」と、強い口調で京都以東における鉄道敷設の決断を迫った（同前）。

工部省は井上の建議を容れて京都〜大津間鉄道の敷設を決定し、一八七六年一二月二六日、太政官に申請した。政府は翌一八七七年二月一日にこれを聞き届けたが、八八万九二八〇円の工費を捻出する目処がたたなかった。同年二月から九月にかけての西南戦争がこれをいっそう困難にした。

鉄道局長就任と三条太政大臣への建議

一八七七（明治一〇）年一月一一日、太政官第三号達をもって鉄道寮は廃止となり、工部省には鉄道、鉱山、電信、工作、灯台、営繕、書記、会計、検査、倉庫の一〇局がおかれ、一九日に工部少輔井上勝が鉄道局長に就任した。なお、そのほか工部権大書記官には大野誠、工部少書記官には杉實信、飯田俊徳、伊東勑典、野田益晴《ますはる》、工部権少書記官には頴川《えいかわ》君平が任ぜられ、鉄道局に勤務することになった。

鉄道局長に就任した井上勝は、一八七七年二月、太政大臣三条実美に対し、廟議決定になる鉄道敷設事業の遅れを訴え、鉄道敷設の速成をつぎのように建言した。

熟々《つくづく》創業ノ始ヲ推考スルニ維新ノ後未タ日ナラシテ廟謨夙ニ鉄道創工ノ議ヲ定ム、其企画ノ略ニ云東京ヨリ兵庫ニ至リ別ニ横浜ニ至ルノ枝線アリ、又一線ハ琵琶湖ヨリ敦賀ニ至ル、是ヲ期スルニ三年乃至五年ニシテ成功ヲ得ヘシト、嗟呼《あゝ》盛ナリト云ハサルヘケンヤ、今茲十年丁丑《ひのとうし》ニ至リ凡ソ年ヲ経ル八年、纔《わずか》ニ京浜間ト京神間ノ業成ルノミ、豈ニ微々ト言ハサル可ケンヤ、廟堂素ヨリ統御ノ術ニ富ミ向背ノ機ニ敏ナルヲ以テ千緒百般意ノ如クナラサル無シ、而シテ特リ鉄道ノ一辺ニ向テ

工技生養成所の人々（1881年４月）
前列左から鶉尾謹親，武者満歌，飯田俊徳，シャービントン，三村周，松井捷悟，本間英一郎，後列左から国沢能長，長谷川謹介，千種基，佐武正章，長江種同，木寺則好，千島九一（日本国有鉄道編『日本国有鉄道百年史』第１巻より）

振起セシムル能ハサルハ抑又何ノ故ソ　（同前）

井上によれば、鉄道は「仮令数十万ノ巨費ヲ費スモ、茲ニ幾数里ノ築造ヲ成シ、許多ノ国益ヲ興ス」もので、「巨万ヲ貸与シテ惜シマサル」ものであった。井上は、このように鉄道敷設を何よりも「勧工励業」、すなわち殖産興業の手段としてとらえ、のちに述べるように一八七七年一月一九日の工部省鉄道局長への就任を機に、改めて鉄道事業を「盛且大ニシ不肖勝等ヲシテ大ニ尽ス所アラン」と決意するのであった（同前）。

工技生養成所の創設

鉄道局長となった井上勝は、日本人技術者による鉄道敷設を一日も早く実現するためには実地見習だけでは不十分と考え、少書記官の飯田俊徳《としのり》や京神間建築師長のT・R・シャービントン（T. R. Shervinton）らとはかって、一八七七（明治一〇）年五月一四日、大阪停車場の二階を教室にあてて工技生養成所を開設した。井上鉄道局長は工技生養成所について、つぎのように諭達した。

当局ニ技手ヲ置カルルノ趣意タルヤ各員ヲシテ其本来修得ノ業術ニ従ヒ其職事ヲ務メシムルニ在ルハ素ヨリ弁ヲ俟《ま》タサレトモ、之ニ加フルニ各員居常ニ占得スル位地ノ利ニ因テ学識、現術竝ヒ進マンコト当初ヨリノ冀望《きぼう》タリ、而シテ此冀望ハ固ニ各員ノ志尚ト勉励ノ如何ニ因テ其成否ヲトスヘキモノトスト雖モ、然レトモ又各員ノ因テ以テ此冀望ノ点ニ達スヘキ門口ヲ択《たく》シテ之レニ指示スルノ要款《ようかん》タルヲ知ルヲ以テ之ヲ京神建築師長ニ謀リ更ニ簡易明晰ナル課程ニ依テ其方法ヲ択《えら》ハシメタリ

（同前）

工技生養成所では、鉄道局在勤の少壮者のうち英語、数学の素養のある者一二名を選抜し、公務のかたわらシャービントンが作成したカリキュラムにならって数学、測量、製図、力学、土木学一班、機械学大要、鉄道運輸大要などを教授した。第一回生は、長江種同《しゅどう》、武者満歌《むしゃまんか》、千島九一《ちしまきゅういち》、島田延武、木村懋《つとむ》、鶉尾謹親《うずらおきんしん》、木寺則好、佐武正章《まさあきら》、島崎（三村）周《しゅう》、松井捷悟《しょうご》、国沢能長《くにさわよしなが》、長谷川謹介の一二名であった。教壇には、飯田俊徳、シャービントンおよび建築師E・G・ホルサム（E. G. Holthum）らが立ち、飯田が養成所の教務一切を切りもりした。飯田は井上勝と同じく長州藩士で、

吉田松陰の門に学んだのち、一八六七（慶応三）年に藩命によりオランダに留学して土木工学を修め、一八七四年に帰国して鉄道寮に入るという経歴をもち、「日本の鉄道技術者としては井上勝氏に次で最古参者の一人」とみられていた（長谷川博士伝編纂会編『工学博士長谷川謹介伝』一九三七年）。

井上勝も当初は教壇に立ち、試験問題も作成したようである。第一回生は一八八〇年に卒業するが、第二回生からは鉄道局内の勤務者ではなく、外部から希望者を募り、中学卒業程度の幾何学、英語などの試験を実施して合格者を入学させた。入学者には「工夫」名義で日当三〇円を支給し、もっぱら測量、力学、機構学を学習させ、一八八一年に卒業すると同時に実務につかせた。第二回生は、吉田経太郎、吉山魯介、佐藤謙之輔、金田秀明、入江謙治、岸本順吉、西大助、小松秀茂、岡田時太郎、石黒（本島）勇太郎、中野贇充、古川晴一の一二名で、飯田俊徳が教授にあたった。

工技生養成所は一八八二年に閉鎖された。工部大学校が卒業生を多く出すようになったので、鉄道局で鉄道技術者を養成する必要がなくなったからである。工技生養成所の卒業生はいずれも技術官として任ぜられ、お雇い外国人にかわってその職務につくようになった。

ところで工部大学校は、一八七一年九月（明治四年八月）に設けられた工学寮が七二年四月に設置した工学校を前身としている。工学校は初代建築師長モレルの建議によって開設されたもので、四年制の大学校とその予科にあたる二年制の小学校からなり、大学校の専門には土木、機械、造家（建築）、電信、化学、冶金、鉱山の七科がおかれていた。いうまでもなく、鉄道敷設と深くかかわっているのは土木科であった。この大学校が、一八七七年一月に工学寮が廃止されると工部大学校となって工作局に属することになった。なお、工部大学校は一八八二年八月に工部省の直轄となり、八五年一二月に工部省が廃止されると文部省に移管された。

工技生養成所や工部大学校によって、次第に井上勝の念願であった日本人鉄道技術者の育成が現実のものとなった。それにともない井上は、お雇い外国人の鉄道技師を解雇した。『鉄道時報』に連載された「鉄道家経歴」の「長谷川謹介君（三）」では、その様子がつぎのように記述されている。

お雇い外国人の解雇

是れまでは、日本の鉄道に従事するものは、技師、技手は云ふに及ばず、運転掛であらうが、レール敷であらうが、甚しきに至つては、家を建てる、大工、左官に至るまで、其頭はマルデ、西洋人ばかりであつて、其数は、凡そ三百人もあつたらう、だから、日本の鉄道は、最初一切西洋人の、持ち切りで拵《こしら》へたのである

処が、井上長官は、此時になつて、官制を改正し、今までの鉄道寮を廃して、鉄道局を置き、同時に生活の程度が違ふから、随て其給料も、日本人から見ると、非常に高い、多数の西洋人を、一時に解雇して仕舞ふた

今日から考へて見ると、国家経済上、斯くあるべきは、当然だと思はれやうが、併し、当時にあつては、斯く多数の西洋人を、高価の給料で、雇ひ入れねばならぬ、必要があつたから、雇い入れたのである、然るにソレを、今ま一時に解雇しては、今後、果して日本人ばかりの手で、鉄道が建設

出来るであらうか、俄かのこととて途方に暮れて、二進も三進も、動けぬやうに、なりはせまいか等、種々の心配が、併発して、随分考へものであつたらう、ソレを一刀両断的に、決行したのは、流石《さすが》、井上長官の長官たる所以である

（坂本生「長谷川謹介君（三）」『鉄道時報』第八四号、一九〇一年四月二七日）

外国人技術者にはさまざまな問題があった。まず、工事にさいして英語のできる者を「技手」としてつけ、外国人技術者と邦人工夫との間の通訳をさせなければならなかった。そして仕事にも時間にも無駄が多く、労働能率もよくなかった。それにもかかわらず、外国人技術者の給与は驚くほど高額で、赴任旅費や帰国旅費なども支払わなければならなかった。また外国人技術者の設計や施工は学理に偏する傾向が強く、実地に適せず国情を無視するきらいがあった。

次頁の**表2－1**は、鉄道部門におけるお雇い外国人数の推移をみたものである。お雇い外国人を国籍別にみるとイギリス人が圧倒的に多く、ついでアメリカ人、ドイツ人などであった。とくに官設鉄道の運営にあたり鉄道寮（局）に雇用された外国人のほとんどはイギリス人であった。鉄道創業期におけるお雇い外国人は、鉄道差配役（director, 一八七七年二月以降は書記官〔secretary〕）、建築師長（engineer-in-chief）、汽車観察方（locomotive superintendent）、運輸長（traffic manager）などの高級職員から、石工、罐工、鍛冶工、運転方（機関士）、ポイントメンなど日給払いの現場職員まで多岐にわたっていた。

表2-1　鉄道関係お雇い外国人数の推移

年度	新規雇用者	解雇者	年度末現在員		
			高級者	中・下級者	計
1870	19	0	5	14	19
1871	50	7	15	47	62
1872	48	26	20	63	83
1873	57	36	22	79	101
1874	41	29	29	86	115
1875	22	29	25	84	109
1876	14	38	19	85	104
1877	4	25	9	61	70
1878	3	16	—	—	—
1879	7	17	7	36	43
1880	6	8	—	—	—
1881	0	13	—	—	—
1882	2	6	6	16	22
1883	0	3	—	—	—
1884	0	0	—	—	—
1885	0	11	5	10	15
1886	0	0	5	10	15
1887	1	0	5	9	14

出典：野田正穂・原田勝正・青木栄一・老川慶喜編『日本の鉄道——成立と展開』日本経済評論社，1986年。

注：1）新規雇傭者・解雇者は山田直匡『お雇い外国人』第4巻・交通（鹿島研究所出版会），年度末現在員は日本国有鉄道編『日本国有鉄道百年史』第1巻（ただし，1886年度のみ『雇外国人年報』）による。

2）1877年以降は開拓使，九州鉄道雇用者を含む。年代不明の雇用，解雇者は含まない。

3）鉄道寮（局）雇用者のみ。高級者は月給300円以上。

4）1870～75年度は旧暦の12月末日，1876～85年度は各6月末日，1886～87年度は翌年3月末日現在。

逢坂山トンネル（1880年）
トンネル東口には三条実美の書「楽成頼功」，西口には井上勝の「工程起卒」の刻み込まれた額石が建てられた（村井正利編『子爵井上勝君小伝』より）

お雇い外国人は、鉄道の建設計画から測量、諸施設や車輌の設計、列車計画と運転、保守にいたるまで、鉄道全般の指導と業務運営にあたっていた。お雇い外国人の数は一八七三年度に一〇〇人をこえ、七六年度まで一〇〇人台で推移するが、工技生養成所が創設された七七年度以降は高級職員、中・下級職員とも著しく減少し、八七年度には一四人となった。

大津線の敷設と鉄道技術の自立

井上勝鉄道局長の建議が功を奏して、鉄道敷設が再び軌道に乗ったのは一八七八（明治一一）年であった。すなわち、同年四月に一二五〇万円の六分付内国債の募集が決定され、募集実額一〇〇〇万円のうち大津～京都間鉄道建築費に一三三万三九一四円、米原～敦賀間鉄道建築費に八〇万円、東京～高崎間鉄道線路測量費に六〇〇〇円が振り向けられることになったのである。

大津～京都間の大津線は延長一一マイル二六チェーン（一八・二キロメートル）で、現在の東海道線とは異なって、京都から賀茂川の左岸を南下し稲荷の南で東山山地の切れ目にそって東北方面に折れ、山科盆地を東北に向かって斜めに進み、逢坂山に二〇八一フィート（六六四・八メートル）のトンネルを掘って大津に出るというルートをとっていた。大津線は一八七八（明治一一）年八月二一日に着工となった。大津線工事は、一切の工事からお雇い外国人の手を引かせて日本人のみでなしとげた最初の事例として知られ、日本における鉄道土木工事技術の自立という点で画期的な意義をもっていた。

大津線の工事は、第一区大津～逢坂山間、第二区逢坂山～山科間、第三区山科～深草間、第四区深草～京都間の四区に分けて進められた。そして、各区の工事を**表2－2**に示したように

表2－2　大津線敷設工事の担当者

	区間	担任者	生年	地位
第1区	大津～逢坂山間	佐武正章	1852	八等技手
第2区	逢坂山～山科間	国沢能長	1848	八等技手
	逢坂山隧道	長谷川謹介	1855	九等技手
第3区	山科～深草間	千島九一	1841	七等技手
第4区	深草～京都間	武者満歌	1848	七等技手
	加茂川橋梁	三村　周	1852	八等技手

出典：長谷川博士伝編纂会編『工学博士長谷川謹介伝』1937年。

佐武正章、国沢能長、長谷川謹介、千島九一、武者満歌、三村周の工技生養成所の第一回生が担任し、全体を飯田俊徳が監督した。工部卿の伊藤博文をはじめ、政府の幹部のなかには心配する向きもあったが、井上勝は「危ぶんで許り居《ばか》ては何れの日に技術の独り立ちが期せらるゝか」と断固たる決意をもって決行し、草鞋《わらじ》、脚絆姿で「屢《しばしば》現場を巡廻して初陣の連中を激励」したのである（前掲『工学

博士長谷川謹介伝』）。

大津線の工事は藤田伝三郎と吉山某が請け負った。藤田はかつて京阪間の鉄道敷設を請け負った経験があり、吉山某は横浜の高島嘉右衛門の手代として京浜間鉄道の敷設工事に従事した経験をもっていた。ともあれ、このころから井上は鉄道敷設工事における請負業者の重要性を認識するようになり、しだいに請負制が整備されていった（前掲『日本鉄道請負業史　明治篇』）。

大津線工事では、井上勝にまつわる興味深いエピソードがある。当時工部大学校の第一回生であった南清は、佐武正章の受持区域内の琵琶湖湖畔の工事に従事していたが、そのとき英国人技師の建てた曲線標杭は誤りであるとして主任技師に提議した。英国人技師は自らの誤りを認めなかったが、実地検分で南の提議の正しさが証明された。井上はこれをみて南の鉄道技術者としての能力を高く評価し、以後さまざまな局面で南を引き立てたというのである。南は、のちに「あの時、長官は別に何とも云はれなかつたけれども、その事からして長官に知られること〻なり、後日洋行するとき抔も、いろ〱親切な注意を与へて呉れ、又沢山の紹介状まで態々《わざわざ》僕のために拵《こしら》へて呉れ、それは実に痒いところへ手の届くやうに仕て貰ふたが、之れが僕の長官から直接に恩恵を蒙つた始めである。実際それまではツイ面会したことさへなかつたのに、斯く親切にして呉れたのは、多分僕の生意気な遣り方が、案外お気に叶つたものとしか思へぬ」と回想している（村上享一著・速水太郎編『南清伝』一九〇九年）。

一八八〇年七月一五日、京都～大津間が開業した。鉄道局長の井上勝は、同鉄道の敷設工事が完成すると、「京都敦賀間線路略図」を巡幸中であった明治天皇の叡覧に供し、京都〜大津間鉄道の工事景況についての説明を行った(井上勝「京都大津間鉄道景況演説書」一八八〇年七月、前掲『日本鉄道史』上篇)。それによれば、京都〜大津間鉄道約一一マイル(一七・七キロメートル)のうち京都〜大谷間八マイル(一二・九キロメートル)は一年を経ずして完成したが、その先は東山をこえる山岳線で切り取ったため、築堤などの土工量がふえ、逢坂山トンネルの掘削が必要となった。逢坂山トンネルは「山巌ヲ鑽透シテ長サ数百間ニ渉ル真ノ「トンネル」ト称スヘキモノ」で、日本の鉄道建設史上では最初の山岳トンネルであった。しかし工事はお雇い外国人の手をかりることなく、飯田俊徳(建築課長)、野田益晴(事務課長)を中心とする日本人技術者の手によってなされた。すなわち、井上によれば、「是ヨリ先キノ建築ハ　皇国ニ於テハ未曾有ノ事業タル故建築師ハ固ヨリ工夫ニ至マテ皆外人ノ手ヲ藉ラサルヲ得サリシカ、近来追々内国ノ技手、工夫、事業ニ習熟シ、外人モ頗ル減員セシニヨリ此線路ノ工業ハ大概内人ヲ使用シテ成功セシメタ」のである。

大津線の敷設には起業公債の一部が用いられ、「当初ノ予算額ニ比スレハ凡ソ一割余ヲ減シ」ることができた(同前)。大津線の地形は、従来のどの線路よりも険峻であったが、総工費は六九万五〇〇〇余円(一マイル六万円)で、建設費は比較的廉価だった。それには、井上勝の努力があった。北陸・山陰地方の物資は、敦賀、長浜を経由し、琵琶湖上から大津に輻輳《ふくそう》しており、大津は鉄道と琵琶湖を結ぶ水陸運輸連絡の要地であった。したがって、大津にはそれにふさわしい停車場をつくって当然と思われたが、「一棟数間の粗末な乗車場を建設」しただけであった。井上は、「貨客の往来を徒に机上に空想して停車場の規模を定むるより、暫く実際の成績を検して他日適当の施設を為すが妥当である」と考えたのである（前掲『工学博士長谷川謹介伝』）。大津線の建設費が廉価であったのは、こうした井上の考え方が浸透していたからであった。

敦賀港

手前に貨車がみえる（「ふるさと敦賀の回想」より）

敦賀線の敷設

京都～大津間の大津線についで、政府は琵琶湖北岸の塩津から敦賀にいたる鉄道敷設を考えていたが、工部卿の井上馨は一八七九（明治一二）年八月二七日に「塩津敦賀間鉄道建築之義ニ付伺」（前掲『工部省記録　鉄道之部』第一冊、一九六二年）を太政大臣三条実美に提出し、塩津～敦賀間に起業公債をもって鉄道を敷設しても採算がとれず、「其利息払方不足スルノミナラス、幾部分ノ営業補塡ヲ要スル」ことにもなりかねないとして、以下のような打開策を示した。まず、この路線を転じて「大津ヨリ直ニ大垣ニ達シ同所ヨリ支線ヲ以テ名古屋宮（熱田…引用者）駅ニ延線」するか、「当府下（東京…引用者）ヨリ高崎迄延線」をはかることである。そうすれば、「荷物ノ運送人民ノ往来ハ其数却テ塩津敦賀ノ間ニ幾層ヲ増加シ、起業公債ノ利息ヲ償ヒ且資本モ幾部分カ年々支消スルノ目途相立可申」と考えられるというのであった。あるいはまた、山尾庸三工部大輔が主張するように「鉄道延線ノ義ハ当分御見合」わせ、「諸県下ノ道路ヲ修築シ運送ノ便益ヲ公平ニ得セシム」と、鉄道ではなく道路の建設を急ぐべきであるというのであった。

井上馨はこの三案のうち、どれを採択するのかと太政大臣の三条実美に判断をせまった。政府内でも意見が分かれ、大蔵省は東京～高崎間の鉄道敷設を主張していたが、井上勝鉄道局長は一八七九年九月二六日、同じ長州藩の出身で一歳年下の井上馨の後任として参議兼工部卿に就任したばかりの山田顕義につぎのような伺いを提出した。

今般鉄道延線之儀ニ付御評議之末夫々可致着手場所ハ大津ヨリ前原（米）ヲ経テ敦賀港ニ達ル歟、又ハ大津ヨリ名古屋ニ達スル等之道程ハ既ニ測量総テ整理致シ建設着手之命ヲ相待候迄ニ至リ候、就テハ更ニ東京ヨリ高崎ニ達スルノ線路ハ是又追々建設可相成場所ニ付即今ヨリ測量着手致候方便利ト被相考候ニ付至急何分之御下命相成度此段相伺候也　（同前）

井上勝鉄道局長によれば、大津～米原～敦賀間および大津～名古屋間の鉄道についてはすでに測量が終わり、敷設工事に着手する準備ができているが、東京～高崎間についてはまだその準備がないので、追々測量に着手するよう命じてほしいというのであった。そして、三条太政大臣は井上馨工部卿に対して、一八七九年一〇月九日、「伺ノ趣ハ米原ヨリ敦賀ニ達スル線路建築ト可相心得事」（同前）

と指令した。

ところで敦賀線については、一八七一年に傭英国人のブランデルが海津～敦賀間、同じくイングランドが塩津～敦賀間を測量していた。その後井上勝鉄道局長は、線路巡視をしたおりに賤ヶ嶽に登って「長浜ヨリ塩津ニ出テズシテ直ニ柳ケ瀬ヲ経テ敦賀ニ達スベキ渓間ノ路」を見出し、傭英国人建築師のシャービントンに柳ケ瀬経由の米原～敦賀間ルートの測量を命じていた（千種基「米原敦賀間鉄道建築景況」『工学叢誌』第一巻、一八八一年一一月）。そして鉄道敷設が可能との報告を受けると、一八七九年一二月一〇日、当該区間を米原～長浜間、長浜～柳ケ瀬間、柳ケ瀬～疋田間、疋田～敦賀間の四区に分けて日本人技術者に測量を命じた。その結果、塩津を経由するよりも柳ケ瀬経由の方が有利であるとの結論に達し、一八八〇年一月、「米原敦賀間鉄道線路西山村ノ辺ヨリ越前街道ニ沿ヒ木ノ本柳ケ瀬ヲ経左折シテ敦賀路麻生口マテ変換ヲ要スルニ付意見書」を、山田工部卿に提出した（前掲『工部省記録　鉄道之部』第一冊）。

旧長浜駅舎（1958年）（交通科学博物館提供）

井上鉄道局長はこの意見書で、塩津から麻生口、疋田、道

柳ケ瀬隧道（交通科学博物館提供）

ノ口などを経て敦賀にいたる予定線よりも、長浜から木ノ本、柳ケ瀬を経て麻生口に出て予定線に接続する「試測線」の方がさまざまな点ですぐれていると主張した。まず、予定線の勾配は二七分の一であったが、試測線の勾配は三〇分の一から四〇分の一で緩やかであった。隧道では予定線も試測線も一マイルにも及ぶが、工事は試測線の方が容易で、沿線の物産振興という点からもすぐれていた。

琵琶湖の湖上運輸との結節点としても、試測線の長浜の方が予定線の塩津よりもまさっていた。なぜなら、塩津は「渓澗ニ介在スルノ小村落」で「向来商工ヲ勧誘スルノ目的」もなかったが、長浜は「湖辺屈指ノ市街」で、商業も活発であるし地形も「可ナリ良好」であった。したがって、長浜に「少シク竣築ノ工ヲ加へ停車場ヲ浜涯ニ設置セバ水陸ノ運輸ヲ接続スルニ十分」であったからである。また敦賀線を北陸地方に延長するさいにも、予定線では「木ノ芽等ノ峻嶺屏立シテ東西ヲ隔断」しているので「鉄道ヲ敷カントスルハ実ニ困難」であるし、海浜にそって鉄道を敷設するのも地形が険しく容易ではなかった。しかし試測線の椿阪《つばきさか》駅（柳ケ瀬から一マイルほどの距離）から栃ノ木峠をこえて、板取、今庄、武生など経て福井に達する線路をとれば、工事は「頗ル容易」であった。山田工部卿は、井上の意見を支持し、一八八〇年二月一〇日にこの意見書をそえて三条実美太政大臣に上申し、一四日に認可された。敦賀線は一八八〇（明治一三）年四月に着工され、八二年三月には柳ケ瀬隧道の工事以外はすべて竣功し、同隧道が落成して長浜〜金ヶ崎（現在の敦賀港）間が全通したのは八四年四月一六日であった。

敦賀線は、全線を、①長浜から中ノ郷まで、②中ノ郷から柳ケ瀬隧道南口三分くらいの個所まで、③柳ケ瀬隧道の七分ほどと刀根、小刀根、曽々木山の三つの小隧道、④隧道以北から敦賀までの四区に分けて工事が進められ、それぞれ七等技手木村懋、六等技手長江種同、五等技手長谷川謹介、准奏任御用掛本間英一郎らが担当し、全体を飯田俊徳が監督した。なお、柳ケ瀬以北から疋田付近までの橋梁工事は千種基《もとい》が担任した。木村、長江、長谷川、本間の四人は井上勝が工技生養成所で育てた鉄道技術者で、千種は工部大学校土木科で学び一八八〇年五月に卒業している。

敦賀線第一の大工事は、延長四一七九フィート（一二七三・八メートル）に及ぶ柳ケ瀬隧道であった。井上勝は柳ケ瀬隧道の工事を担った若い技術者を督励し、工事は順調に進んだ。柳ケ瀬隧道は、逢坂山隧道につづく「本邦人のみの手に成る第二次の隧道工事」で、逢坂山隧道（約六七六・七メートル）よりもはるかに長く、竣工後は十数年にわたって「日本第一の長隧道」という地位にあった。

井上局長は、「本邦空前の大隧道」が「子飼ひの技術者達」によって建設されたことがよほどうれしかったのか、竣工後のある日、祝賀の宴を張った。その席で井上ははしゃいで、長谷川謹介と相撲をとった。周囲のものは、当然長谷川が負けて井上局長に華をもたせると思っていたが、長谷川は井上局長を投げ倒してしまった。井上は長谷川に謝らなければ昇給辞令を渡さぬといったが、長谷川は決して謝らなかった。そのため長谷川の昇給辞令は、井上の机の引き出しに数日間置き去りにされたという。井上局長と長谷川謹介との師弟関係を彷彿とさせる、ほのぼのとしたエピソードである（前掲『工学博士長谷川謹介伝』）。

太湖汽船会社と長浜築港

一八八〇（明治一三）年四月に大津～敦賀間の敦賀線が着工となり、同年七月に京都～大津間の大津線が開業すると、鉄道局長の井上勝は大津～長浜間を太湖汽船会社による琵琶湖上の水上輸送で結ぼうとした。すなわち、井上は「此線路（長浜～敦賀間…引用者）にして竣工せば、湖上は汽船を使用し、南北両海の運輸を連絡するを得て、今次割当の金額に対しては、先づ適度にして、最も有利の線路なり」（前掲「鉄道誌」）と、敦賀線の敷設については琵琶湖の湖上運輸を鉄道の代用として利用することを前提に考えていたのである。

当時琵琶湖上では多くの汽船会社が競合し、熾烈な競争を展開していた。一八六九年四月（明治二年三月）に加賀藩の支藩であった大聖寺藩が建造した五トン・一二馬力の木造外輪船「一番丸」が登場し、一八七四年九月までに一五隻の木造汽船が就航するようになった。また滋賀県が湖上廻漕会社の設立を告諭すると、一八七三年には六社の汽船会社が設立された。そのため滋賀県は一八七五年に汽船取締規則を通達し、翌七六年には湖上運行を監督するため、大津に「汽船取締会所」を設置した。民間の汽船会社は三汀社《さんてい》、江州丸会社、航安組の三社に統合されたが、鉄道局が一八七九年に大津～長浜間に一一四トンの「長浜丸」を就航させると、同年から八一年にかけて三汀社は九〇～九八トンの木造汽船を二隻、江州丸会社も三隻建造して長浜丸に対抗した。こうしたなかで鉄道局長の井上勝は、鉄道局の御用達であった大阪の藤田組に大津〜長浜間を結ぶ鉄道連絡用鉄船の建造を示諭し、湖上汽船の競争が過熱するのを防ぐため、既存の汽船会社や運行営業人が合同して新たな汽船会社を創立するようながした。井上は鉄道局が長浜丸を就航していたのにもかかわらず、みずからは鉄道連絡船を経営せずに民間会社による新汽船会社の設立を指示したのである。

藤田組の藤田伝三郎および中野梧一は井上の提案に賛成し、藤田組はさっそく鉄船二隻の建造を代価一三万円で神戸在留の英国商会E・C・キルビーに注文した。また、藤田組は琵琶湖上で貨客の運行を業務とする汽船会社の設立を計画し、西川貞二郎（近江国蒲生郡八幡仲屋町上）、磯野源兵衛（同国高島郡海津町）、小林吟右衛門（同国愛知郡小田苅村）、西川仁右衛門（同国蒲生郡新町二丁目）、和田津多（同国滋賀郡大津白玉町）らの近江商人に働きかけ、一八八一年四月に「琵琶湖上蒸気船仮約定書」を締結した。大阪を事業基盤として台頭してきた藤田組が、大阪に拠点を有していた近江商人の西川貞次郎、西川仁右衛門に出資を要請し、さらに磯野、小林、和田によびかけたものと思われる。出資額は西川貞次郎一万円、磯野源兵衛九〇〇〇円、小林吟右衛門・西川仁右衛門各八〇〇〇円、和田多津五〇〇〇円で、藤田組が四万円を負担した。しかし、この新汽船会社は実現にはいたらなかった。

井上鉄道局長と滋賀県庁は琵琶湖上の汽船会社の大合同をはかり、藤田組、三汀社（のちの大津汽船会社）、江州丸会社の三社に合同をうながした。その結果太湖汽船会社が設立され、一八八一年四月、鉄道局に「会社設立ニ付鉄道連絡御願」が提出された。すなわち、太湖汽船会社は「堅牢広潤ニシテ充分ノ速力アル汽船ヲ製造シ、専ラ御局（鉄道局…引用者）ノ御指導ヲ以鉄道ニ連絡ヲ取リ、汽車ノ旅客物貨ヲ載セ大津長浜間ノ湖線ヲ往復シ、汽車ノ代用ヲ以テ任トシ、及ヒ湖上各港へ回漕シテ普ク公衆ノ便益ニ供セン」と設立の趣旨を説明し、「特別ナル御局ノ御保護」を願い出たのである。なお太湖汽船会社の役員構成をみると頭取に藤田伝三郎が就任しており、以下副頭取前川文平、副頭取兼支配人堀江八郎兵衛、取締役中野梧一・浅見又蔵・北川弥兵衛という陣容であった。前川は米商で共同運搬会社の経営者、堀江は江州丸や庚申丸の船主、浅見は大津汽船会社の社長で長浜の縮緬商、北川は三汀社の所有船を引き継いだ船主であった（末永國紀「大津・長浜間鉄道連絡汽船会社の創立と近江商人」、『社会科学』第四七号、一九九一年）。

井上鉄道局長は一八八一年一〇月一〇日、太湖汽船会社の設立を以下のような「規模ノ要目」という五項目の条件を付して許可した。

一　旅客・貨物の運輸に供する汽船は堅牢・安全であること。

二　旅客運輸船は大津〜長浜間を二時間ないし二時間半で少なくとも一回は渡航する速力を有し、大津、長浜で二列車ごとに一回ずつ発船すること。

三　荷物運送船は相応の速力を有する汽船を使用し、貨物を停滞させないよう発船度数を適宜定めること。

四　汽船の運賃は大津〜長浜間を三〇マイル（約四八・三キロメートル）とし、旅客・貨物とも同距離の汽車賃を上まわらないこと。

五　旅客・貨物の取り扱いは丁寧・真実を旨とし、運賃はなるべく廉価にするよう努め、許可なく私に制定しないこと。

太湖汽船会社は鉄道局の業務を代行し、井上によれば「我局自ツカラ経営スルニ斉シ」かった（前掲『工部省記録　鉄道之部』第七冊）。したがって、大津～長浜間の旅客・貨物の汽船券は汽車券とともに各停車場で発売されることになった。

こうして一八八二年五月に太湖汽船会社が開業した。同社は江州丸会社、大津汽船会社の船舶をすべて購入し、開業当初の所有船舶は一八隻・一〇二五トンに及んだ。資本金は五〇万円であったが、一八八三年六月に船舶の改良、小船渠の築造などのために一〇万円の増資を断行した。また、「定款」によれば本社を大津停車場構内に、支社を長浜、米原、松原、八幡（以上東浦）、塩津、片山、今津、勝野（以上西浦）の各寄港地におくことになっていた。

一八八三年九月には煉瓦造りの本社社屋が完成し、神戸在留英国商会E・C・キルビーに発注していた二隻の鉄船が大津湖岸で進水した。二隻の鉄船は第一太湖丸（五一六トン）、第二太湖丸（四九八トン）と名づけられ、一八八四年四月一六日に長浜～敦賀間、五月二五日に長浜～大垣間の鉄道が開通すると、ただちに神戸、三宮、大阪、敦賀、金ヶ崎、柳ケ瀬、大垣の各駅相互間の船車連絡切符が発売され、大津～長浜間鉄道連絡汽船業を開始し「越濃地方ト京阪トノ交通上最モ重要ノ機関」（前掲『日本鉄道史』上篇）となった。これは、日本で最初の鉄道連絡船であった。

しかし、太湖汽船会社の営業成績は必ずしも良好ではなかった。一八八三年六月から八四年三月ま

琵琶湖上を走る鉄道連絡船「第一太湖丸」
（鉄道博物館提供）

での「実際勘定収支計算概算表」によれば、一二万五二四六円二九銭九厘の収入高に対して、営業費六万七七二五円二九銭一厘、改造・新造船積立金六五二五円八八銭二厘、平常船舶修繕費・非常積立金一万一五〇四円二〇銭で、純益金は三万九四九〇円九二銭にすぎなかった。

太湖汽船会社は、経営不振の原因は大津～長浜間の航路が鉄道輸送の代行であったため発着時間や運賃額などで制約を受けているからであるとし、資本金六〇万円の四割にあたる二四万円を政府が株金として下付し、これに対する政府の配当金を半額にして一般株主の配当金を割増にするなどの保護を求めた（藤田伝三郎ほか五名「（水陸連絡太湖汽船会社保護）」一八八四年六月二〇日、前掲『工部省記録　鉄道之部』第七冊）。これに対して井上勝は営業不振の要因は、基本的には「昨年来世上一般ニ蒙ムル所ノ不景気」（松方デフレ）にあると考えられるが、発着時間や客貨運賃などの制約から生じる会社の損失については考慮しなければならないとし、太湖汽船会社が積立金六パーセント、配当金一〇パーセントに満たざるときには、一万二〇〇〇円をこえない範囲で不足額を政府が補助すべきであるという意見を上申した（井上勝「（大湖汽船会社保護につき意見上申）」一八八四年七月、同前）。政府は井上の主張を受け入れ、一八八四年一〇月一八日、太湖汽船会社に政府補助を組み込んだ命令書を交付した。一八八四年四月一六日には柳ケ瀬トンネルが開通し長浜〜金ヶ崎間が全通していたので、井上は琵琶湖上の水運を利用して、日本海側の要港敦賀と東西両京間鉄道との連絡をはかろうとしていたことがわかる。

井上勝が太湖汽船会社を琵琶湖近傍から敦賀にいたる敦賀線の一部と考えていたことは、長浜築港の工事費支弁をめぐる議論からもあきらかである。太湖汽船会社副頭取の浅見又蔵が滋賀県庁を訪れ、長浜港に大船が入港できるようにするため築港の許可を願い出て、その費用には同港に入港する船舶から入港税をとってあてるとした。井上勝はそのようなことをすれば「汽船所有者ニ於テ随分困難ノ儀」が生じ「運輸ノ便ヲ欠」く懸念があるとし、一八八四年三月六日、佐々木高行工部卿に長浜港の築港工事費を敦賀〜大垣間鉄道建築費から捻出してはどうかと提案した。井上によれば、長浜港は大津からの鉄道が連絡するまで琵琶湖上の水運と鉄道を連絡する水陸交通の結節点であるので、「築港ノ儀モ鉄道敷設ノ一部分ト見做シ其工事悉皆当局へ負担」すべきであるというのであった（井上勝「（長浜築港工事費支弁について）」一八八四年三月六日、同前）。

なお太湖汽船会社の鉄道連絡運輸は、一八八九年七月一日に大津〜長浜間の鉄道が開通して東海道線が全通すると廃止されることになった。それに先立つ同年五月、同社は、①鉄鋼船二隻を買い上げる、②鉄鋼船を海上運送に堪えうるように改造する費用を下付する、③営業年限中は従来通り補助金を下付する、のいずれかの救済策をとってほしいと請願した。これに対して井上は、大津〜長浜間鉄道がこのように速やかに開通するとは鉄道当局も予測し得なかったし、会社は営業年限を三〇年と想定して鉄鋼船まで新造して対応しているので、これまでの営業期間を七年として、残りの二三年間は年額一万二〇〇〇円の補助金を下付し続けるべきであると大蔵卿の松方正義に述べたが、松方の意見は鉄道局の営業費から一〇万円の特別補助金を下付して打ち切ればよいというものであった。そこで、井上はみずからの見解と松方の意見を内閣総理大臣の山県有朋に上申し、特別補助金一〇万円の下付が決まった（琵琶湖汽船株式会社編『航跡　琵琶湖汽船一〇〇年史』一九八七年）。井上がこれを一八九九年一二月二七日に通達すると、太湖汽船会社頭取浅見又蔵は「右金額御下付被成下候上ハ、以後決シテ哀願等不仕候間、此段謹テ奉御請候也」（『鉄道局事務書類』巻四）との請書を提出し、太湖汽船会社の鉄道連絡運輸は開業以来七年で幕を閉じた。

第三章　東西両京間鉄道の敷設をめざして

1　東海道・中山道の調査報告

佐藤政養・小野友五郎の「東海道鉄道巡覧書」

井上勝は一八七一年九月二九日（明治四年八月一五日）に鉱山頭兼鉄道頭に就任するが、東西両京間を結ぶ幹線鉄道は、このころまでは東海道経由の路線として考えられており、東京〜横浜間、大阪〜神戸間の開港場路線もその一部をなすものとみられていた（星野誉夫「明治初年の東海道鉄道建設計画」『武蔵大学論集』第五〇巻第四号、二〇〇三年三月）。そのため工部省出仕の土木司員佐藤政養《まさよし》（与之助）および同小野友五郎《ともごろう》は、一八七〇年七月（明治三年六月）に東海道筋の調査に派遣された。

佐藤と小野は一八七〇年中に東海道線の「視測」を終え、一八七一年二月（明治四年一月）、「東海道鉄道之儀ニ付奉申上候書付」をもって復命した（日本国有鉄道編『日本国有鉄道百年史』第一巻、一九七〇年)。その「書付」に添付された「東海道鉄道巡覧書」には、二人が踏査した経路が横浜より三河国二川まで、神戸より三河国二川までに分けて記録されている。総距離は七八里二四町(約三〇八・九キロメートル)に及び、路線選定にあたってはトンネルの掘削をできるだけ避けなければならないとし、山があれば迂回して切割や掘割で対処しようとしていた。その結果東京から熱田までは東海道を行き、熱田からは美濃路の西方を進んで中山道につないで京都に達し、京都からは淀川右岸を通るというルートを辿っている。これは、中世の東海道に近い経路であった(宇田正『近代日本と鉄道史の展開』日本経済評論社、一九九五年)。

佐藤と小野が実施した東海道筋調査の結論は、東西両京間鉄道は東海道経由ではなく中山道経由で敷設すべきであるということであった。二人の復命によれば、東京~神戸間の海運は「蒸気船多分往返自在」で、陸運でも東海道には「運送便利の地」が多い。そのため東海道筋に鉄道を敷設しても利用度はそれほど高くはならないが、鉄道の「築造御入費ハ莫大」にのぼると予測されていた。東海道は江戸時代以来の輸送の大動脈で、陸運はもともと便利であったが、海運でも東京~神戸(大阪)間にはアメリカの太平洋郵船会社の蒸気船をはじめ、数社の外国船が旅客・貨物の輸送に従事し、日本の回漕会社も東京~大阪間に蒸気船による定期航路を開設しようとしていた。

それに対して中山道は「運送不便ノ地」が多いので、中山道経由の東西両京間鉄道を敷設してところどころに「枝道」をつければ「産物運送、山国開化ノ一端」になるというのである。また佐藤と小野は、中山道鉄道の敷設には五、六年の歳月がかかるので、それに先立って神戸・大阪から京都を経て大津にいたる鉄道（大津線）、および琵琶湖岸の海津と敦賀を結ぶ鉄道（敦賀線）を敷設すべきであるとしていた。

小野友五郎は東海道筋の調査・測量を終えると、休む間もなく一四等出仕山下省三らをともなって、今度は中山道筋の調査・測量に出発し（一八七一年四月）、板橋から京阪地方にいたる中山道の全線を踏査した。さらに一八七三年六月には、板橋から多治見までの中山道筋を再調査した。

ボイル
（鉄道博物館提供）

ボイルの「中山道調査上告書」

建築師長のリチャード・ヴィッカース・ボイル（Richard Vicars Boyle）は、小野友五郎らとは別個に中山道筋の調査・測量を試みている。初代建築師長のエドマンド・モレルが一八七一年一一月五日（明治四年九月二三日）に死去したため、ボイルはその後任として七二年一〇月に来日し建築師長となった。

ボイルの中山道調査は一八七四年と七五年の二回に及んだ。まず一八七四年五月に神戸を出発して京都を経て中山道に入り、そこから高崎に出て新潟まで往復して同年八月に東京に達した。ついで翌一八七五年の九月、横浜を出発して高崎を経て中山道を踏査し、一一月に神戸に帰着した。ボイルの中山道調査は合計すると約半年に及んだが、その結果を一八七六年九月に「中山道線調査上告書」（鉄道省篇『日本鉄道史』上篇、一九二一年）としてまとめ、鉄道差配役ウィリアム・ウォルター・カーギル（William Walter Cargill）の手を経て政府に報告した。ボイルの「上告書」は、井上勝の東西両京間鉄道の構想に大きな影響を与えた。

ボイルは「上告書」で「東海道ハ長延ナル道路全国中最良ノ地ニシテ其ノ道筋一般海浜ニ接近シ、又中仙道ノ地形タルヤ之ニ反シテ道路凶悪或ハ欠亡シタル所アリテ運輸ニ太タ不便ナル地方ナルカ故ニ之ニ鉄道ヲ延布スルニ於テハ実ニ広大ナル荒地ヲ開化結合シ、加之両都及南北両海浜（西北、東南）ヨリノ往復ヲ容易ナラシム」と述べ、東西両京間鉄道は東海道経由ではなく中山道経由で敷設すべきであるとした。ボイルによれば東海道は日本のなかでも最良の道路であり、ここに鉄道を敷設してもあまり意味がない。鉄道の敷設が必要なのは東海道筋ではなく山間地で交通の便の悪い中山道筋であり、鉄道敷設によって中山道沿線の産業開発が進めば日本経済にとっても有益である。このような観点からボイルは、中山道経由の東西両京間鉄道は、①東京〜高崎間（六六マイル〔約一〇六・二キロメートル〕）、②高崎〜松本間（八〇マイル〔約一二八・七キロメートル〕）、③松本〜中津川間（七〇マイル〔約一一二・六キロメートル〕）、④中津川〜加納間（五五マイル〔約八八・五キロメートル〕）の四区に、加納から米原、大津を経て西京にいたる七〇マイル（一一二・六キロメートル）の路線を加え、合計三四五マイル（約五五五・一キロメートル）からなるものとした。

そしてそのうちの東京〜高崎間については、京浜間官設鉄道のターミナルである新橋駅を起点に、数寄屋橋付近、鎌倉橋、昌平橋付近、神田川、不忍池《しのばずのいけ》の西南端を経て王子、赤羽に出て、戸田川（荒川）に架橋して大宮に達し、そこから鴻巣、熊谷を経て高崎にいたる路線を構想していた。また、ボイルによれば「高崎ハ東京ヲ隔ツルコト凡ソ六十六哩ニシテ、前橋地方ノ産絹抔《など》東京へ輸出スルノ途中多クハ此ノ地ヲ経過シ、百方ヨリ通常ノ鄙道ヲ通リ此ノ地ニ輻輳スル運送品ノ取扱ヲ為セル肝要ナル大市街」であり、東京〜高崎間鉄道を「現時営業セル東京横浜間線路」に連絡すれば「以テ利スル所アラン」とみて、同鉄道を「第一ニ着手スベキモノ」としていた。

こうして、工部省出仕土木司員の佐藤政養および小野友五郎の調査、さらにはお雇い外国人で建築師長のボイルの調査によっても、東西両京間鉄道は東海道経由ではなく中山道経由で敷設すべきであるとされており、井上鉄道局長も次第にそのように考えるようになった。しかし東西両京間鉄道の路線が正式に決まらないまま、一八七七（明治一〇）年二月には京都〜神戸間、八〇年七月には京都〜大津間、そして一八八三年五月には長浜〜関ヶ原間が開通した。

2　井上勝の中山道鉄道論

佐々木工部卿への「建白書」

敦賀から琵琶湖岸の長浜にいたる敦賀線敷設の見込みが立つと、井上勝鉄道局長は一八八二（明治一五）年二月一七日、工部権大書記官野田益晴、権大技長飯田俊徳とともに、工部卿佐々木高行にあてて「建白書」（日本国有鉄道編『工部省記録　鉄道之部』第六冊、一九七七年）を提出し、日本鉄道会社の東京から青森にいたる鉄道敷設計画を批判し、東京〜高崎〜前橋間および長浜〜関ヶ原〜大垣間の中山道鉄道の敷設が急務であると訴えた。ここには、井上勝の中山道鉄道に関する考え方がよく示されている。

井上らは「建白書」の冒頭で、当時の鉄道政策を「只是流行ヲ趁《おう》テ然ルノミ、真ニ鉄道ノ功用ヲ弁シテ其暢達《ちょうたつ》ヲ冀《ねが》フモノニ非ルナリ」と批判し、つぎのように述べた。日本の地形は東西に長く南北に短いので、交通・運輸においては「船舶ヲ用ルニ利アルノ国」といえる。鉄道は「運輸ニ利ナル船舶ニ倍スル数層」であるといえるが、同時に「資本モ亦十数倍ノ巨額」を必要とする。したがって鉄道は、まず「廣袤寛闊ノ原野」、「物産充実スルモ水運ノ便ニ乏シキカ、或ハ水利足ルト雖ドモ尚其運搬ヲ飽足セシムル能ハサル」地域、あるいは「海ヲ環《めぐ》リテ周航スレハ数百里ヲ迂回スヘキモ、之ヲ陸地ヨリ横通セハ僅ニ数十里ニシテ往来搬運スヘキノ土地」に敷設されなければならない。「沿海ノ地方、船舶ノ利未タ其用ヲ極メサル所」に鉄道を敷設して「山間渓曲産業ノ繁殖スヘキ無キ所」などに汽車を通じさせるのは、「鉄道ヲ濫用スルモノ」といわざるをえない。井上は、こうした立場から「神戸ヨリ起テ琵琶湖浜ニ至リ湖浜ヨリ敦賀ニ達スルノ線路」、すなわち敦賀線の敷設を主張するとともに長浜～関ヶ原間および東京～高崎間の鉄道を敷設すべきであるとしたのであった。

日本鉄道会社は池田章政ら旧華士族層が発起人となり、一八八一年一一月に東京～青森間の鉄道建設を目的に設立された日本で最初の私設鉄道で、同区間を第一区（東京より高崎を経て前橋まで）、第二区（第一区線中より白河まで）、第三区（白河より仙台まで）、第四区（仙台より盛岡まで）、第五区（盛岡より青森まで）の五区に分けて敷設するとしていた。井上勝は、日本鉄道会社の設立自体については「勝等曩《さき》ニ鉄道会社ノ創立アルヲ聞クヤ窃《ひそ》カニ相慶シテ以謂《おもえ》ラク我国開明ノ浅キ電信鉄道等ノ稍《やや》宏大ナル事業ハ咸《ことごと》ク之ヲ官設ニ委シ一モ私立ノモノアルナシ、今ニシテ此挙アリ民間有為ノ気象《(ママ)》其レ此ヨリ旺ナラン」と歓迎していた。しかし同鉄道が東京～青森間の鉄道敷設を計画していることについては、「抑又会社ハ何ノ見所アリテ遽《にわか》ニ青森線路ニ従事セント企シヤ、奥羽ノ景況タル農桑鉱山ノ利源ナキニ非スト雖ドモ、土地ノ広袤《こうぼう》ニ比スレハ物産多シト為ニ足ラス、苟《いやしく》モ目ヲ国勢ニ注クモノハ莫有余裕《ばくゆう》ノ資力ヲ傾テ遽《にわか》ニ鉄道ヲ設ク可キノ地位ニ非サル」と批判的であった。

以上のように井上は日本鉄道の東京～青森間の鉄道敷設には批判的であったが、中山道鉄道の一部をなす東京～高崎間についてはすみやかに敷設すべきであるとしていた。同鉄道は一八七九年一二月に測量しながらも政府の財政的理由からなかなか着工できないでいたが、「経路平直工ヲ施シ易」く、「資本少シテ利益多キ」路線で「且運輸モ頗ル繁盛ノ地」であるとみていたからである。

また井上は、長浜～大垣間鉄道についても敷設を急ぐべきであるとしていた。同鉄道の西端の長浜は琵琶湖に接しており、「西ハ汽船ヲ介シテ大津線ニ連絡」し、「北ハ敦賀線ト相連テ北海ニ達」していた。そして、東端の大垣は「濃尾ノ沃野」を後背地とし「南ノ方堀川ノ便アリテ勢ノ四日市ト相通」じていた。四日市港は数百トンの船が停泊する「南海ニ面スル一良港」で、長浜から大垣まで鉄道が延線すれば、大垣～四日市間に鉄道を敷設しなくても「水運ノ利ヲ藉テ運輸ノ便全ク南北両海ノ間ニ疎通スル」ことができるからであった。

そしてこの建白書では、東京～高崎間、長浜～大垣間の二路線の敷設が認可を得れば「各区起工ノ先後、緩急ヨリ構造ノ程度、資金ノ料理《(ママ)》ニ至ルマテ勝ニ委任セラル事」と、敷設工事をすべて井上鉄道局長にまかせてほしいとしていた。というのは、敦賀線が完成すれば、同線の工事に従事していた「技手属官ヨリ職工ニ至ルマテ（略）手ヲ空フセン」ことになるからであった。また井上によれば、このように東京〜前橋間および長浜〜大垣間の鉄道敷設を要求するのは、「勝等ノ胸懐ニ線ヲ全国ニ布ク縦横蛛網ノ如キノ策ヲ画」しても、政府の財政に余裕がないので「固ヨリ可言而不可行ノ事」と考えられ、優先順位をつける必要があったからでもあった。

井上はこれまで、長浜〜関ヶ原間鉄道の起工を数回にわたって求めたが、「財政困難ノ為」という理由で許可されなかった。しかし財政は確かに豊かではないが、東京〜高崎間鉄道に八〇万円余を繰り替えているのをみれば「全ク逼塞セリ」という状況ではなく、しかも関ヶ原延長線の敷設費はその三分の一ほどでまかなうことができるのであった。

そもそも敦賀線の南端を米原から長浜に変更したのは、米原は琵琶湖との交通や停車場の設置に不便で、中山道に出るのに距離が長くなり敷設工事も困難であると思われたからであった。しかし中山道や東海道の「行旅」の多くは、桑名から舟で大垣を経て中山道に出て米原で琵琶湖の水運を利用している。関ヶ原から直接長浜に向かわないのは、同区間の道路が「甚タ悪シキ」からであった。

したがって、敦賀線を長浜止まりとすれば「東海、中山ノ両道ト北陸道トノ交通」の便が開けず、敦賀線の効用も十分には発揮できない。一方、関ヶ原〜長浜間の鉄道が敷設されれば「江越尾濃勢ノ諸州ニ亘リ往来運搬ノ便縦横自在ニシテ官民共ニ其利ヲ稟《う》クル」ようになる（井上勝「中山道建白書」一八七二年二月一八日、同前）。工部卿の佐々木高行は井上鉄道局長らの建白書に対して、一八八二年三月三日、長浜〜大垣間の線路起工を「裁可」し、敦賀線完成後も「技手職工等空手ニ至ラシメサル様致シ度」と太政大臣の三条実美に上申した（佐々木高行「井上鉄道局長等ヨリ鉄道建設見込建白之儀ニ付太政官へ上申按」一八八二年三月三日、同前）。

東北鉄道の出願

井上勝は、長浜〜敦賀間の鉄道を北陸道に延長することを企てていた。そして、一八八一（明治一四）年八月に前田利嗣、松平慶永をはじめとする加越の華族や東西本願寺の大谷光瑩、大谷光尊らによる東北鉄道の出願に対しては以下のように対処した。

同鉄道は、第一期線として柳ケ瀬〜富山間、第二期線として長浜〜四日市間、富山〜柏崎間、第三期線として柏崎〜新潟間の鉄道敷設を計画していた。資本金は四〇〇万円で、発起人が四五万円以上を負担し、残余を一般株主から募集するとしていた（「東北鉄道会社創立規則」一八八一年）。なお、北陸地方を縦貫する鉄道であるにもかかわらず東北鉄道と名のったのは、この地域が京都からみて「東北」の方角にあたるからであると思われる。

井上は、佐々木工部卿から一八八二年九月一六日に東北鉄道の経路の便否、施工予算などの調査を命じられると、再三にわたって「該地方ヲ跋渉」し調査にあたった。東北鉄道の本線は敦賀から富山にいたるルートであるが、同区間は第一区「長浜敦賀間ノ線路ヨリ発シテ福井ニ至ル」、第二区「福井ヨリ坂井港ヲ経テ金沢ニ出、伏木ニ達スル」、第三区「伏木ヨリ富山ニ至ル」の三区に分けられる。第一区は敦賀〜長浜間の敦賀線に連絡する要路であるが、「沿線ノ地方ニ便宜ヲ与フルノ功ハ甚ダ寡」く、地形が「峻嶺巍峩《しゅんれいぎが》」で冬季の積雪が「深厚」なため「布設スルハ至難ノ大業」であった。また第三区は、地形は「平坦」であるが荘川、神通川などの「巨流」があり、鉄道を敷設しようとすれば「其測量ノミニテモ両三年ヲ費ヤサヾルヲ得ザル」のであった。

井上によれば、加越地方は「沿海ノ国」で「船舶ノ利」のある地域なので「今遽ニ鉄道ヲ要スルハ其次序ヲ踰越《ゆえつ》セシモノ」であるが、やむをえず敷設するとすれば第二区線から着手すべきである。第二区線はとくに「利益大ナルベシ」というわけではないが、「福井ヨリ坂井港マデハ平坦一路一ノ九頭龍川アルノミ、坂井ヨリ金沢ヘハ熊坂ノ洞道ト手取ノ架橋トヲ除ケバ指シタル工事ナシ、金沢ヨリ伏木マデハ栗殼《(倶利伽羅)》ノ峻坂ニ洞道ヲ要スベキモ其他ハ平易ノ線」という地形上の特徴をもち、「甚多カラザルノ費額ヲ以テ布設スル」ことができる。また、伏木港は突堤などの補助工事を加えれば「巨船」を停泊することができ、「河水ノ便ヲ籍テ越中所在ノ便宜」を達するとともに北海道航路にあたるので「該道ノ利運ヲ誘導スル」こともできる。坂井港も浚渫工事を施せば「目下ノ便ヲ達スルニハ十分」で、敦賀港とも連絡している。こうして、第二区線は「加賀越前ノ都府ヲ通シテ越中ノ平陸ニ連リ、遙ニ北海道ト相呼応シ京阪ト連接スル」のである（井上勝「東北鉄道線路之義ニ付上申書」一八八二年一一月、前掲『工部省記録　鉄道之部』第六冊）。井上は、地形や海運との連絡などを総合的に判断し、東北鉄道の敷設を推進しようとしていた。しかし東北鉄道は、一八八二年一一月に政府が予定線を福井〜伏木間に変更するよう求めると、それに不満をもった越前地方の発起人や株主が脱落し実現にはいたらなかった。

鉄道の延線と資金問題

長浜〜関ヶ原間鉄道が竣工間近にせまった一八八三（明治一六）年三月二六日、井上鉄道局長は佐々木工部卿にあてて「鉄道将来ノ延線ニ係ル資金ノ儀ニ付稟請」（前掲『日本鉄道史』上篇）を提出した。官設鉄道の敷設工事が柳ケ瀬隧道を残すのみとなったため、井上はつぎの鉄道延線とそのための資金の手当ての方法を提起したのである。

井上は「全国枢要ノ地方ハ早晩之ヲ布設セサルヘカラサル者ナレハ、官ト民トニ論ナク此ニ眼目ヲ著シ応分ノ計画莫《なか》ルヘカラス」と、将来における鉄道敷設構想が官民を問わずになされなければならないと主張した。なぜならば、「延線ノ長短緩急ハ暫ク措キ、片時モ其建築ヲ中絶セシメサルヲ最要トス」と、資材の調達や職工の維持のためにも鉄道敷設を恒常化することが重要であると考えていたからである。

鉄道の延線を恒常化するためには、鉄道敷設のための資金を手当てする必要があった。井上は国庫からの支出には限界があるので、官設鉄道の営業によって生じる益金をそれにあてるべきであるというのである。鉄道益金は「正租」とは異なるので、これを「国庫ノ外ニ置テ専ラ鉄道拡張ノ費途ニ充テラル、ハ却テ適宜ノ処分タルカ如シ」というのが井上の主張であった。そして、一八八三年度以降には益金の全額を鉄道延線のための資金として鉄道局に委託されることを望むが、全額が無理であれば半額でも三分の一でもよいとしている。井上にとっては、鉄道の「建築中絶ノ憂ヲ拒《ふせ》ク」ことが何よりも重要であったのである。

井上が延線すべきと考えていたのは、①関ヶ原〜大垣間、②大垣〜名古屋間、③高崎〜高田間の鉄道であった。関ヶ原〜大垣間は「目下最要ノ区域」であり、大垣〜名古屋間は「有益ノ目算夙《つと》ニ確立シ、測量モ曾テ整頓セリ」という状況にあったからである。そして高崎〜高田間は、日本鉄道会社が高崎まで敷設を計画しており、「官民ノ中早晩此ニ着手セサルヲ得サルノ要路」と考えられるからであった。またこの三路線の敷設が完成すれば、「一ハ尾勢ヨリ敦賀ノ海ニ貫キ、一ハ東京湾ト北海港ト相連絡スルヲ得」ることになり、縦長の地形を有する日本にとっては有益な鉄道と考えられた。

井上鉄道局長は将来の鉄道の延線について工部卿に稟請したのち、これに関連する一書を工部卿に提示した。そこでは、①収支が償わなければ必要な線路も敷設しない、②鉄道を専有し専売の弊を生じさせる、③資本の増加を恐れ改良をはからない、④重複線を敷設しむやみに競争する、⑤一地方に簡易の鉄道を敷設するので、他日全国的な鉄道を敷設するさいに重複線となる、⑥経営上の紛争が絶えない、⑦運搬謝絶によって地方民を威嚇する、⑧有事のさいの輸送に不便であると八項目にわたる私鉄の弊害が列挙されており、しばしば井上が私鉄排撃論者であったことの根拠とされている。

ただし注意しなければならないのは、ここでの井上の趣旨が鉄道の延線を恒常化することにあったということである。政府が日本鉄道会社の設立を特許し幹線鉄道の私設を認めたので、それによって官設鉄道の敷設が停滞し、鉄道の延線が妨げられることこそが問題であったのである。井上によれば、当時は「私設会社ヲ置クモ政府ノ保護ニ非ルヨリハ資本モ之ヲ募ルコト能ハス、線路モ之ヲ布ク能ハス、汽車モ之ヲ転スル能ハサル」という状況で、私設鉄道に期待ができなかったのである。そのため私鉄の弊害を列挙し、「我邦ニ於テハ鉄道事業ヲ挙ケテ政府自ラ任シ以テ国道ト為サヽルヘカラサル」

と主張したのであって、井上が鉄道国有主義者であったために私鉄を排撃したとみるのはやや短絡的な理解のように思われる（同前）。

高崎〜大垣間鉄道敷設の決定

長浜から大垣にいたる鉄道のうち長浜〜関ヶ原間が開通した翌月の一八八三（明治一六）年六月、山県有朋は「山県参議建議幹線鉄道布設ノ儀」（『公文別録』一八八二〜八五年）を提出した。この建議で山県は「我邦ノ今日ニ在テ、鉄道ヲ布設スルハ実ニ第一ノ急務」であるという認識を示し、「先ツ東西ニ京ノ間ニ一ノ幹線ヲ布キ、左右ニ枝線ヲ延キ、以テ東西ノ海港ヲ連接セシメハ事業全ク卒ル者トス」と述べた。この建議の別の個所に「国ノ中央ヲ画シテ一幹線ヲ置ケハ足レリ」という表現があるので、山県が東西両京間鉄道を中山道鉄道とみなしていることはあきらかで、そこから主要港湾に支線を延ばして沿岸海運との連絡をはかるという鉄道網を構想していたように思われる。

こうしたなかで政府は、一八八三（明治一六）年八月六日、高崎〜大垣間の鉄道敷設を内決し、工部省に対し地形の測量および路線の選定を命令した。工部卿の佐々木高行が、同年八月八日、井上勝鉄道局長にこの旨を通達すると、井上は同年八月一七日に「大垣ヨリ高崎マテ幹線鉄道布設ノ儀ニ付具状」（前掲『日本鉄道史』上篇）を工部卿に具申した。そこには、井上の中山道鉄道に関する持論が展開されていて興味深い。

井上は、ボイルの「上告書」によりながら東海道と中山道を比較検討した結果、東西両京間鉄道は「中仙道ニ向ヒテ之ヲ敷クノ外ナキモノト確信」したとしている。まず東海道については、峻険な箱根の山や富士川、安倍川、大井川、天竜川などの大河があって、工事を実施するのは「実ニ容易ノ事ニ非ス」とされていた。また、その大半は「海浜ニ沿ヒ（略）土地平坦ナレハ舟楫《しゅうしゅう》馬車ノ利共ニ相通セサルナシ」という状況で、「鉄道ヲ要セスシテ所在ノ便利既ニ達セリ」とみていた。これに対し中山道は、「縦ニ内地ノ中間ヲ通シ、其行程海浜ニ接セサルヲ以テ、若シ鉄道ニシテ之ヲ敷クアラハ、沿線左右ノ数国ハ為ニ運搬ノ便ヲ拡ムル僅少ナラスシテ、其利其益随テ起ルモノ必ス夥《か》多《た》ニ及フヘシ」と、中山道鉄道の地域開発効果を高く評価していたのである。

井上は高崎～大垣間鉄道を両端から順次測量し、測量の終ったところから着工していくべきであると考えていた。本来ならば着工前に全線の測量を終え、綿密な工事計画を立てなければならないのであるが、そうすると測量に「短クモ二年乃至三年ヲ要シ」、経費も「少クモ五、六万円ニ下ラザル」ことになってしまう。井上は、経費の膨張についてはいざ知らず、「時日ヲ費シテ一挙ニ全線ノ測量ヲ卒《おわら》ンコト其労多クシテ其功最モ少ナカル」と考えていた。というのは、東西両京間鉄道を速やかに敷設するためには全線一斉に着工しなければならないが、そのためには技術者が圧倒的に不足していたのである。ただしそればかりではなく、井上はボイルの調査に絶対的な信頼をおいていたことも事実である。井上は、ボイルの調査について「小官曾テ其線路ヲ跋渉シ、其険夷ヲ視察セシヲ以テ、能ク其当否ヲ判ジ、其謬リナキヲ保証スル」ことができ、「縦令《たとい》而今更ニ小官ニ向ヒテ現地ノ測量ヲ命ゼラルルモ、唯ニ概略ノ要点ヲ報ズルニ止リ、敢テ別冊記載ノモノニ優ルノ報告ヲ呈スル能ハザルハ必定ナラン」と述べていた。

こうして、これまで財政の制約などから遅滞していた東西両京間鉄道の敷設が、中山道鉄道として具体的な日程にのぼることになった。一八八三年六月二三日の廟議を経て東西両京間鉄道を中山道経由で敷設することが決定され、同年一二月二八日の太政官第四七号布告中山道鉄道公債証書条例をもって高崎〜大垣間鉄道が敷設されることになった。同条例第一条によれば、「中山道鉄道公債証書ハ群馬県下上野国高崎ヨリ岐阜県下美濃国大垣ニ至ル迄中山道ニ沿ヒ鉄道ヲ敷設シ、及其事業ヲ経営スルノ資金ニ充ツル為発行スルモノ」で年利七分、発行限度額は二〇〇〇万円であった。井上勝はのちに、先の山県の建議とも関連して「山県公は勿論、其他枢要の地位に在る軍人連も、是非高崎から大垣まて結ひ付けねはならぬと云ふ議論か内閣に湧起し、遂に山県公の建議となり、中仙道鉄道布設并に鉄道公債六千万円の募集を公布せられしは十六年の十二月二十八日なりし、予か当日の歓喜は生涯に又と無き事なりし」（井上勝「日本帝国鉄道創業談」一九〇六年、前掲『子爵井上勝君小伝』）と回想している。

なお東西両京間鉄道として中山道線が採択された有力な根拠として、山県有朋らの軍首脳部が海上からの攻撃を受けやすい東海道線を忌避したからであるという説があるが、山県の建議のなかにこうした主張はみられない。鉄道敷設において、海岸からの隔離という主張が初めてみられるのは、一八八五年に招聘されて来日したドイツ帝国の軍人メッケル少佐（Klemens Wilhelm Jacob Meckel）が、八七年一月から三月ごろにかけて執筆したとされる「日本国防論」においてである。参謀本部はこのころに開始された東海道線の敷設にさいして鉄道局と協議し、線路を海岸から離隔して敷設することを要請したのである。海岸からの隔離策は、少なくとも東西両京間鉄道を中山道線に決定するさいの有力な根拠であったとはいえないようである（松永直幸「中山道鉄道の採択と東海道鉄道への変更」『日本歴史』第七五五号、二〇一一年四月）。

中山道鉄道論と「間接の利益」

井上によれば、東西両京間鉄道としての中山道鉄道は官設鉄道として敷設しなければならなかった。中山道鉄道の路線距離は約一〇〇里（三九二・七キロメートル）、敷設経費は一里につき約一五万円で総額一五〇〇万円にのぼるとみられていた。このように中山道鉄道の敷設には「巨額ノ費用」を必要とするのであるが、それでも「両京ヲ直接連絡スルノ効用ニ至リテハ至大至洪」であった。したがって、目前の利益のみをめざす私設鉄道が中山道鉄道を敷設するのは無理で、「政府ニ於テ宜シク之ニ当」らなければならないというのである。こうして井上は、中山道鉄道の敷設にあたって東西両京間の連絡という「間接の利益」を重視しているといえるのであるが、それはつぎのように鉄道の効用一般にも敷衍されていた。

鉄道ノ事タル規模重大ニシテ経費モ亦巨額ヲ要セサルヘカラス、然レトモ国家経綸ノ事ニ関シテハ其利用ノ莫大ナル之ヲ措《お》イテ他ニ求ムルナシト云フモ敢テ虚称ニ非サルナリ、而シテ其利益ノ如キ直ニ目前ニ現シテ其形跡ノ以テ之カ計算ヲ為シ能フモノハ反《かえっ》テ其小ナルモノニシテ、其大ナルモノニ至リテハ多クハ間接ニシテ容易《たやす》ク計算シ能《あた》ハサルモノニ於テ存スルハ、又更ニ小官ノ喋々《ちょうちょう》ヲ俟《ま》タスシテ明カナリこのように井上勝は、鉄道の効用は多くの場合間接的なものであるとし、「直ニ収入ノ利益ノミヲ以テ鉄道ノ利益トシ、其間接ノ大利ニ至リテハ措テ顧ミ」ない政府の鉄道政策を批判した。井上によれば、この一、二年来の「鉄道事業ノ萎靡不振」は、政府が「鉄道収入ノ利益ノミヲ以テ其利益トシ、大ヒナル間接ノ利益ハ措テ之ヲ問ハサルノ主義」をとり、「既設鉄道ヨリ得ル所ノ純益ヲ挙テ線路拡充ノ費ニ充ンコト」を稟請しても、実施しなかったためにおこったのである。

なお、東西両京間の連絡鉄道については、「敦賀線ヨリ北陸道ニ出テ越後高田ヨリ信州ヲ経テ高崎ニ連《つらな》ル」という計画もあった。しかし、この北陸道経由の高崎〜長浜間の距離は約一六〇里（六二八・四キロメートル）となり、中山道線の約一〇〇里（三九二・七キロメートル）よりもはるかに長い。線路が長ければ、それだけ「数多ノ市城ヲ貫穿《かんせん》スル」のであるが、両京間の連絡という観点からは「其迂回ニヨリ過半数ノ時間ヲ増費スル」ことになる。井上によれば、中山道こそが「経道」（正道）であって、「北陸ヲ迂回スル」ルートは東西両京間の連絡という目的を達成することはできるが、手段としては正しくない「権道」にほかならなかったのである（前掲「大垣ヨリ高崎マテ幹線鉄道布設ノ儀ニ付具状」、前掲『日本鉄道史』上篇）。

3 南北両海港連絡鉄道の敷設

日本鉄道第一区線（東京〜高崎間）の敷設

井上勝は東西両京間鉄道を中山道経由で敷設するとともに、その東端と西端で太平洋側と日本海側をむすぶ南北両海港連絡鉄道の敷設を企てていた。すなわち、東端では横浜港と直江津港をつなぐ鉄道、西端では四日市港と敦賀港をむすぶ鉄道を敷設しようとしていたのである。

中山道鉄道の一部でもある東京〜高崎間鉄道は、日本鉄道会社の第一区線として敷設されることになった。同社は「本社創立ノ際技術人ニ乏シク器械未タ備ハラス、直チニ建築ニ着手スルニ由ナシ」という理由から、第一区線の敷設工事については「挙テ之ヲ政府ニ依頼センコトヲ議決シ」、一八八一（明治一四）年六月二二日に願書を提出して一一月一一日に創立の許可を得た。これに対して井上勝は、第一区線の敷設工事については了承したが、支出金の出納などについては日本鉄道がみずから実施しなければならないとした。なぜなら、同社は第一区線の敷設で「工事実際ノ実験ト熟練トヲ博取」し、第二区線以往の鉄道敷設をみずから行わなければならないからである（日本鉄道会社『第一回実際報告』一八八二年七月）。井上は、この段階では第一区線の敷設工事は鉄道局で引き受けるが、第二区線以往の敷設工事については日本鉄道がみずから実施すべきであると考えていたようである。

それはともかく、井上が日本鉄道の敷設工事一切にあたることにしたのは「当時敦賀線も柳ヶ瀬隧

表3-1　日本鉄道第一区線の区分と工事予算

区　間	延　長	敷設費予算（円）
第1部　品川～川口	14マイル・0チェーン	943,276
第2部　川口～熊谷	31マイル・0チェーン	899,881
第3部　熊谷～前橋	29マイル・40チェーン	1,397,784
合　計	74マイル・40チェーン	3,240,941

出典：日本国有鉄道編『日本国有鉄道百年史』第2巻，1970年。

道工事を残せるのみなれば、予は官私を論ぜず、兎に角鉄道の延長其事は何よりも慶事なりと思惟し」たからでもあった（前掲「鉄道誌」）。井上からすれば、敦賀線竣工後、鉄道局の技術者集団が分散してしまうのを防ぐためにも日本鉄道第一区線の敷設工事を請け負う必要があったのである。

日本鉄道第一区線は、**表3-1**のように第一部（品川～川口間）、第二部（川口～熊谷間）、第三部（熊谷～高崎間）の三部に分けて敷設されることになり、まず第二部の川口～熊谷間の敷設工事が一八八二年六月五日に開始され、九月一日に川口町で起工式が行われた。起工式には工部省や地方庁の官吏、沿線の株主など約二〇〇人が参列した。川口以北の敷設工事が進むなか、上野～川口間の工事も始まり、一八八三年七月二六日には上野～熊谷間三八マイル（約六一・二キロメートル）が竣工し、二八日から営業を開始した。このときに開設された駅は、上野、赤羽、浦和、上尾、鴻巣、熊谷の六駅であった。

熊谷以北の敷設工事は一八八三年五月から着手され、一〇月二一日に熊谷～本庄間、一二月二七日に本庄～新町間が開業し、八四年五月一日の新町～高崎間の開業をもって上野～高崎間が全通し、六月二五日に明治天皇の臨席のもとに開業式が行われた。上野～高崎間の所要時間は四時間ほどであった。さらに一八八四年八月二〇日には高崎〜前橋間が開業し、日本鉄道第一区線上野〜前橋間七四マイル四〇チェーン（一〇九・二キロメートル）が全通した。

ところで日本鉄道会社社長の吉井友実《ともざね》は、日本鉄道が本庄まで開業した直後の一八八三年一〇月二三日、工部卿佐々木高行にあてて鉄道局長井上勝への賞賜について「御内意伺」を提出した。そこには、井上勝の日本鉄道第一区線工事への貢献がつぎのように述べられていた。

先般本社線路第一区工事ハ挙テ御依頼申上候処、井上鉄道局長ニ於テ該工事悉皆御負担相成、其以来日夜非常之御勉励ニテ日ヲ閲スル僅ニ一年、假トハ乍申早ク既ニ東京本庄間五十一マイルハ営業開始旅客荷物等運搬致候運ニ相成候段、本社株主一統ニ於テ感佩之至ニ不堪、右ハ該局長御職分内ニ於テ御尽力被下候ハ申迄モ無之於本社彼是喋々可仕義者素ヨリ無之候得共、前文ニモ申述候通リ本社百事創設ニ属シ候事故御職分之外ニ於テ運輸営業之途ヲ始メ万端御補翼ヲ煩候ヨリノ結果ニシテ、之ヲ要スルニ悉皆該局長カ我本社之為メニ内外全力ヲ尽サレ候故之事ト深ク銘肝罷在候

（吉井友実「御内意伺」一八八三年一〇月二三日、前掲『工部省記録　鉄道之部』第七冊）

このように日本鉄道第一区線の敷設にあたって、井上はみずからの職分をこえて献身的に尽力した。そこで吉井は「聊カ此労力ニ報センカ為メ本社ヨリ直チニ謝儀ヲ捧ケ候テ御差支モ無御座候哉、若シ其義不能候ハ、非常出格ノ通御詮議ヲ以テ該局長江御賞賜之御処分被下度奉願候、尤モ其御費額ハ悉

皆本社ヨリ上納仕度候」と、佐々木工部卿の「御内意」を伺い出たのである。佐々木工部卿は、これは「従前例規モ無之儀ニ候得共頗ル至当之儀ト被存候間該社伺出之通御賞賜有之候致度」（佐々木高行「井上鉄道局長へ賞賜之儀ニ付太政官へ上申案」、同前）と太政大臣三条実美に上申した。

品川線（品川～新宿～赤羽間）の敷設

鉄道局長の井上勝は一八八〇（明治一三）年一月から二月にかけて日本鉄道第一区線東京～高崎間鉄道の測量を試み、「東京高崎前橋間鉄道線路実測図幷建築経費予算表」を作成して一八八一年一二月一二日に工部卿佐々木高行に提出し、首端を「東京横浜線中ノ品川駅」にとるべきであるとしていた。そして、東京～川口間の日本鉄道第一区線の第一部について、①品川駅から東京西郊を迂回して板橋に出て、そこから北上して荒川を渡って川口に達する、②新橋駅から御堀端を経て上野近傍に出て、そこから荒川に抜ける、③上野から荒川に抜け、上野～新橋間は水運で連絡するという三つのルートを示し、「里程ノ伸縮ト経費ノ増減」を勘案して、みずからは①の品川起点ルートをとるべきであるとした（井上勝「（東京高崎前橋間鉄道線路実測図幷建築経費予算表）」、前掲『工部省記録　鉄道之部』第六冊、一九七七年）。

既述のように日本鉄道第一区線は第二部の川口～熊谷間から着工された。同区間は「経路平坦、建築施シ易ク経費モ巨額ヲ要」しないので、「資本ノ都合ト営業ヲ急クノ都合トヲ察シ」て「一時ノ便宜ヲ以テ之ヲ第一着」としたのであった。そして、一八八三年の春初には第二部および川口から上野までの枝線がほぼ完成したので、つづいて川口～品川間の「第一部ニ着手」すべきところであったが、日本鉄道は第一部の着工は「不急」であるとした。同社によれば、線路はすでに上野、すなわち東京に達しているので「縦令《たとい》新橋トノ間隔ハ有之トモ更ニ第一部ヲ興セハ重複ノ業ニ侔《ひと》シ、寧ロ其資ヲ転シテ前途ノ延長ヲ図ルニ如カス」というのであった。井上は、こうした日本鉄道の姿勢を「此論タルヤ能ク小数知レトモ、未タ其大数ヲ弁セサルモノト謂フヘシ」として、つぎのように痛烈に批判した。すなわち、井上によれば「海外何レノ国ヲ観ルモ其鉄道ノ首尾ハ海港ニ接セサルモノナシ、是レ海陸継続セサレハ十分ノ功用ヲ尽ス能ハサレハナリ」と、鉄道建設においては海陸連絡の実現こそが重要であるとした。日本鉄道会社も「既ニ尾端ヲ青森港ニ達スト為セハ、其首端ハ東海ノ一港湾ニ起スノ本旨タルヤ明」らかなのであって、「東京横浜間ハ業已ニ官線ノ在ルアリ、之ニ東京ニ接続スレハ早ク已ニ其希望ハ満足スルヲ得レハナリ」と、日本鉄道第一区線（東京～高崎間）と東京～横浜間官設鉄道との連絡を主張するのであった。

日本鉄道第一区線と東京～横浜間官設鉄道との連絡には、「市街ヲ貫穿《かんせん》スルモノト外郭ヲ迂回スルモノト」の二つの路線が考えられるが、政府は「市街ヲ貫穿スルハ目下言フ可クシテ行フ可ラサルノ事タルヤ亦タ疑ヲ容レス」として、すでに「品川ニ於テ接続スルノ計較《(画)》ヲ是認」していた。日本鉄道もこうした政府の計画を取り入れていたが、井上によればいまだそれが実現しないため、信州、上州および武州と横浜との間を来往する貨物の輸送に多大な不利益をもたらしているというのであった。

井上は、このことを一八八三年三月八日および二八日に日本鉄道に対して繰り返し説明したが、同社は「已ニ春季総会ニ於テ議決シタル事ユエ、次後総会マテハ復タ動カス可ラス」と回答した。こうした状況のなかで井上は、幹線との連絡の件については六月一四日の諭達もあるので「此度ノ総会ニ於テハ無論着手ノ議決ニ可及筈ト存候」としながらも、「工事監督ヲ職任トスル我省ノ諭達幷ニ拙官ノ解説モ馬耳東風ノ聴ヲ為ス如キアラハ、於政府ハ之ヲ如何処分セラルヘキ歟、其保護ノ点ニ向テ多少斟酌セラレサルヲ得サル儀ト存候」と、同社への政府保護の廃止をも射程に入れて検討しなければならないと、かなり強い姿勢で第一区線の品川への延長を主張した（井上勝「東京高崎間鉄道建築事務報告書」一八八三年七月、前掲『工部省記録 鉄道之部』第七冊）。

そこで井上は日本鉄道社長の奈良原繁を説得し、同社は一八八三年七月三〇日に臨時株主総会を開いて品川〜赤羽間の品川線（一六マイル〔約二五・六キロメートル〕）の着工を決議した。品川線の敷設は資材の輸送という点だけではなく、幹線鉄道網の充実という点からも必要であった。品川線の工事を担当したのは、品川〜新宿間が工部少技長原口要、新宿〜赤羽間が工部権少技長増田礼作であった。原口はアメリカのペンシルバニア鉄道で技師としての経歴をもち、増田は文部省留学生として五年間イギリスに留学し、帰国後日本鉄道に入社したが、同社が建設工事を鉄道局に委託したのにともない鉄道局勤務となっていたのである。

品川線は一八八四年一月に着工され、八五年三月一日に開通した。途中駅は渋谷、新宿、板橋で、三月一日から三往復の列車が運転された。三月一六日には、さらに目黒、目白の両駅が開設され、列車の運転回数も一日四往復となった。東北方面への旅客列車の起点は上野駅であったが、品川線は上毛地方の生糸や繭の横浜への輸送に大きな役割を発揮した。

高崎～上田～直江津間鉄道の敷設

一八八三（明治一六）年一〇月二三日、太政官が高崎～大垣間の敷設を指令したため、高崎は中山道幹線鉄道の東部側の起点となった。同年一一月八日には、准奏任御用掛の南清が高崎～上田間の測量を下命された。南はまず高崎～横川間の測量を実施し、ついで一八八四年三月から横川～碓氷《うすい》峠間の測量に着手した。その結果、同区間には勾配が一〇分の一（一〇〇〇分の一〇〇）から四〇分の一（一〇〇〇分の二五）の線路があることが判明した。そこで南は、碓氷峠より遙かに南方に位置する和田峠経由に路線をとり、三マイルにわたる一〇分の一勾配区間はインクラインドプレーンにしようと考えた。そうすれば経費は碓氷峠を経由する路線の三分の一ほどですみ、所要時間も節約することができるというのである（村上亨一著・速水太郎編『南清伝』一九〇九年）。

南はさらに高崎～横川間の建築主任となり、権少技長本間英一郎とともに同区間の敷設工事を担当した。南はこのとき権少技長に昇任し純粋な奏任官となっていた。一八八三年一〇月二八日には権大技長松本荘一郎が中山道線建築主任として董理《とうり》し、高崎～横川間の鉄道は一八八五年一〇月一五日に開業した。

一八八四年四月二六日には寺崎至（新潟県西頸城郡糸魚川町）、中沢与左右衛門（長野県上水内郡長野大門町）らが信越鉄道会社を起こして上田～直江津～新潟間の鉄道敷設を請願し、五月一日には新潟、長野両県令が願書を進達した。井上勝は工部卿の求めに応じて、五月一五日、太政大臣にあてて上田～直江津間の鉄道は中山道幹線を海港に連絡する重要な路線であるので、官設鉄道として敷設すべきであるとした。そして一〇月一六日には、佐々木工部卿にあてて上田～直江津間は官設鉄道として敷設して資材輸送線とすべきであるとした。佐々木高行にかわって工部卿となった山県有朋は、井上の上申を「実ニ国家経綸ノ要ヲ得タルモノ」として太政大臣に上申した。

その直後の一八八四年一一月、信越鉄道の発起人一七名と、計画中であった北越鉄道の発起人総代四七名は、新潟、長野の両県令に対し再び上田から直江津を経て新潟にいたる鉄道を中山道線と同時に着工するか、鉄道会社の設立を許可してもらいたいと請願した。新潟、長野の両県令が一一月一六日に佐々木工部卿に上申すると、工部卿は一二月一一日に私設の不可なることを述べ、上田～直江津間鉄道の着工を求めた。そして信越鉄道や北越鉄道の発起人に対しては、直江津港の修築を求めた（前掲『日本国有鉄道百年史』第二巻）。

関ヶ原～四日市間鉄道の敷設

井上勝はかつて敦賀～長浜間鉄道を関ヶ原まで延線すべきであるとしていたが、その工事は一八八二（明治一五）年五月に起工の下命を受け、八三年五月一日から運輸営業を開始した。同延長線は約一五マイル（二四・一キロメートル）で、一二の河川があるが川幅が広くないので架橋や築堤などの工事もそれほど困難ではなかった。しかし途中の信濃と近江の境には山谷があり、もっとも急な傾斜は四〇分の一にものぼっていた。そのため岩石の開削や渓澗《けいかん》の埋立ては容易でなく、敷設資金も敦賀～長浜間の予算残額に通貨三〇万円、銀貨八万円を増額しなければならなかった。

井上勝は、長浜～敦賀間鉄道の敷設工事期間中であった一八八二年七月二〇日、工部大輔（八月一日には工部技監を兼任）に任ぜられたため東京に転居した。そのため、同区間の鉄道敷設工事は飯田権大技長、会計倉庫の管理は野田権大書記官に委任された。井上は、それにもかかわらずわずか一年余で工事が完成したのは「専ラ主任者ノ能ク其職務ニ勉励シ拮据《きっきょ》尽力ノ効ニ因」るものであるとし、飯田や野田ら部下の仕事ぶりを讃えた。

長浜〜敦賀間鉄道の竣工は中山道の貨物輸送の便を大きく増大させたが、なおも十分ではなかった。井上によれば、さらに大垣まで鉄道を敷設し、そこから「東南ノ海港」四日市まで舟運でつなぐことが肝要であった。そうすることによって、「初メテ敦賀四日市ノ両港ヲ連接シ、水陸運輸ノ一大功用ヲ現出スルニ至ル」というのである（井上勝「柳ケ瀬関ヶ原間鉄道建築竣功ノ儀ニ付上申」、前掲『工部省記録 鉄道之部』第七冊）。

一方、三重県令の岩村定高は、一八八三（明治一六）年一二月一三日、内務卿山県有朋に「関ヶ原四日市港間鉄道布設之儀ニ付伺」（同前）を提出した。そこでは、四日市港が横浜港や神戸港と同様に「天賦ノ良港」であるとされ、同港における「埠頭ノ築造」と関ヶ原〜四日市間の鉄道敷設の必要が訴えられていた。岩村によれば、海港は「船舶碇泊ノ安否」のみでなく、「陸地運搬便利ヲ兼備」することによって「初メテ良港ト」いえるのであった。そこで岩村は、「築港ニ鉄道ニ専ラ奮励シテ資金募集ノ計画」を立てたが、築港と鉄道の「二大事業」を「民力ニ任スル」のは「実ニ至難ノ事」であった。関ヶ原〜四日市間の鉄道敷設を「官費ヲ以速ニ御施行」するならば、築港を「民力」で起業することができる。しかし、やむをえず民力をもって鉄道を敷設する場合には、東北鉄道と同様の利子保証、あるいは鉄道敷設に必要な舶来品を政府が買い上げたうえで貸与し、代価は鉄道開業後の利益から支払うようにするなど「特殊ノ御保護」を仰がなければならないというのであった。

工部卿の佐々木高行はこの三重県令岩村定高の要請に対し、実に興味深い意見を述べている。佐々木は、関ヶ原〜四日市間鉄道は中山道幹線鉄道を経営する上で「実際必要」であるとしながらも、四日市港への支線敷設をやめて「名古屋ニ布線」すべきであるとした。なぜならば、「中仙道幹線布設ノ儀ハ略木曽山ヲ貫キテ延布ナスノ目的ナリシト雖、線路ノ経過スル所数十里間木曽ノ渓間ニ在ルヲ以テ地勢狭少ニシテ鉄道ノ為メニ後来殷富ヲ致スヘキ余地ナキニ依リ、或ハ木曽山ノ東南ヲ迂回シ三州伊奈（那）郡ヲ穿《うが》チテ進ミ洛東線（関ヶ原〜四日市間鉄道…引用者）ト相接スルノ便ナルニ若カサルコトアラン」と考えられるからであった（佐々木高行「（関ヶ原〜四日市間鉄道に関する意見）」一八八四年一月二八日、同前）。すなわち佐々木工部卿は、中山道幹線鉄道のルートを木曽谷経由ではなく伊那谷経由で敷設する可能性についても留保していたのである。

この間一八八四年四月五日には、三重県（二〇名）、岐阜県（一名）、滋賀県（五名）、京都府（一名）、大阪府（四名）、東京府（一八名）などの有志者が発起人となって、三重県四日市から岐阜県垂井にいたる鉄道の敷設と運輸営業を目的に濃勢鉄道会社の設立を出願した。発起人には、地元三重県桑名郡の佐藤義一郎、諸戸清六、三重郡四日市の田中武兵衛、稲葉三右ヱ門、員弁《いなべ》郡の木村誓太郎、佐藤義一郎のほか、東京の渋沢栄一、益田孝、小室信夫、久原庄三郎、大倉喜八郎、渋沢喜作、川崎八右衛門、川崎正蔵、原六郎、林賢徳、大阪の藤田伝三郎、広瀬宰平、外山修造、松本重太郎など、そうそうたる実業家が名を連ねていた。

一八八四年四月五日、三重県令岩村定高にあてて提出された「鉄道布設願書」によると、濃勢鉄道出願の意図はほぼつぎのようであった。すなわち、四日市港は横浜港と神戸港の中間に位置する「枢要ノ良港」で、旅客・貨物が輻輳し、数年前から三菱会社の汽船が定期航行をはじめ、共同運輸会社などの汽船や風帆船も出入していたが、長浜〜関ヶ原間鉄道の開通以来四日市に往復する旅客貨物の数は「日ニ月ニ多キヲ加ヘ」ている。まもなく敦賀港から長浜を経て大垣にいたる鉄道も竣功すると聞いているが、関ヶ原〜四日市港間は揖斐川舟運でつながっているだけである。そこで、四日市〜垂井間の鉄道を敷設して海陸連絡の便をはかり、四日市築港をも挙行したいというのである（岩村定高「伊勢国四日市美濃国垂井間鉄道敷設ノ儀ニ付伺」一八八四年四月一〇日、同前）。

濃勢鉄道の資本金は一五〇万円（一万五〇〇〇株、一株一〇〇円）で、発起人が九九万二〇〇〇円を負担し、残りの五〇万八〇〇〇円を一般株主から募集しようとしていた。また、官有土地・家屋の無償貸与、民有土地の政府買上げと払下げなどを請願し、鉄道敷設工事も工部省鉄道局に依頼した。濃勢鉄道の計画に対し、井上勝は工部卿佐々木高行あての上申で、つぎのような認識を示した。

三重県下人民ヨリ出願候民設鉄道布設ノ儀熟考候処四日市ヨリ美濃国垂井駅ニ至ルノ線路ハ西ハ京阪神戸ヨリ西北ハ越前敦賀港ニ通スル既成ノ官設鉄道ニ連絡シテ其欠線ヲ補フ者ニシテ此線布設ノ功ヲ奏スル以上ハ既成鉄道ノ効用ヲ益ス事実ニ著シク其現今ノ状況ニ倍蓰《ばいし》スヘキハ疑フ所ニ非ス、

且ツ中仙道鉄道布設ニ要スル物品材料運搬ノ便ヲ与フル甚タ大ナルニ依リ該線工事ノ会計上ニ許多ノ利益ヲ得ル事亦隨テ相伴フ可ク、畢竟スルニ目下必要ノ線路ナルヲ以テ人民ノ私設ヲ待タス寧ロ官府ニ於テ決然着手相成候方得策ト存候

このように井上は、濃勢鉄道が京阪神地方から敦賀港にいたる官設鉄道に連絡すること、中山道鉄道の敷設工事に必要な資材の輸送に便なることの二点から、私設鉄道ではなく官設鉄道として敷設すべきであるとの認識を示し、敷設資金には「中仙道線建築費用ノ一部」をあてればよいとした。また、四日市〜垂井間の四日市線は、中山道線からみれば「本線ヨリ岐分シテ四日市港ニ達スル一支線」であるが、敦賀港と四日市港を連絡するという点では「正シク幹線ノ性格ヲ有」するとみて、幹線であるか支線であるかは相対的なものにすぎないともした。

しかし、井上が「官設」を主張しても、それは建設と営業のみに関してであって、濃勢鉄道の設立に関しては資金調達を目的に特許すべきであるとしていた。すなわち、井上は「三重県下人民ノ願意ニ対シ兄人民ニ於テ資金募集ノ儀ノミヲ許可相成、該資金ハ之ヲ官府ニ収メ線路建築ノ用ニ供シ、機関車列車等ハ官線ニ使用スル者ヲ流用シ、而テ営業機務《（ママ）》ハ皆官府ニ於テ担当シ、利益ハ線路建築費ト車輌費トノ割合ヲ以テ官民ノ間ニ配当スルノ方法ヲ設ケ候」というのである（井上勝「（濃勢鉄道出願につき上申）」、同前）。井上は、民間資金を用いて政府が鉄道を敷設・経営し、利益は政府と民間で配当するという方法を考えていたようである。

第四章　私鉄の勃興と東海道線の全通

1　内閣鉄道局への改組と第一次鉄道熱

工部省の廃止と内閣鉄道局への改組

大日本帝国憲法の発布と国会の開設を控えて、明治政府は一八八五（明治一八）年一二月、中央官庁の近代的体制を整えるため内閣制度を設け、外務、内務、大蔵、陸軍、海軍、司法、文部、農商務、逓信の九省をおいた。工部省は内閣制度の発足にともない廃止となり、旧工部省所属の各局は農商務省あるいは逓信省に移されたが、鉄道局は暫定的に内閣の直轄とされ、鉄道事務は内閣に管理されるようになった。すなわち、「工部省ヲ廃シ、鉱山工作ノ事務ハ農商務省ニ、電信燈台ノ事務ハ逓信省ニ、工部大学校ハ文部省ニ属セシメ、鉄道事務ハ当分ノ内内閣ノ直轄ニ属セシム」（『法令全書』一八八五年）ということになったのである。

一八八五年一二月二六日に内閣達第七九号をもって鉄道局官制が定められ、長官、事務官、属、技

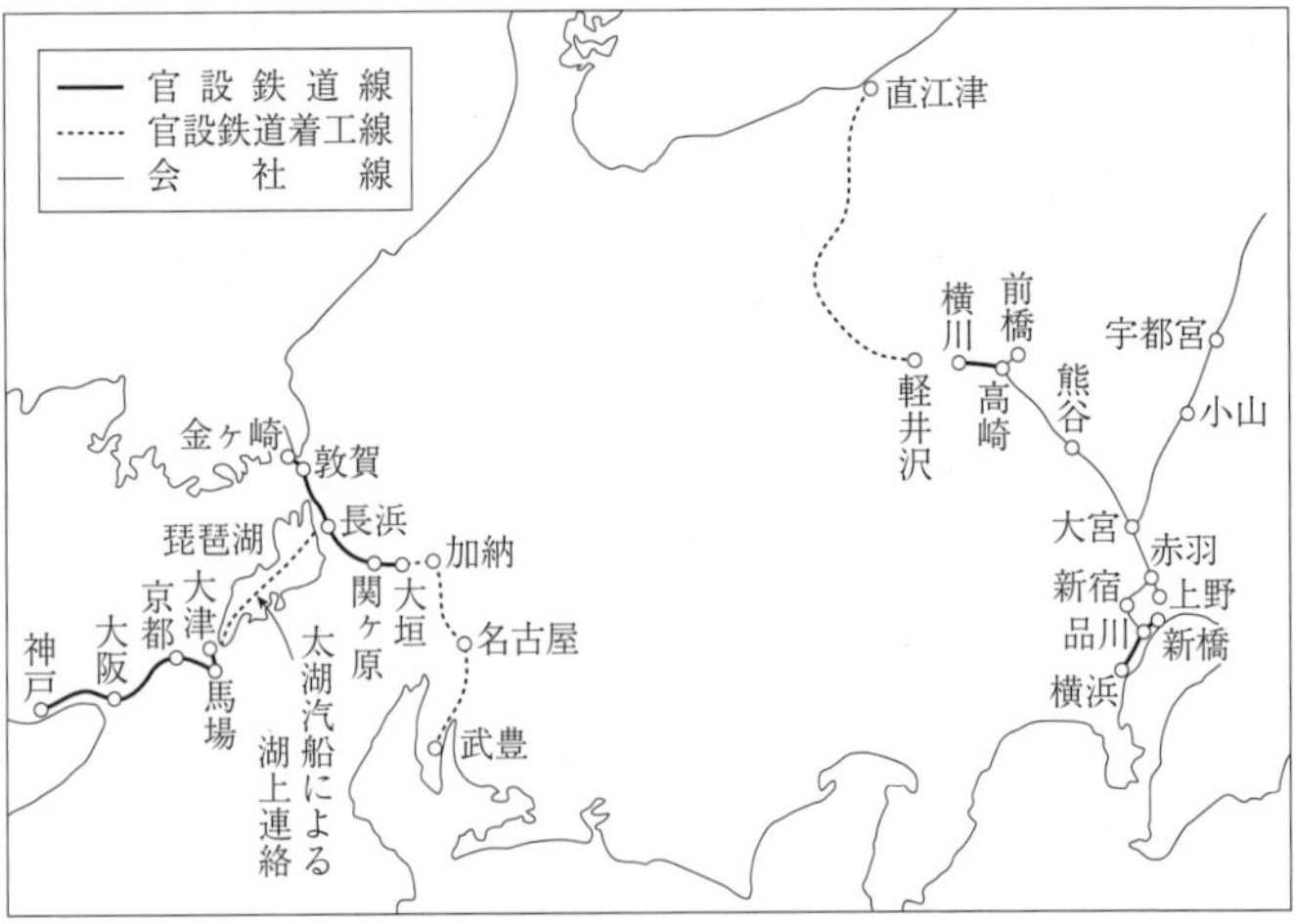

内閣鉄道局発足当初の鉄道路線図
（日本国有鉄道編『日本国有鉄道百年史』第1巻より）

監、技長、技手がおかれ、二八日に井上勝が鉄道技監を兼ねるという形で鉄道局長官に任ぜられた（鉄道省篇『日本鉄道史』上篇、一九二一年）。鉄道局長官は勅任で、職務については「本局主管ノ事務ヲ掌理シ、所属僚員ヲ統督シ判任官以下ノ進退ヲ奉行ス」とされていた。また、一八八六年一月六日、伊藤博文総理大臣は鉄道局長官井上勝の問い合わせに対し、鉄道事務に関する民間からの「願、伺、届」については鉄道局が処理し、「兼テ私設鉄道会社へ下付シタル特許状、命令書等ニ、工部省又ハ工部卿ト之レアルハ鉄道局又ハ鉄道局長官ニテ可取扱儀ト相心得ヘシ」と回答した（「鉄道局事務書類」）。鉄道局は内閣の直轄となったが、引き続き官設鉄道の敷設、私設鉄道の免許、建設工事の監督などの業務を担うことになったのである。

鉄道局の位置は一八八五年一二月二五日、内閣第七号布告によって旧工部省構内と定められ、八六年二月一日に神戸から同所に移転し、さらに四月一四日には東京市赤坂区霊南坂町一番地に移転した。また一八八六年一月一九日には「鉄道局分課章程幷通則」が達せられ、中央機関として局中に庶務、管業、会計の三部、現業の指揮監督機関として新橋と神戸に建築、汽車、運輸、会計、倉庫の五課がそれぞれ設けられた。内閣所属鉄道局の職員数は、一八八八年三月現在で一〇〇四人（勅任官一人、奏任官三七人、判任官二二七人、雇傭員七三九人）を数えた。一八七一年九月の鉄道寮の職員数が九一人でしかなかったことを考えると、鉄道局がいかに大きな組織となったかがわかるであろう。

鉄道局が内閣の直属になったのは、一八八五年一二月二四日に井上鉄道局長が内閣総理大臣伊藤博文に鉄道局職制および事務章程にかかわる上申書を提出し、それを伊藤が受け入れたからであるとされている。すなわち、井上は一刻の猶予も許されない鉄道事業を管理する鉄道局は、工部省内の一局であるとはいえ、実際には農商務省の駅逓局、内務省の警視庁のように、半独立の体裁を備え権限も他の諸局とは異なっている。そして目下のところ、鉄道局はもっぱら鉄道の建設工事および運輸営業に携わっているので、これらの事業の障害にならない機構を整備すべきであるとしたのである（日本国有鉄道編『日本国有鉄道百年史』第一巻、一九六九年）。

なお、『東京横浜毎日新聞』は、鉄道局が内閣直属となった事情について「該工業上事務の未だ充分整理ならさる処もあるを以て当分内閣にて管轄し、追て整頓の上は華族或は不日設立なるべき興業銀行等へ払下げの上日本鉄道会社と合併せしめ、工部技監井上勝氏を非職として其の長を襲《つ》かしめ、奈良原日本鉄道会社長を同副社長となさんとの評議ある由」（「鉄道事務」『東京横浜毎日新聞』一八八五年一二月二四日）と報じていた。すなわち、工部省鉄道局が工部省の廃止にともなって内閣直属の鉄道局に編成されていく背後で、官設鉄道を払い下げて日本鉄道と合併させ、鉄道局長の井上勝を非職にして日本鉄道会社の社長にすえるという構想が進んでいたというのである。

企業勃興期の「鉄道熱」批判

内閣鉄道局が発足すると、私設鉄道会社の出願が一挙に増加した。一八八六（明治一九）年度から九二年度における私設鉄道会社の出願状況をみると、出願総数は五三社にのぼり、このうち出願が却下されるか免許・仮免許が失効となったものは二五社、開業したのも二五社で、そのほか他社によって開業されたもの、ないしは社名変更後に開業したものが三社であった（老川慶喜『近代日本の鉄道構想』日本経済評論社、二〇〇八年）。『明治二十年度鉄道局年報』は、こうした状況を「鉄道会社設立鉄道布設ノ起業ハ明治十九年中ヨリ漸次其数ヲ増加シ、其出願者ハ客年ニ至リ最多ク殆ント一種ノ流行物トナレルカ如シ」と報じていた。鉄道業は紡績業、鉱山業とともに一八八六～八九年のいわゆる企業勃興を担うことになり、この時期は「鉄道熱」の時代とよばれるようになったのである。

井上勝はこうした鉄道熱の出現を、「鉄道布設ノ工事ハ大ニ其歩ヲ進メ、運輸営業ノ収益ハ頗ル其額ヲ増シ、新線起業ノ企図ハ続々踵《きびす》ヲ接スルノ実況ヲ概見スルニ足ルヘシ、実ニ本年度ハ鉄道ノ豊年ト称スヘキモノニシテ、其局ニ当ルモノハ宜シク公衆ト共ニ之ヲ慶スヘキ所ナリ」と、さしあたり歓迎していたようである。しかしその一方で井上は、こうした状況につぎのように危機感をつのらせていた。

抑《そもそも》鉄道ハ之ヲ布設スルニ巨額ノ資金ヲ要シ且屢《しばしば》困難ヲ冒サヽルヲ得ス、其運輸営業モ亦容易ナラサル事業ナルヲ以テ其起業者ハ必ス工事ノ難易ヲ審査シ収益ノ多寡ヲ考覈《こうかく》シ務メテ其計画ヲ誤ラサルヲ期スヘキモノナルニ、今ヤ鉄道布設ヲ企ツルモノ、為ス所ヲ見ルニ工費予算ハ山河地形ノ険《けん》夷《い》ヲ問ハス一哩三四万円ヲ支出スレハ足ルヘシト臆測シ、営業費ハ収入ノ多寡ニ拘ハラス其半額ヲ費セハ余リアルヘシト妄信シ、苟《いやしく》モ一條ノ鉄道ヲ開通スレハ殖産興業無数ノ利益モ亦立トコロニ起スヘシト想像スルモノ多キカ如シ、啻《ただ》ニ之ノミナラス鉄道布設ヲ名トシ会社ヲ設立シ、其株式ノ売買ヲ以テ一攫千金ノ巨利ヲ博セント欲スルモノ亦少ナカラス、此弊ヤ独リ鉄道ノミ然ルニ非ス、近来流行ノ合本会社ニ於テ屢起リ易キモノナリト雖トモ、鉄道ハ資金ノ大ナルヲ以テ其弊ノ及フ所亦随テ大ナルヘシ

（通信省鉄道局編『明治二十年度鉄道局年報』）

このように井上によれば、鉄道会社の設立には多額の資金を必要とし、その運輸営業も容易ではないが、鉄道会社の設立を企てるもののなかには「鉄道ヲ以テ有利無損ト信スルモノ」や「之ヲ以テ投機ノ要具トナスモノ」が多くみられる。これは鉄道会社のみならず株式会社一般にあてはまるものであるが、鉄道会社は資本金額が大きいのでその弊害も大きい。

それでは、井上はこの弊害を具体的にどのように把握していたのであろうか。この点については、

これまで鉄道国有主義者の井上による私設鉄道の排撃という文脈で語られることが多かったが、一八八六〜八九年度の『鉄道局年報』によれば、井上は「計画ノ着実ナラサル」鉄道企業者が多く出現して、彼らが失敗した場合に「諺《ことわざ》ニ所謂羹《あつもの》ニ懲《こ》リテ膾《なます》ヲ吹クノ世情ニ陥リ、鉄道事業ヲ挙テ皆危険ナリトシ其衰退ヲ来タス」のではないかと危惧していたのである。井上は、企業勃興期の鉄道熱に乗じて杜撰な計画にもとづく鉄道会社の出願が増え、鉄道会社の信用を失墜させて、結果的に鉄道事業の衰退を招くことをもっとも恐れていたのである。

こうして、井上は鉄道事業を「独リ直接ニ其布設資金ニ対スル収利ノミヲ目的トスヘキモノ」ではなく、「間接ニ起ルヘキ殖産興業等遠大ノ利益ヲ考察スヘキモノ」としながらも、「布設企業者ノ最モ意ヲ注クへ（キ）《（欠カ）》モノハ、第一ニ其果シテ資金ニ対シ相当ノ利益ヲ収穫スルノ目途如何ニ在リ」と、鉄道会社が経営的に成り立つか否かを重視していた。

「小鉄道会社分立経営体制」への警告

一方井上勝は、企業勃興期の私設鉄道の濫立によって、日本の鉄道網が分断されることにも警告を発していた。井上によれば、鉄道は一般に「運輸ノ便ヲ開キ交通ノ利ヲ起シ、軍国施政上ヨリ殖産興業ノ事ニ至ルマテ、之ニ由テ旧観ヲ改メ開進ノ実行ヲ期ス」る「富強ノ一大利器」であるが、問題は「鉄道ノ利用如何」にあった。いかに鉄道を敷設しても、利用できないのであれば「猫児《ねこ》ニ黄金《こばん》」といわれても仕方がなく、営業収入の増減こそが「鉄道ノ利用如何ヲ測ルノ一標準」であるとして、つぎのように述べている。

創業ノ当初ニ予想セシ如キ好結果ヲ見ル能《あた》ハスシテ各線トモ概ネ運輸開通ノ初メニハ新奇ヲ喜フノ通情ヨリ一時乗客多数ニシテ収入稍《やや》多額ナルモ連年逓増セサルノミナラス、或ハ之ニ反シテ低減セシモノアルハ一ハ明治十五六年以来一般商況ノ不景気其影響ヲ運輸上ニ及ホシタルニ因ルヘシト雖トモ、各線ノ延長僅ニ数十哩ニ過スシテ人民ヲシテ鉄道利用ノ便ヲ感セシムルニ足ラサルニ職由《しょくゆう》スヘシ、是レ旅客賃金ノ収入概ネ収入総額ノ三分ノ二ヲ占メ貨物賃金ノ収入甚タ小額ニ止マリシヲ以テモ之ヲ知ルヘシ、然ルニ近来各線漸次ニ延長連絡シテ貨物運輸ノ量随テ増加シ薪炭ノ如キ賤価ノ物品モ亦之ヲ汽車ニ搭載シ百哩以外ノ市場ニ出スモノアルニ至リタルヲ以テ鉄道利用ノ実効ヲ見ルノ日ハ蓋《けだ》シ期シテ竢ヘキカ、而シテ此利用ハ仮令直接ニハ鉄道資金ニ対シ四五分ノ利子ヲ生スルニ過キサルモ、間接ニハ運輸交通ノ便利ヲ起シ殖産興業ノ途ヲ開キ彼普通ノ套語《とうご》ヲシテ果シテ実蹟ヲ記スルモノタラシムルハ勝等ノ翹望《ぎょうぼう》スル所ニシテ次回ノ報告ニハ此方向ニ幾分ノ進歩ヲ掲録セムト欲スルナリ

（逓信省鉄道局編『明治十九年度鉄道局年報』）

井上によれば、官設鉄道の収入が減少するのは、松方デフレ下の商況不振の影響もあるが、基本的には鉄道路線が短いからであった。旅客収入が貨物収入を上まわっているのもそのためで、鉄道の営業キロが長くなって、薪炭などの運賃負担能力の低い貨物も鉄道で輸送できるようになれば貨物輸送量が増加するというのである。鉄道は営業キロがある程度の長さにならなければ貨物を吸収できず、営業収入も増加しないのである。

井上は鉄道会社に対してこのような基本的認識をもっていたが、これが企業勃興期における多数の私設鉄道会社の設立計画を「小鉄道会社分立経営体制」を築くものとして批判していくよりどころとなった。井上は、『明治二十一年度鉄道局年報』において「元来鉄道ハ資本薄ク線路短キモノヲ孤立セシムルハ損多ク、之レニ反シテ資本大ニ線路長キモノヲ延長スルハ利多キモノナルハ詳論ヲ要セス」と、営業キロの長い少数の大規模鉄道による経営が車両や営業費を節約でき、もっとも効率がよいと主張するのである。

営業キロの長い少数の鉄道会社の線路を延長すべきという議論に対しては、「独占ノ弊随テ起ル」という批判があった。井上はそうした批判に対しては、「鉄道ハ其性質固《もと》ヨリ独占ノ状アルモノ」であって、独占か否かは「線ノ長短」によってきまるものではないと反論している。また「独占の弊」が「乗客貨物賃額ヲ騰貴スルコト」であるとすれば、欧米では小規模鉄道会社が合併し、独占的な大規模鉄道会社が誕生してからの方が運賃は低下している。このように述べて井上は、「徒《いたず》ラニ多数ノ会社ヲ設立シ孤立ノ短線ヲ布設スルノ計画ヲナスハ、寔《まこと》ニ得策ニ非ス」と決論するのであった。

2 私設鉄道の出願と私設鉄道条例

福岡県令による門司〜熊本間私設鉄道敷設の出願

一八八三（明治一六）年、福岡県では門司港から熊本県に達する鉄道敷設運動が活発に展開されていた。そうしたなかで福岡県令の岸良《きしら》俊介は、同年七月四日、佐々木高行工部卿宛に「鉄道布設下調トシテ官員御派遣ノ義上申」（日本国有鉄道編『工部省記録 鉄道之部』第七冊、一九七七年）を提出し、鉄道敷設の適否を判断するため工部省の係官を派遣してほしいと申し出た。岸良によれば、「今我地方ノ如キ土地豊饒ナラサルニ非ラス、人民ノ気力アラサルニ非ラサレドモ、現ニ数百万金ヲ醵《きょ》シテ此（鉄道…引用者）事業ヲ起サントスルハ至難中ノ最モ至難ナルモノ」である。したがって、「私金ヲ抛《なげう》テ」鉄道を敷設しても、「他日鉄道ノ本県ニ適セサル」ことが判明すれば、「啻《ただ》ニ其望ヲ失スル」だけでなく「費用ノ損失甚タ愛惜《あいせき》スルニ足ルヘキ」ことになる。そこで、あらかじめ「将来鉄道布設ノ適否ヲ視察シ、利害得失ヲ判定スル」ことが「最急手段」であると考えられる。このように述べて岸良は、「省務御多忙ノ際ニ可有之候得共事情ヲ洞察シ、至急主任官ヲ派遣セラレ実地ノ形情踏検相成候」と、佐々木工部卿に「主任官」の派遣を要望したのである。

この岸良福岡県令の上申に対し鉄道局長の井上勝は、工部卿代理参事院議長山県有朋につぎのように上申した。井上はまず「元来鉄道布設ノ儀ハ一ツニ之ヲ政府ノ業務ト為シ、国道ト見做《みな》シ布設可致ハ不待論」と、鉄道は本来官設であるべきことを確認する。しかし、そうはいっても岸良福岡県令の上申のような「地方人民ノ其利益」をはかることを目的とする私設鉄道の出願を黙止すれば「民間ノ工事ハ迚モ緒ニ就ク見込」がなくなるので、すべて許可をしないということはできない。そこで、政府は私設鉄道の設立が出願されたならば、「運輸ノ便否」および「線路ノ位置」を「詳査」したうえで「欠クベカラザルモノト」と判断したときには許可をすべきである。ただし、そのさいに「其鉄道ヲ興スガ為メ募集シ得タル所ノ資本金額ハ一切之ヲ政府ニ管掌シ、其線路布設ノ事業モ亦総テ之ヲ政府ニ負担シ、以テ鉄路ノ布設ニ従フモノトシ、其功ヲ竣フルヤ営業事務モ亦同ジク之ヲ管掌シ、以テ其計算ヲ査理シ之レガ利潤ヲ配当スルノ原則ニ相定メ置度」というのであった（同前）。すなわち、私設鉄道会社が資金を募集して政府に提供し、鉄道の敷設と営業は政府が行うことを原則とするというのである。

工部卿代理の山県有朋は、この井上の意見書と岸良福岡県令の上申書を添えて、一八八三年七月一一日、太政大臣三条実美に伺を提出した。三条はそれを容れて、同年一二月二五日に「幹線トナルベキモノハ官線ニ帰シ、支線ノ分ハ人民ノ出願ニ依リ」敷設を許可するという方針を示し、岸良福岡県令の上申については「政府ニ於テ諸事管理ノ見込ヲ以テ、測量等実地ノ調査ヲ遂ゲ猶ホ伺出ヅベシ」とした（同前）。

その後一八八六年二月に福岡県令となった安場保和《やすばやすかず》は、六月一七日に門司～熊本間の私設鉄道の敷設を内閣総理大臣伊藤博文に上申した。伊藤総理大臣は鉄道の民設を許可するとしたうえで、井上鉄道局長官に意見を求めた。井上はこれに対し、①今後他県からも同様の出願があったときには「略同轍ニ依テ之ヲ処」すること、②軌道・橋梁の建築、車両の構造、列車運転の速度、機関の取扱いなどについて「危険ノ虞《おそれ》ナカラシムルノ方法」を設けること、③乗客・貨物の運賃も「公衆ニ対シ専権ノ圧制ヲ蒙ラシメザルノ定規」を定めること、④鉄道局が管理・監督することの四点を指摘し、「民設許可ノ上ハ右管理監督ノ標準トナルベキ条例ヲ制定」することを提案した。しかし鉄道局は中山道幹線鉄道の敷設に追われており、かりに「九州地方ノ如キ隔絶ノ地ニ鉄道布設ヲ下命」されても「容易ニ手ヲ下ス」ことができず「一臂《ぴ》ノ力ヲ貸与候事モ不相成」と述べた（『公文類聚』第一〇編第三四巻）。

政府は岸良福岡県令および安場保和らに答えるなかで私設鉄道を認可する方針を明らかにしたが、井上勝鉄道局長官は一八八七（明治二〇）年三月二二日、内閣総理大臣伊藤博文に対し私設鉄道条例の制定を上申した。井上は「近来私立会社ニ於テ鉄道布設ヲ企図スルモノ各地ニ起リ逐々《ちくちく》出願セルモノモ有之候処、其線路ノ位置及建築ノ方法等公衆ノ便益ニ可相成モノハ御許可有之事ニ御決定ノ上ハ之ヲ待ツノ条規モ亦略一定致居不申テハ差支不少ト被存候」と、政府が私設鉄道の設立を許可していく方針をとるのであれば一定の準拠法を整備する必要があるとして私設鉄道条例の制定を上申したのである。

私設鉄道条例の制定

私設鉄道条例は「日本鉄道会社特許条約書ニ準拠シ、更ニ之ヲ取捨増補シ」て制定すべきであるとされ、一八八七年五月一八日に勅令一二号をもって公布された。また一八八七年六月三日には閣令第一六号をもって細則が定められ、工事方法書に掲載すべき要件、工費予算書の様式などが指示された。

私設鉄道条例は四一条からなり、第一条では鉄道会社を設立するには発起人五名以上を必要とし、創立願書に社名、本社所在地、敷設路線、資本金、収支概算、発起人などについて記した起業目論見書を添えて、本社所在地の地方庁を経て政府に提出することとされた。

その他、私設鉄道条例では、鉄道会社の組織および運営に関する規定、公共事業としての性格にもとづく監督・助成に関する規定などが設けられている。とくに、鉄道局長官の管理・監督権は第一二条、第一三条、第二五条などでつぎのように定められている。

第一二条　鉄道局長官ハ前条ノ届出ニ依リ監査員ヲ派遣シテ工事方法書ニ照シ軌道、橋梁、車輌、建物等ヲ監査セシメ、完全ナリト認ムルトキハ開業免許状ヲ下付スヘシ、若シ不完全ナリト認ムルトキハ其改築、修理ヲ命スヘシ、但此場合ニ於テハ監査員ノ復命書ヲ会社ニ示スヘシ

会社ハ前項ノ開業免許状ヲ得スシテ運輸ノ業ヲ開クコトヲ得ス

第一三条　鉄道局長官ハ鉄道布設中臨時監査員ヲ派遣シテ工事ヲ監査セシメ、又運輸開業ノ後ニ於テモ監査員ヲ派遣シテ軌道、橋梁、車輌、建物等竝運輸上ノ実況ヲ監査セシメ危険ナリト認ムルトキハ其改築、修理ヲ命スヘシ、但此場合ニ於テハ監査員ノ復命書ヲ会社ニ示スヘシ

第二五条　鉄道局長官ハ公衆ノ安全ノ為メ、官有鉄道ニ実施スル事物ハ会社ニ命シ之ヲ施設セシムルコトヲ得

（前掲『日本鉄道史』上篇）

私設鉄道条例では私設鉄道にも官設鉄道なみの企画が求められ、鉄道局長官の私設鉄道に対する監督権が明示された。注目されるのは、私設鉄道条例の制定にあたって、井上勝が「私設鉄道条例ヲ制定セラレ私設ヲ許可スベキノ主義ヲ公示セラレタル上ハ、強《あなが》チニ其出願ヲ圧止スルノ条理ナキノミナラス、大体運輸ノ利便ヲ増進スルノ点ニ於テハ、或ハ奨励ヲ加フヘキ場合モアルヘシ」（井上勝「私設鉄道条例草案進呈ニ付上申」一八八七年三月二二日、『公文類聚』第一一編第三四巻）と、私設鉄道の敷設

を奨励する姿勢を示していたことである。

それでは井上は、私設鉄道の出願に対してどのように対処したのであろうか。たとえば一八八六年一一月に出願された水戸鉄道（小山〜水戸間）および両毛鉄道（小山〜前橋間）については、「両会社ノ線路ハ共ニ各其一端ヲ日本鉄道会社ノ既成線路小山駅ニ起シ東京ニ連絡スルノミナラス、東海浜ヨリ西北両野各地ニ交通スルモノニシテ、日本鉄道会社ノ線路トハ幹支一体離ルベカラサル事実有之候」として免許の方針を示した（井上勝「（水戸・両毛鉄道会社設立出願につき伺い）」一八八七年七月二六日、『公文類聚』第一一編第三六巻）。また、一八八六年一二月に出願された甲武鉄道（新宿〜八王子間）についても「資本及損益等経済上ハ素ヨリ独立ニ有之候得共、運輸営業等ノ点ニ至リテハ相離ルヘカラサル関係有之、殆ント日本鉄道会社ノ支線同様ノ者《ママ》」で、水戸鉄道や両毛鉄道と同様に「日本鉄道会社ノ一部」であるとみなして免許すべきであるとした（井上勝「（甲武鉄道会社設立出願につき伺い）」一八八八年一月一七日、『公文類聚』第一二編第四二巻）。そして、一八八六年六月二四日に栃木県上都賀郡鹿沼の加藤国造ほか三三名によって出願された宇都宮〜今市間および古賀志村〜鹿沼間の日光鉄道に関しては、建設、営業とも日本鉄道に委託すべきであるという意見を述べた。日光鉄道は、資本金一二万五〇〇〇円（のち四三万円）、延長二一マイル二四チェーン（三四・三キロメートル）の小鉄道で、日本鉄道と宇都宮で接続していた。したがって、井上によれば、建設・営業を日本鉄道会社に委託すれば、工事が早期に完成するばかりでなく冗費を省くこともできるというのであった（山田英太郎『日本鉄道株式会社沿革史』）。

関西方面では、大阪鉄道が一八八七年一月に大阪市街の南端から今井町に出て、さらに以東は伊賀を経て四日市、以南は五條を経て和歌山、以北は奈良に達する路線を出願した。これに対し井上は、「如此《かくのごとき》規模ノ大ナル線路ハ坂《（ママ）》堺間小鉄道ノ如キモノニ異ナリ、将来運輸上ノ便利ヲ謀リ、必ス神戸大津間ノ幹線ト連絡スルヲ要ス」ので、「大坂《（ママ）》ヨリ起線スルモノトスレハ梅田停車場或ハ其前後ニ於テ之ヲ連絡スルノ計画ヲ立テサルヘカラス」と述べ、神戸〜大津間の幹線鉄道と連絡させるべきであるとしていた（井上勝「（大阪鉄道会社設立出願につき上申）」一八八七年三月一五日、『公文類聚』第一一編第三五巻）。その後、大阪鉄道が梅田停車場から奈良県桜井までの路線と、北今市から分岐して奈良にいたる路線を出願すると、井上は一八八八年二月一三日に免許すべきであるという見解を表明した。ただし、同鉄道が同時に出願していた桜井から四日市にいたる路線については関西鉄道の路線と競合することをもって免許に難色を示していた（井上勝「大阪鉄道会社稟請ノ儀ニ付答申」一八八八年二月一三日、『公文類聚』第一二編第三五巻）。

一方で井上勝は、幹線ルートからはずれた地方的な私設鉄道の計画に対してはかなり現実的な判断をくだしていた。たとえば、千葉県の安井理民《はるたみ》ら五名による東京〜千葉〜佐倉〜銚子間鉄道の出願に対しては、一八八八年一月一六日につぎのような理由から却下すべきであるとした。

第一に同鉄道の敷設計画は全長七〇マイル（一一二・六キロメートル）に及び、敷設資金は総額で二〇〇万円、年間の運輸収入は三六万円余と見込まれていたが、水戸鉄道や両毛鉄道のように「幹線鉄道ニ連絡スルモノ」ではなく「全ク独立ノ線路」であるため、たとえ「線路ノ経過スル土地ハ平坦工ヲ施シ易キ部分」が多くても、車両や「器械」、さらにはその製作や修繕のための工場などを設備すれば、資金は必ず不足する。第二に運輸収入には「目下水運ニ依テ輸出入スル価額ヲ其ノ侭鉄道ノ収入ト」見込んでいるが、この地方では「概ネ水運ノ便頗ル完全ナルト、其貨物ノ性質必スシモ鉄道ノ如キ迅速輸送ヲ要セサルモノ多数ヲ占ル」ので、水運貨物がすべて鉄道に転移するとは考えられない。こうしてこの鉄道事業は、「資金ハ不足ヲ告ケ、収入ハ予算ヨリ減スル」ということになり、「株主等利益上ノ点ニ於テモ決シテ十分ノ見込ヲ立テ難」いのである（井上勝「千葉県安井理民外五名ヨリ出願東京ヨリ千葉佐倉ヲ経テ銚子港ニ至ル鉄道敷設之件」一八八八年一月一六日、『公文類聚』第一二編第四二巻）。

さらに井上は、一八八八年八月一八日には三重県三重郡菰野《こもの》町小川義郎ほか一四名による南勢鉄道（安濃津～宮川間）の出願も却下した。井上によれば、この鉄道は「殆ント遊覧旅行者ニ便宜ヲ与フルノミニシテ、絶ヘテ殖産興業ノ急務ニ応スルノ効能ハ無之」ものであった。したがって、「鉄道濫設ヲ憂フル今日ニ在テハ、経済上ヨリ論スルモ急遽布設ヲ計ルヘキ要用ノモノニ有之間敷」と考えられるが、もしどうしても敷設をするのであれば、関西鉄道の路線と接続しているので「該社（関西鉄道…引用者）ニ於テ経営スヘキモノ」であるというのであった。井上は、南勢鉄道のような「小区域ニ於テ独立営業ノ鉄道布設ヲ許可相成候テハ、曾テ具陳セシ鉄道切売ノ弊害ヲ受ケ可申ニ付、寧ロ関西鉄道会社ニ於テ可布設時期ヲ相待チ、長距離ノ線路ニ相連ネテ経営セシメ候方得策ニ可有之候」と考えていたのである（井上勝「（南勢鉄道設立出願につき答申）」一八八八年八月一八日、『公文類聚』第一二編第四四巻）。

なお、私設鉄道条例は馬車鉄道には適用されていなかったが、一八八七年以降電気鉄道が発達すると、これも私設鉄道条例の適用外となるのかどうか疑義が生じ、東京府知事が井上鉄道局長官に質問をした。井上は当初は同条例の範囲内であると回答したが、一八八七年七月に政府が電気鉄道に関して井上長官の意見を求めると、「今回出願ノ鉄道ハ市街ノ道路ニ布設スルモノニシテ、軌道ノ構造、運輸ノ方法等全ク馬車鉄道ト事ナラス、単ニ其動力ニ於テ電気ト馬匹トノ差アルノミ、決シテ一般普通ノ鉄道ト相関スルモノニ無之」として、私設鉄道条例の適用外であるとした（前掲『日本鉄道史』下篇）。

山陽鉄道・九州鉄道の設立と政府保護

井上勝は幹線に連なる私設鉄道については免許をしたが、まったくの地方的な鉄道については出願を却下していた。それでは、幹線鉄道である九州鉄道、山陽鉄道についてはどのように対処したのであろうか。

山陽鉄道の敷設計画が企てられたのは、企業勃興が始まった一八八六（明治一九）年のころであった。兵庫県の石田貫之助、小西新右衛門らのあいだで、神戸から山陽道を縦貫する鉄道の敷設計画がおこり、大阪の藤田伝三郎（藤田組）、横浜の原六郎（横浜正金銀行頭取）、東京の荘田平五郎（三菱）らも加わって、この年の一二月二二日に発起人会を開いた。そして一二月二七日に石田貫之助ほか一五名は、神戸から山陽道を通って姫路に達する鉄道の敷設を兵庫県知事内海忠勝に出願した。

ところで山陽鉄道の設立をめぐって、私設鉄道に対する井上鉄道局長官の権力がいかに巨大であったかを示すエピソードがある。内海兵庫県知事は神戸〜姫路間鉄道の敷設を内閣総理大臣に稟請する一方で、一八八七年一月、井上勝にあてて書翰をしたため、「鉄道事業は官民設を問はず、総て尊台の御責任に付是非〳〵御許可相成様御配慮被成下度候」と願い出ている。そこでは「如何程発起者等に於て、資産名望を兼備し幾百万の資金を募集し熱汗を濺《そそ》ぎ、以て之に当らんとするも哀哉従来の経験は勿論、相当の技術者も無之に付、到底尊台の御厚配《(ママ)》を蒙り、之が工事にして若し万一にも管理被下候場合に至らざる時は、折角の企望も終に水泡に属せしむるの外無之様相成り」と、同鉄道の計画を実現するためには井上長官の協力が是が非でも必要であるとされている。そして、最後に「畢竟本業の成否は一に尊台の御了諾如何によつて岐るゝ次第に御座候間、実情の情況御諒察被成下幾重にも御許諾御尽力の程只管《ひたすら》懇祈に堪へず候」と結んでいる。内海の書翰にみられるように、井上長官は私設鉄道の発起について「殆んど生殺与奪の権」を握っており、それは「法律規則以上の大権力」であったともいわれている（「村野山人君（一五）」『鉄道時報』第一六九号、一九〇二年一二月一三日）。

井上長官は、神戸～姫路間鉄道の出願に対してつぎのような意見を述べた。出願線は「山陽ノ要路ニシテ、岡山、広島ヲ経由シ馬関（下関…引用者）マデモ連絡スベキ幹線ノ一部」であり、そのうち出願者が神戸～姫路間のみを選定したのは「布設工事最簡易ニシテ、運輸営業上収得最モ多キ線路ヲ選択」したからにほかならない。したがって、将来政府がこの幹線を敷設するさいには「工事困難ニシテ収得却テ少キ部分ノミ」を負担することになりかねない。また、わずか「数十哩ノ線路ニテ独立運輸ヲ営業スルハ、徒ラニ費用ヲ増加シ随テ収益ヲ減少スル」という弊害がある。さらに、目下のところ鉄道局には鉄道敷設の諸工事を引き受ける余力がないというのであった（井上勝「神戸姫路間鉄道

布設稟請ニ付意見書」一八八七年一月二一日、日本国有鉄道編『日本国有鉄道百年史』第二巻、一九七〇年)。

このように述べて井上鉄道局長官は、出願人に対してまず神戸〜姫路間を延長して、岡山、広島を経て馬関(下関)に達する幹線を敷設し、相当の年限内に竣工することを求めた。そして、もしそれが不可能であれば、政府が姫路以西の幹線敷設に着手した場合には同区間の軌道、橋梁、建物、車両など一切を実費で政府に売却しなければならない。また、姫路以西の幹線を敷設する一大鉄道会社が設立された場合には、同鉄道と合併しなければならないという条件を付した。その場合の合併価格は、それまでに支出した資本金額とするとされていた。

山陽鉄道の発起人は中上川彦次郎を創立委員総代に選任し、中上川は一八八七年一〇月四日に山陽鉄道の設立と鉄道敷設の免許状の下付を内閣総理大臣伊藤博文に申請した。そこでは全線を、第一区神戸〜岡山間、第二区岡山〜広島間、第三区広島〜下関間の三区に分け、工事期間は各区三年と見積り免許状下付の日より九年で竣工するとしていた。政府は井上鉄道局長官の意見を容れて、一八八八年一月四日に私設鉄道条例にもとづいて免許状を下付した。なお、これは私設鉄道条例による最初の免許状であった。

その後山陽鉄道社長の中上川彦次郎は、資金募集が困難をきわめ姫路以西の線路の敷設が期限内に竣工しない恐れがあることを理由に、一八八八年一〇月九日、特別補助金の下付を申請した。中上川の政府保護の申請に対し、井上は積極的に対応した。井上によれば、山陽鉄道会社の路線は、官設であれ私設であれ、早晩敷設しなければならない路線であった。したがって山陽鉄道会社が利益のあがる区間のみを敷設して全線を敷設しない場合には、政府が買い上げるか、ほかの一大鉄道会社に合併させる準備をしておかなくてはならない。神戸～下関間の路線が、数社の会社によって分割されるようなことは、運輸営業上の支障が多いので避けなければならない。このように考えて井上は、山陽鉄道に対する政府保護を認めたのである。

また井上勝鉄道局長官は、一八八七年一月二五日、松田和七郎ほか五名を発起人総代として出願された門司～鹿児島間の九州鉄道に対する政府保護に対しても、政府による保護・助成を認めた。九州鉄道の出願者は、「創立願」に「此事業ニ関シ政府ヨリ特別ノ保護ヲ蒙ルコトナクンバ私等有志者ト倶ニ鞠躬《きっきゅう》従事スト雖ドモ、会社ノ勢力或ハ及バザル所アリテ終ニ竣工ヲ全ウスル能ハザランコトヲ恐ル」として、五パーセントの利子・利益保証など政府保護を求めた（『公文類聚』第一一編第三八巻）。これに対し大蔵大臣松方正義は、一八八七年三月に「九州鉄道特別保護ニ関スル意見書」を閣議に提出し、九州鉄道を保護・助成すべきであるとした。井上鉄道局長官も、「鉄道事業ノ拡張ヲ幇助《ほうじょ》スルノ御趣意ヲ貫徹セシムルニ適切ニシテ、本局ノ如キ鉄道ノ局面ニ当ル者ノ希望スル所ニ有之候」として、九州鉄道に対する政府の保護・助成を支持したのである（井上勝「九州鉄道会社発起人出願特別保護等ノ件答申」一八八八年五月八日、『公文類聚』第一二編第四四巻）。

3 東海道線の全通

東海道の再調査

鉄道局長官の井上勝は、一八八五（明治一八）年三月二三日、半田線（大垣〜半田間、のちに武豊線に変更）の敷設を上申した。これまで中山道線の鉄道資材運搬線として四日市線（垂井〜四日市間）の測量が進められていたが、同線は地形が鉄道敷設に適さないとして半田線の敷設が考えられ、さらに半田から武豊までの延長が企てられたのである。武豊線が敷設されると、武豊から運搬される鉄道資材は名古屋で加納方面と木曽方面に分岐し、中山道線は名古屋経由となった。

井上が中山道線の補助工事として半田線の敷設を考えたのは、主として揖斐《いび》川、長良川、木曽川の架橋を避けるという工事上の理由によるものであった。井上は、のちに「日本帝国鉄道創業談」のなかでつぎのように述べている。中山道線を敷設するにあたって「大垣より東進」して木曽に入る手配もしたが、これでは揖斐川、長良川、木曽川などをわたらなければならない。揖斐川や長良川の川幅はそれほど広くないが、「水底泥深」で橋脚の建造などに「幾多の歳月」を要しかねない。これをまって中山道線の敷設に着手するとすれば、「全体成功上に非常の遅延」をもたらすことになる。そこで半田、亀崎から名古屋に支線を敷設し、名古屋経由で資材を木曽に運ぶようにすれば、各河川の架橋を待たずに中山道線の敷設を進めることができるというのである。

興味深いのは、この段階で、つまり、井上が中山道鉄道を名古屋経由にすると決断したころ、東西両京間鉄道の中山道線から東海道線への変更が画策されていたことである。東海道線への変更を最初に主張したのは二等技師の原口要であったようである。『鉄道時報』（第七二～七四号、一九〇一年一月五日、一五日、二五日）に掲載された、坂本生の執筆になる「原口要君（一～三）」によれば、原口の主張によって井上勝も中山道線から東海道線への変更を考えるようになったのである。

原口はアメリカのペンシルベニア鉄道の技師などを経験して帰国した「鉄道界第一流の技術者」で、東西両京間鉄道について「ナゼ人烟稠密《じんえんちゅうみつ》、而かも土地概ね平坦な東海道を措き、天嶮を犯してまでも中仙《（ママ）》道に布設することとしたであらう」という疑問をいだいていた。そして、東京～横浜間鉄道の東海道への延長を企図しつつ中山道線を測量してみると、工事が著しく困難であることが判明した。原口の調査結果を聞いた井上も中山道案に疑問をもち、東海道案に傾くようになったというのである。

原口要
（日本交通協会編『鉄道先人録』日本停車場株式会社出版事業部 より）

中山道案に疑問をいだいた原口は、横浜～小田原間に出張して箱根湯本の福住楼に一泊した。福住楼の主人から「酒匂の渓に沿ふて登ると、御殿場を経て三島に出るに比較的勾配が緩かな道路がある」という話を聞いて出発してみると、示高器の針が海面上わずか一五〇〇尺（約四五四・五メートル）を示し、工事は比較的容易ではないかと思われた。そこで原口は、帰京して井上に「函根の嶮は決して恐るに足らぬ」と復命し、さらに東海道筋名古屋まで踏査をしてみたいと三〇～四〇日間の出張を願い出て井上の許可を得た。

原口はさっそく部下で技手の山村清之助をともなって横浜を出発し、行く先々で軽便示高器を用いて地盤の高低を測り、とくに山北～御殿場間では一〇日間を費やして隧道・橋梁の位置、長短および線路勾配を示した「見所図」を作成した。また、富士川、宇都ノ谷、大井川、金谷、天竜川、浜名湖など、工事が難しいと思われた箇所は残らず調査し、名古屋で既成の長浜～名古屋間の幹線鉄道に連絡をしてはどうかと考えた。そして箱根で四〇分の一の勾配を用いる以外はことごとく一〇〇分の一以内の平坦線を敷設できるという「東海道線調査報告書」および図面を提出し、東海道線全線の敷設費を一〇〇〇万円と見込んだ。のちの原口要の回顧によると、井上はこの報告書を読んで中山道鉄道から東海道鉄道への路線変更を決断したのであった（原口要「鉄道を以て生涯を貫ける井上子爵」、『鉄道時報』第五六九号、一九一〇年八月一三日）。

中山道線から東海道線へ

中山道幹線の東京側では、高崎～横川間一七マイル八〇チェーン（二八・九キロメートル）を一八八五年一〇月一五日に竣工し、横川～軽井沢間の碓氷峠についても同年三月から南清（准奏任御用掛）および小川資源《しげん》（一等技手）によってルート選定のための測量が行われていた。また一八八五年五月一〇日には、国沢能長（一等技手）や粟屋顥祐（九等技手）らによって資材運搬のための直江津～上田間の敷設工事も進められていた。一方京都側では、一八八四年五月二七日に大垣～加納間、翌八五年九月には加納～名古屋間が着工となり、同年八月一日に着工された武豊線も八六年三月一日に武豊〜熱田間が開通した。また一八八六年三月一日には、鉄道局が工事を委託された日本鉄道線第二区線のうち宇都宮〜白河間が着工となった。

こうしたなかで、鉄道局長官の井上勝は一八八六年三月一四日に「鉄道布設工事拡張之儀ニ付伺」を内閣に上申した。井上は、中山道鉄道の敷設工事の遅れに焦りを感じ、つぎのように述べたのである。なお、この伺は前掲『日本鉄道史』上篇に収録されているが、ここでは松永直幸「中山道鉄道の採択と東海道鉄道への変更」（『日本歴史』第七五五号、二〇一一年四月）にならって内閣書記官が要約したものを掲載した。

中山道鉄道布設ノ発令以来已ニ二ヶ年余ヲ経過スルモ、未タ十分ノ功ヲ奏スルニ至ラス。然ル所以ノモノハ山河阻隔ノ地ニ在テハ、建築資材運搬ノ便ヲ謀リ、随テ築キ随テ進ムノ順序ニシテ、其施工盤錯ナルノ線路ハ其撰定精確緻密ノ調査ヲ経サレハ、独リ布設資金ヲ濫費スルノ恐レアルノミナラス運営上得失ノ関係甚大ナルヲ以テ、軽忽ニ決行シ難キモノアリ。故ニ今ヨリ以往従来ノ方針ノミニ遵《したが》ヒ別ニ施工ノ門路ヲ開カサルトキハ、遂ニ鉄道拡張ノ廟謨ヲ翼賛スルニ堪ユルノ事功ヲ奏スル能ハサラントス。依之軍略或ハ政事上ニ於テ必要トスルモノ則国民全体ノ休戚ニ関スルモノノ外、直接相当ノ利潤アルモノヲ撰ンテ布設ニ着手セントス。例へハ京浜鉄道ヲ延長シテ小田原ニ達シ、神戸鉄道ヲ延長シテ播磨備前ニ及ホシ、或ハ近京既成線路ヨリ岐シテ八王子ニ至ルカ如キ之レナリ。

すなわち井上によれば、中山道鉄道の着工以来すでに二年余を経たが、何分にも山間地帯での工事であるため難渋をきわめている。横川～軽井沢間は建築資材の運搬が困難をきわめており、敷設ルートを正確に調査しなければ資金を無駄に使ってしまうことになる。こうしたなかで鉄道の拡張をはかるには、横浜～小田原間、神戸～岡山間、あるいは東京～八王子間のような利益のあがる鉄道を建設しなければならない、というのである。

これに対して内閣書記官は、一八八六年三月二六日、「鉄道布設ノ事タル目下最大緊要ノ挙タリ。然ルヲ其主眼タル東北及中山道鉄道ノ速成ヲ計ラス、区々ノ小支線ニ着手セントスルハ策ノ得タル者ニアラス」と叱責した。そして、「宜シク当初ノ目的ヲ確守シ、速ニ其成功ヲ見ルヘシ」と当初の方針どおり東西両京間鉄道の速成を促し、「若シ然ラス土地ノ険難等ニテ当初ノ路線ヲ布設スル能ワサルコトアレハ、其理由ヲ明ニシテ後速ニ改線シ、主眼タル東京大阪貫通ノ目的ヲ達スルヲ可トス」と、理由を明らかにすれば「改線」してもよいと述べたのである。

すでに東海道の調査については原口らに命じていたので、井上は一八八六年、三等技師の南清に中山道の調査・測量を命じた。南は、木村懋《つとむ》、森島左次郎、田中洵《まこと》、浅野玄《げん》、岡村初之助、武笠江太郎、磯長《いそなが》得三ら七人を引率して、わずか三カ月間で横川～名古屋間の調査を実施した（村上享一著・速水太郎編『南清伝』一九〇九年）。南の調査報告によれば、中山道ルートによる敷設工事には、なおも七、八年の期間を要し、開業後も傾斜の緩急によって所要時間や運転費に問題が生じるというのであった。

これらの調査結果を踏まえて、井上鉄道局長官は参謀本部長の山県有朋の了解を取りつけたうえで、総理大臣の伊藤博文に東西両京間鉄道のルート変更を相談した。すでに工部省は廃止され、鉄道局は内閣直属となっていたので、総理大臣の伊藤は井上の直属の上司でもあった。伊藤の了解を得ると、井上は一八八六年七月に「中山道鉄道ノ儀ニ付上申」（前掲『日本鉄道史』上篇）を提出した。

それによれば、中山道経由で東西両京間鉄道を敷設したとしても、工期に「今後七八年ヲ要シ、費額ハ一千五百万円ヲ用ヒテ線路僅カニ七八十里ヲ得」るのみで、しかも線路は曲折が多く傾斜も急峻なので速力においても劣り、東京～名古屋間の所要時間は二〇時間にも達する。一方、東海道経由で東京～名古屋間を結べば距離は中山道経由よりも二〇マイルほど短縮され、地勢も箱根の険峻、天竜川、富士川、大井川などの巨川をのぞけば「概ネ平坦」で、工事は中山道経由よりもはるかに容易であった。すなわち、工期は中山道経由の半分も要さず、費額も一〇〇〇万円にのぼらず、しかも開通後の所要時間は一五時間程度になるというのであった。

以上のように井上勝は、東西両京間鉄道の路線を中山道経由から東海道経由に変更すべきであると主張した。そしてその心情を、中山道鉄道の工事に着手してから二年半を経過し労働力や資金をつぎ込んできているので、いまさらその方向を変更するのには「私心竊《ひそ》カニ慊《うらま》カラサル所」もあるが、「其得失ノ係ル所遠且大」なので「敢テ衷情ヲ吐露シテ閣裁ヲ請ハント」したのであると述べている。

このように井上にしても、東西両京間鉄道を中山道経由から東海道経由に変更するのは断腸の思いであった。井上の上申は七月一三日の閣議で可決され、翌日の上奏裁可を経て一九日に閣令第二四号が公布され、東西両京間の幹線鉄道ルートが中山道から東海道へと変更された。こうして日本の鉄道史上最初にして最後の、約四〇〇キロメートル（東京～名古屋間）にも及ぶ幹線鉄道の、着工後におけるルート変更が行われたのである。

参謀本部の「鉄道改良之議」

東西両京間鉄道の経路が中山道から東海道に変更されると、参謀本部は東海道線が海岸に沿って敷設されることに危惧をいだき、一八八七（明治二〇）年七月に「鉄道改良之議」という意見書を著した。参謀本部長の有《あり》栖《す》川宮《がわのみや》熾仁《たるひと》親王はこれを天皇に上奏するとともに、井上勝鉄道局長官の意見を求めた（松下孝昭『鉄道建設と地方政治』日本経済評論社、二〇〇五年）。この意見書は六点にわたっているが、主要な論点は、①「線路ノ位置ヲ務メテ海岸ニ遠サカラシムルコト」、②「軌道ノ幅員ヲ一米突四三五ニ拡ムルコト」、③「幹線ハ必ス複線トナスコト」の三点であった。これに対し井上は、一八八七年七月一六日に「鉄道改正建議案ニ対スル上陳書」を著し、つぎのように述べた。

まず線路の位置については、日本の地形上の特色により、海岸から遠ざけて線路を敷設するのは困難であるとしていた。井上によれば、日本の地形は「山嶺重畳起伏シ其間処々ニ平原アルモ山間ヨリ流出スル河川ニ沿タル狭小ナルモノ多ク」という特徴を有しているので、内陸部に鉄道を敷設しようとすると、工期は長くなり工費がかさむ。さらに竣工後の「運輸上ノ浪費モ亦莫大」で「汽車ノ速力ハ緩慢」となる。したがって、なるべく海岸を避けて内陸部に敷設することに支障がないとしても、「全国ヲ通シ中央ニ幹線ヲ布設スルカ如キハ到底行ハルヘキモノニ非ルヘシ」というのであった。

ついで井上は、軌道の幅員については種々の議論があるが、それを決めるのは「運輸ノ繁閑」と「地形の険夷」であるとする。日本の鉄道は、それを斟酌して創業期から三フィート六インチの狭軌道を採用してきた。狭軌道は輸送力や速度で劣るが、広軌道に変更するのは容易な作業ではなく、軌道の幅員を変更しないでも車輌の容積を増広するのは可能であるとして、広軌改築には反対をしている。

軌道の複線化にも否定的であった。旅客・貨物の数量がふえ、列車の運行が頻繁になれば複線化も必要であるが、そのような状況にはないというのが井上の認識であった。そのうえ、複線化すればトンネルの開削費用は単線の場合の五、六割増し、橋梁は八、九割増しとなるので、「カヽル巨額ヲ不生利ノ工事ニ増費シ以テ無期ノ用ヲ待ツ」のは得策ではないとしている。

井上は、このように線路の位置、広軌化、複線化のいずれにも賛意を示さなかった。だからといって、参謀本部の「軍備上有用ノモノタラシムル」という鉄道の敷設方針に真向から反対しているのではなく、鉄道敷設計画の「大体ニ関シ陸軍官憲ト協議シ、此目的ヲ達シ遺憾ナキヲ得ハ実ニ大幸」であると考えていた。ただ鉄道の敷設を軍備上の必要のみからとらえ、「地形ノ険易ヲ問ハス、工費ノ多寡ヲ論セス、軍備ニ適スルノミヲ目的ノ主眼トシテ国ノ中央ヲ貫キ広軌ノ複線鉄道ヲ布設スル」という見解を批判していたのである。なぜならば、そうすることによって鉄道は「動《やや》モスレハ殖産興業ノ実用ニ適セサル部分多ク」なると考えられるからであった。井上によれば、「軍備ノ整否ハ鉄道ノ得失ニ従フ」ことはいうまでもないが、「鉄道ノ得失ハ軍備ニ適スルト否トヲ以テ論定スヘキモノ」

ではないのであった（前掲『日本鉄道史』上篇）。

東海道線の敷設工事

井上勝は、中山道から東海道への路線変更を告示する閣令第二四号が公布されてから、わずか三日後の一八八六（明治一九）年七月二二日に東海道鉄道の敷設に着手した。新たに敷設する路線は、①横浜～熱田間、②馬場（膳所）～長浜間、③米原～深谷～関ヶ原間の三線であった。

南清
（村上享一著・速水太郎編『南清伝』より）

井上は、一等技師原口要と三等技師南清に測量を依頼した。原口が横浜～沼津間を担当し、南が沼津～熱田間を担当した。測量は順調に進み、予定よりも早く一八八六年一一月に完了した。敷設工事は天竜川を境に二分し、天竜川以東は一等技師松本荘一郎が管理し、横浜～沼津間を原口と一等技師野村龍太郎および三等技師木村懋が担当した。そして、沼津～天竜川間は南と国沢能長が担当し、大井川および富士川の橋梁工事は雇の小川勝五郎が分担した。

天竜川以西は一等技師飯田俊徳が管理し、三等技師松田周次が天竜川～豊橋間、四等技師長谷川謹介が豊橋～名古屋間を担当した。長谷川、木村、国沢らは工技生養成所の修了生で、いわば井上がみずから育てた鉄道技術者であった。また原口や南も工技生養成所の出身ではないが、井上が手塩にかけて育ててきた技術者であった。東海道線の敷設は、いわば井上が育てた技術者集団が総力をあげて取り組んだ事業ともいえる。

ところで南清は、東海道線敷設工事の真最中であった一八八七年四月二二日に結婚をした。そのとき、南は静岡の事務所長として江尻にいた。妻のとめ子は、当時をふりかえって「結婚の話が始まりましてからも、南が東京へ参る度に、長官は公務が済むとサア今日何時の列車で帰るのか、直ぐ帰れと申されるものだから、少しも婚礼の相談なんぞする暇がなくつて困つた」（前掲『南清伝』）と述懐している。それほどに井上は、東海道線の敷設を急いでいたのである。

着工からわずか一年後の一八八七年七月、横浜～国府津間が開通した。しかし、そのあとの箱根越えが難工事であった。箱根越えの線路は、原口の念入りな測量によって箱根と足柄峠の北側を回ることになっていた。国府津から松田までは酒匂川に沿った平野部を進むのでそれほど急勾配ではないが、山北～御殿場間は標高差が三四八メートルもあり、山北～沼津間では二五パーミルの急勾配が一六キロメートルもつづいた。結局箱根越えには総延長二・一キロメートルに及ぶ七カ所の隧道を掘り、二〇カ所の橋梁をかけることになった。急勾配での隧道建設は難工事であったが、南一郎という隧道掘りの名人が、井上に請われて工事を担当した。こうして国府津から御殿場、沼津を経て静岡にいたる区間が竣工し、一八八九年二月一日に静岡で開業式が行われた。井上は、静岡駅前の大東館に宿泊して開業式に臨んだ。

東海道線の全通

一八八九（明治二二）年四月一六日に横浜～大府間、同年七月一日に大津～長浜間（湖東線）が開通し、新橋～神戸間の官設鉄道東海道線が全通した。井上勝が

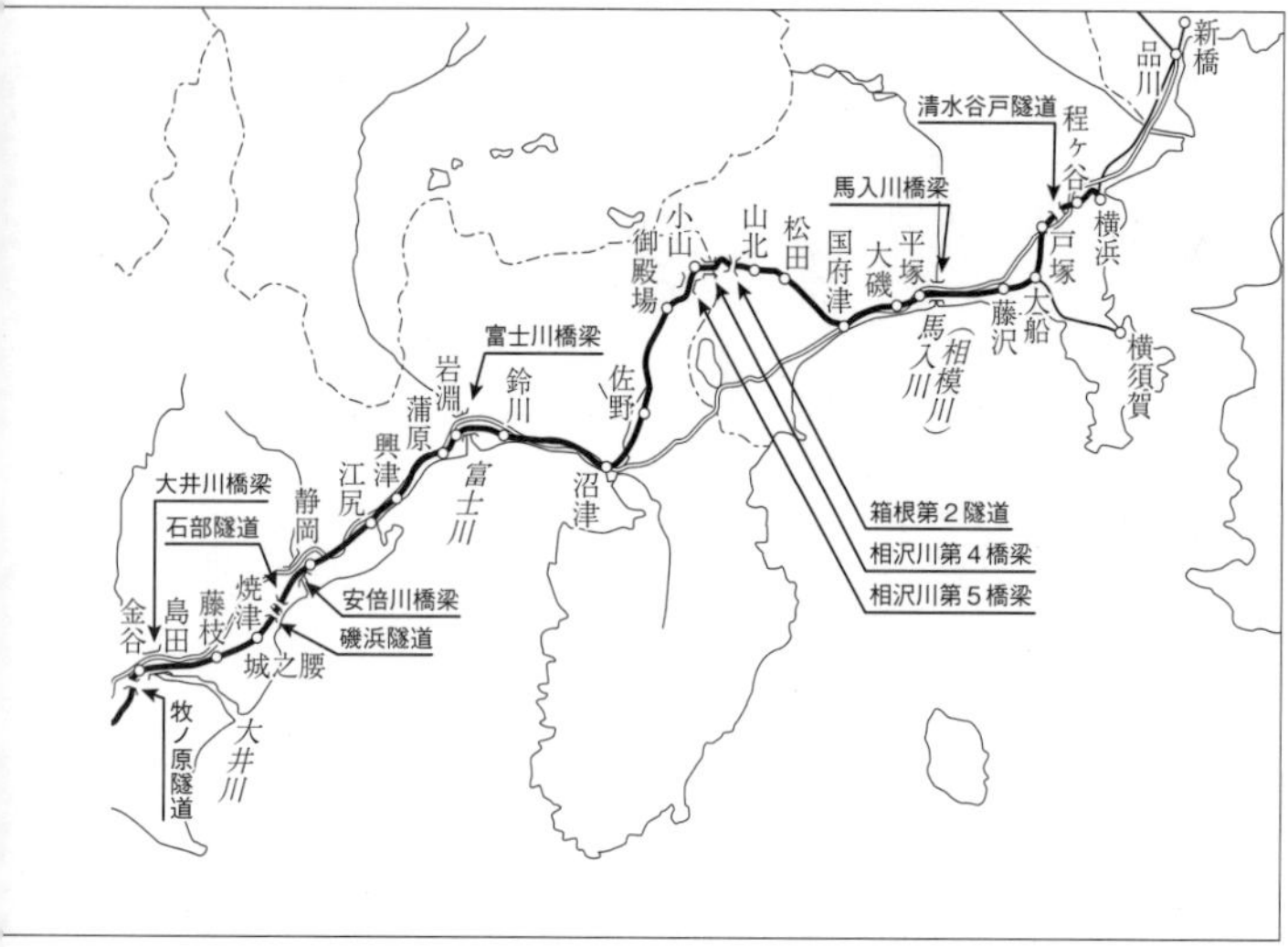

（日本国有鉄道編『日本国有鉄道百年史』第２巻より）

総理大臣伊藤博文と交わした約束どおり、一八九〇年の帝国議会の開会に間に合い「第一議会より議員を載せて走ること」ができた。なおこの年の七月一〇日には名古屋で鉄道千哩祝賀会が開かれ、主要私鉄一一社の経営者や井上勝ら政府関係者が出席した。一八七二（明治五）年の東京～横浜間鉄道の開通から一七年をかけて、日本の鉄道の開業距離は一〇〇〇マイルに達したのである。井上は、祝賀会で「赤字も三年を経れは三歳児となる、冀くは諸君と共に此の三歳児を早く大人と致し度《た》きものなり」とあいさつをした（前掲「日本帝国鉄道創業談」）。

東海道線全通から五日目の一八八九年七月六日、井上鉄道局長官は伊藤博文にかわって内閣総理大臣に就任した黒田清隆に対し、東海道線開通の報告をした。その距離は二四七

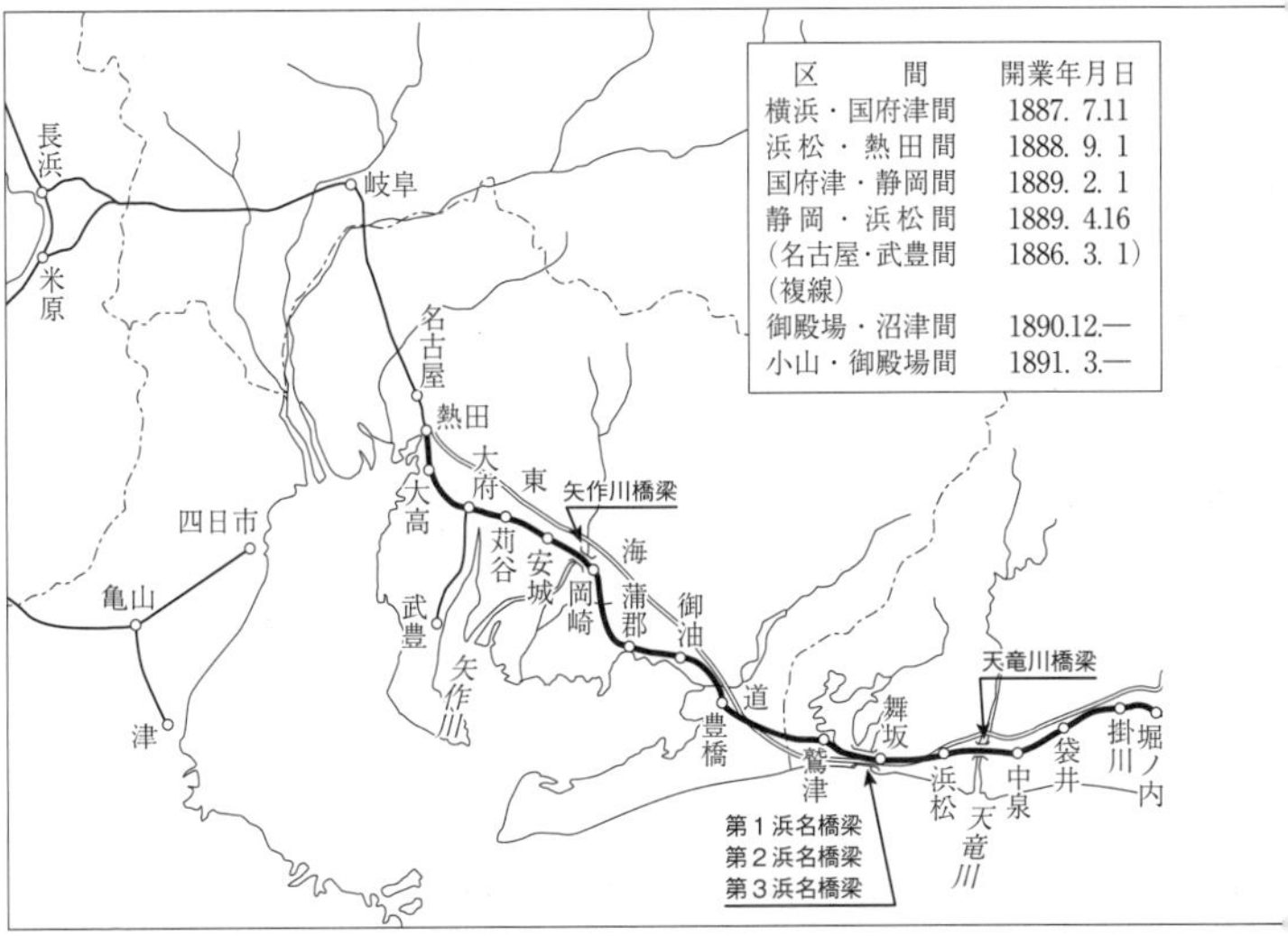

区　　間	開業年月日
横浜・国府津間	1887. 7.11
浜松・熱田間	1888. 9. 1
国府津・静岡間	1889. 2. 1
静岡・浜松間	1889. 4.16
(名古屋・武豊間	1886. 3. 1)
(複線)	
御殿場・沼津間	1890.12.—
小山・御殿場間	1891. 3.—

東海道線（横浜〜熱田間）路線図

マイル（三九七・四キロメートル）に及び、竣工までに二年八カ月を要した。当初、竣工期限は三、四年と見込まれていたので、予定よりもかなり早く竣工したといえるが、井上は「成功ノ遅速ヲ論スレハ畢竟尋常ノ進歩」であり、「先以テ其期ヲ愆《あやま》ラサリシト言フヘキノミ」と、とりあえずは期限内に竣工したことに安堵したと伝えている。

ついで報告では、日本の鉄道敷設の経緯について概観している。一八七〇年から七四年にかけて東京〜横浜間、神戸〜大阪〜京都間の鉄道敷設が進んだが、その後は政府財政の困難や西南戦争などの内乱のため停滞した。このときの心情を井上は、「此時ニ当テハ民間曾テ一人ノ鉄道事業ヲ歯牙ニ掛クルモノモアラサレハ、職掌上不得已之ヲ政府ニ催逼スルノ外術計ナク」と表現している。結果として、一八六九年一二月の廟議決定になる鉄道敷設計画を実現するのに「二十有四ノ星霜」を重ねることになってしまった。このことに対しても、井上は「若シ世上今日ノ鉄道熱ヲシテ十年以前ニ其幾分ヲ発スルヲ得セシメハ、如斯遷延ニ至ラサラン」と悔しさをにじませている。しかし、ともかくも「今日ハ実ニ二十年前ノ廟謨《びょうぼ》ヲ実施大成セシメラレタルモノニテ、国家ノ福利洪鴻ナルハ固ヨリ論ヲ竢タサルナリ」と東海道線の開通を喜んだ。

また井上は、部下の働きぶりを称賛していた。井上によれば、みずからは「時ニ山谷ヲ跋渉シ指揮監督セシ事」もあったが、多くは「屋壁ノ間ニ在テ規画処弁」していたにすぎない。しかし、部下の「専任ノ大小僚属」は「薫工服務概ネ日出ヨリ日没ニ至リ、其繁劇ノ事ニ至テハ夜ニ連リ暁ニ徹スル」という働きぶりで、休暇も月に二回しか取らず、「寒暑風雨」を冒して工事に打ち込んできた。しかも経費をできるかぎり節約してきたので、予算内で竣工することができた。そして最後に、「僚属ノ為ニ其功労ヲ推薦」したいと結んでいる（『公文類聚』第一三編第四六巻）。

黒田清隆に東海道線開通の報告をしたのと同じ日に、井上は大隈重信にも長文の書翰をしたためた。そこでは、「明治二十二年六月、東京神戸間の鉄道全通を告たり。此線路は、明治の初年皇国人民中鉄道思想を懐くもの曾て一人も無之と可申時代に於て、早く西京を通して神戸に達し敦賀に岐する鉄道を設立すへしと廟算を立てられたるもの、今や其功を奏せしなり。（略）此鉄道に依て享受する国家の福利は蓋し算数の及ふ所にあらす」と述べ、東海道線の全通によって一八六九年一二月の廟議決定による鉄道敷設構想が実現したという認識を示している。また井上は、この廟議決定にかかわった大隈と伊藤博文の功績を高く評価し、みずからは「勝不肖職を鉄道に奉せしは旧工部省創建以来にして、只誠実尽力以て鉄道宏謨の一日も速に成功し委托に負かさらんことを期し」てきたとしている（井上勝「大隈重信宛書翰」一八八九年七月六日、早稲田大学大学史資料センター編『大隈重信関係文書』二、みすず書房、二〇〇五年）。

井上勝は、一八九九年一〇月、勲一等に叙せられ瑞宝章の下賜を受けた。「多年官設鉄道事業ヲ薫督シ拮居励精功労不少候」というのが受章の理由であった（内閣書記官長「両京間鉄道竣功ニ付鉄道局長以下賞賜ノ件」一八九九年八月六日、『公文類聚』第一三編第七巻）。また、同じく鉄道一等技師松本荘一郎は勲四等、鉄道二等技師原口要は勲六等に叙せられ、それぞれが瑞宝章を下賜された（『東京朝日新聞』一八九九年一〇月三〇日）。また、このほか鉄道技師、鉄道事務官、あわせて三四名が官設鉄道敷設の功労者として賞与を授与された。功労者の選定にあたっては、井上鉄道局長官の委嘱にもとづき村井正利、図師民嘉《ずしたみよし》、松本荘一郎、野田益晴の四名が原案を作成している。

なお鉄道局員のなかで、日本鉄道をはじめ水戸鉄道、両毛鉄道、甲武鉄道など私設鉄道の建築事業に従事してきたものも少なくなかった。そこで井上勝は村井らに会社線の敷設に従事した功労者もあげるようにと指示したところ、毛利重輔《じゅうすけ》、増田礼作、本間英一郎、仙石貢《せんごくみつぐ》、小川資源、国沢能長、長谷川謹介、三村周、野村龍太郎、橘協、豊田堅吉、吉川三次郎、久野知義らの技術者と事務官の足立太郎の名があげられた。

ところで南清は、東海道線が全通したのちの一八九〇年五月に山陽鉄道に技師長として招かれた。

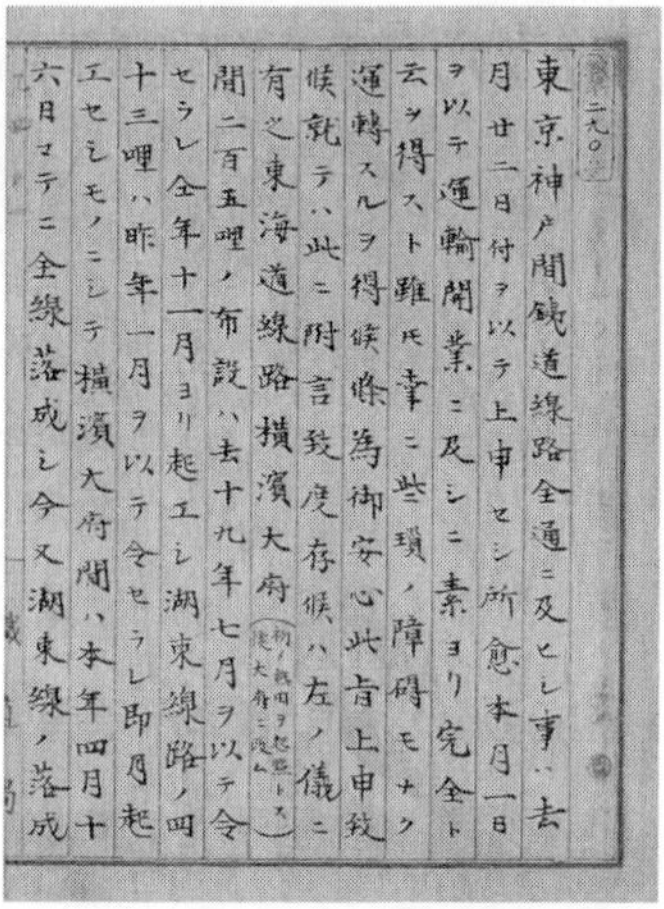
東京神戸間鉄道線路全通ニ及ヒシ事ハ去月廿二日付ヲ以テ上申セシ所愈本月一日ヲ以テ運輸開業ニ及シニ素ヨリ完全ト云ヲ得スト雖モ幸ニ些瑣ノ障碍モナク運轉スルヲ得候條為御安心此旨上申致候就テハ此ニ附言致度存候ハ左ノ儀ニ有之東海道線路横濱大府（初ノ熱田ヲ起點トス後大府ニ改ム）間二百五哩ノ布設ハ去十九年七月ヲ以テ令セラレ仝年十一月ヨリ起工シ湖東線路ノ四十三哩ハ昨年一月ヲ以テ令セラレ即月起工セシモノニシテ横濱大府間ハ本年四月十六日マテニ全線落成シ今又湖東線ノ落成

東海道線の全通を内閣総理大臣黒田清隆に報告する井上勝の文書
（『公文類聚』第13編第46巻より）

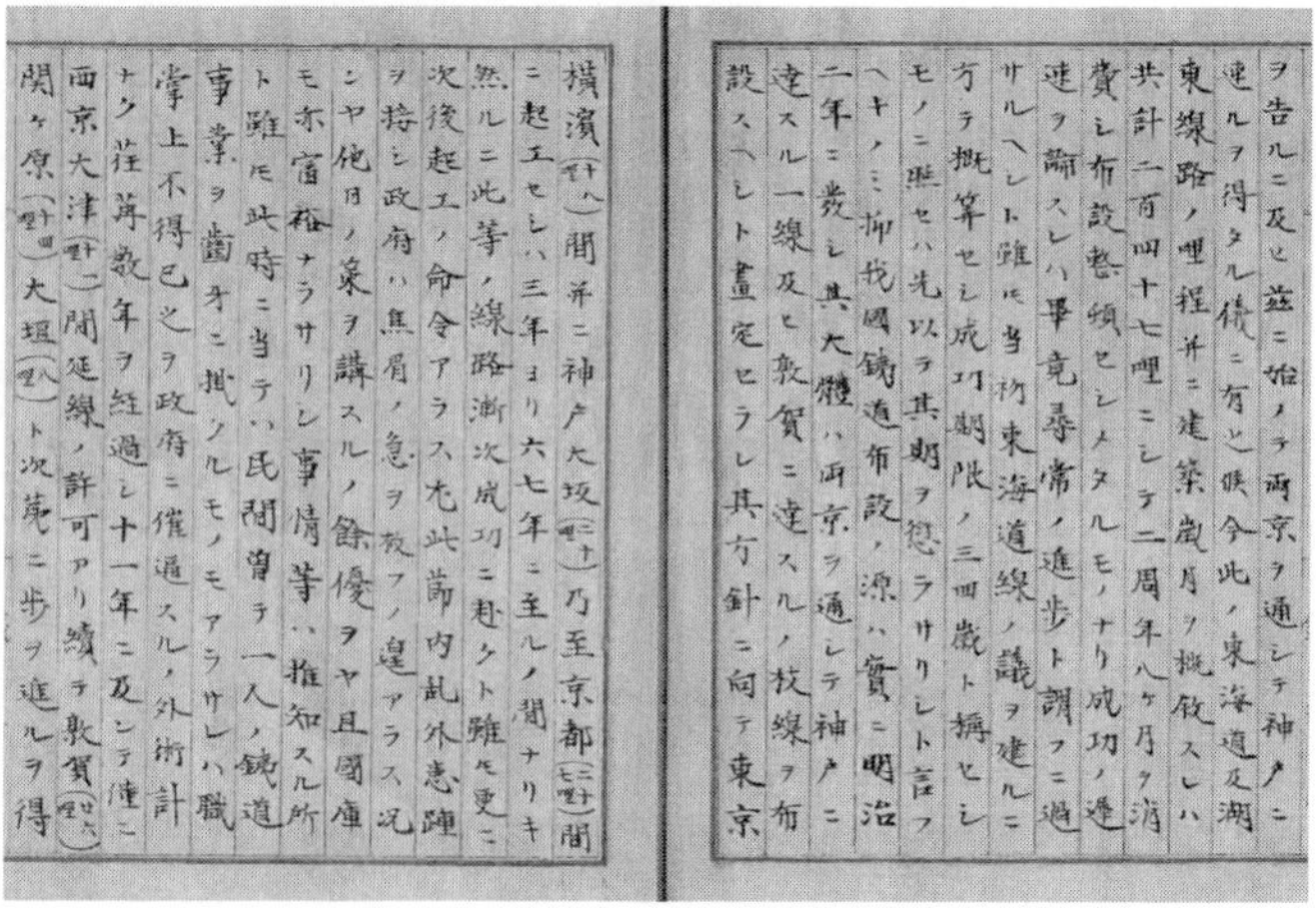
ヲ告ルニ及ヒ茲ニ始メテ兩京ヲ通シテ神戸ニ達ルヲ得タル儀ニ有之候今此ノ東海道及湖東線路ノ哩程并ニ建築歳月ヲ概敘スレハ共計二百四十七哩ニシテ二周年八ヶ月ヲ消費シ布設整頓セシメタルモノナリ成功ノ遅速ヲ論スレハ畢竟尋常ノ進歩ト謂フニ過サルヘシト雖モ当初東海道線ノ議ヲ建ルニ方テ概算セシ成功期限ノ三四歳ト擬ヒシモノニ照セハ先以テ其期ヲ愆ラサリシト言フヘキナリ抑我國鉄道布設ノ源ハ實ニ明治二年ニ発シ其大體ハ兩京ヲ通シテ神戸ニ達スル一線及ヒ敦賀ニ達スルノ枝線ヲ布設スヘシト畫定セラレ其方針ニ向テ東京

横濱（十八哩）間并ニ神戸大坂（二十哩）乃至京都（二十七哩）間ニ起工セシハ三年ヨリ六七年ニ至ルノ間ナリキ然ルニ此等ノ線路漸次成功ニ赴クト雖モ更ニ次後起工ノ命令アラス尤此節内乱外患踵ヲ接シ政府ハ焦眉ノ急ヲ救フノ遑アラス況ンヤ他日ノ策ヲ講スルノ餘優ヲヤ且國庫モ亦富裕ナラサリシ事情等ハ推知スル所ト雖モ此時ニ当テハ民間曽テ一人ノ鉄道事業ヲ齒牙ニ挂クルモノモアラサレハ職掌上不得已之ヲ政府ニ催通スルノ外術計ナク荏苒数年ヲ経過シ十一年ニ及ンテ漸ニ西京大津（十二哩）間延線ノ許可アリ續テ敦賀（二十六哩）関ヶ原（十四哩）大垣（八哩）ト次第ニ歩ヲ進ルヲ得

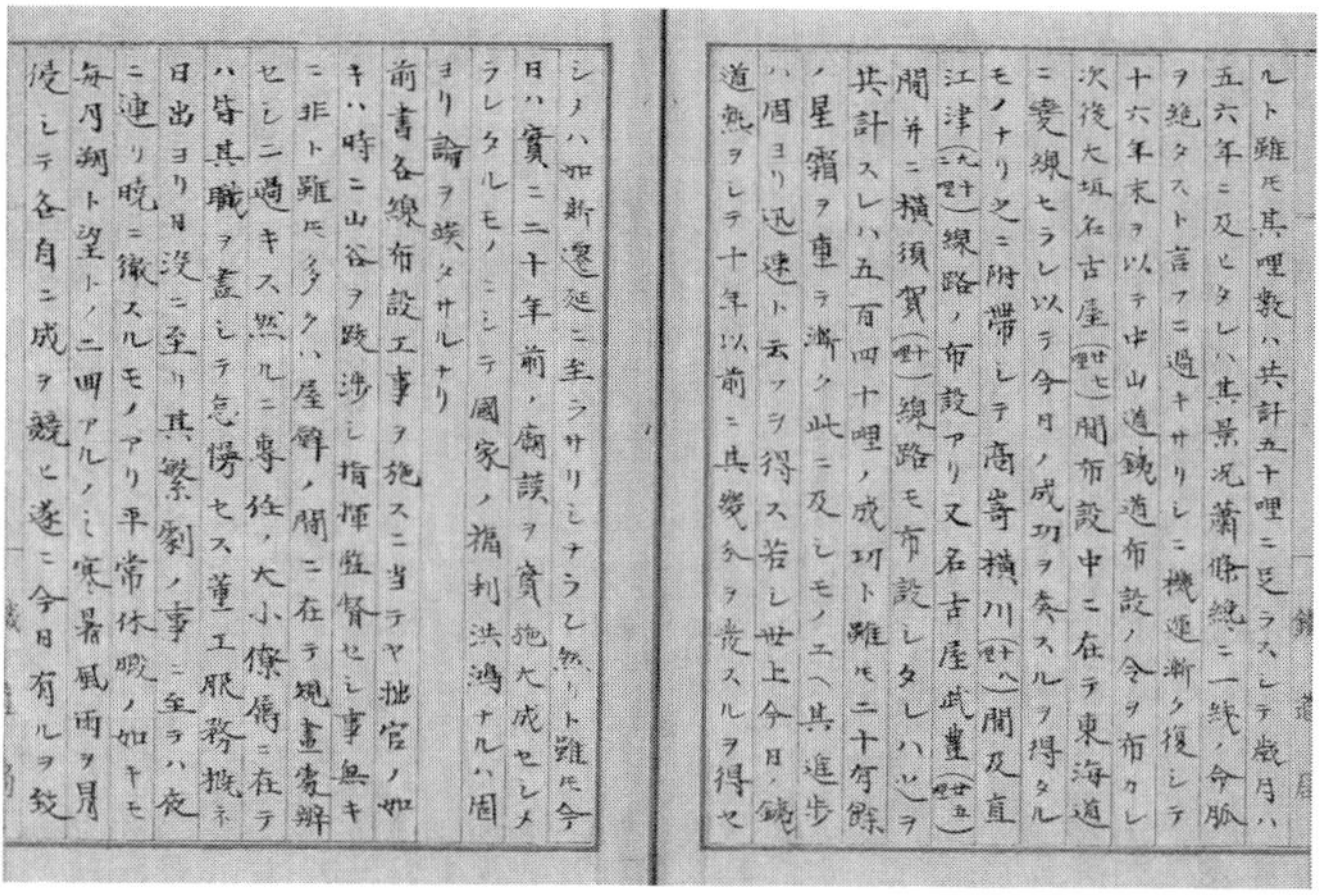
ルト雖モ其哩数ハ共計五十哩ニ足ラスシテ歳月ハ
五六年ニ及ヒタレハ其景況蕭條纔ニ一線ノ命脈
ヲ絶タスト言フニ過キサリシニ機運漸ク復シテ
十六年末ヲ以テ中山道鐵道布設ノ令ヲ布カレ
次後大垣名古屋(廿七)間布設中ニ在テ東海道
ニ変線セラレ以テ今日ノ成功ヲ奏スルヲ得タル
モノナリ之ニ附帯シテ高崎横川(廿八)間及直
江津(二十九)線路ノ布設アリ又名古屋武豊(廿五)
間并ニ横須賀(廿十)線路モ布設シタレハ之ヲ
共計スレハ五百四十哩ノ成功ト雖モ二十有餘
ノ星霜ヲ重テ漸ク此ニ及ヒシモノニテ其進歩
ハ固ヨリ迅速ト云フヲ得ス若シ世上今日ノ鐵
道熱ヲシテ十年以前ニ其幾分ヲ発スルヲ得セ
シメハ如斯遷延ニ至ラサリシナラン然リト雖モ今
日ハ實ニ二十年前ノ輿論ヲ實施大成セシメ
ラレタルモノニシテ國家ノ福利洪鴻ナルハ固
ヨリ論ヲ俟タサルナリ
前書各線布設工事ヲ施スニ当テヤ拙官ノ如
キハ時ニ山谷ヲ跋渉シ指揮監督セシ事無キ
ニ非ト雖モ多クハ屋脚ノ間ニ在テ規畫案辦
セシニ過キス然ルニ専任ノ大小僚属ニ在テ
ハ皆其職ヲ盡シテ怠慢セス董工服務概ネ
日出ヨリ日没ニ至リ其繁劇ノ事ニ至ラハ夜
ニ連リ暁ニ徹スルモノアリ平常休暇ノ如キモ
毎月朔ト望トノ二回アルノミ寒暑風雨ヲ冒
侵シテ各自ニ成ヲ競ヒ遂ニ今日有ルヲ致

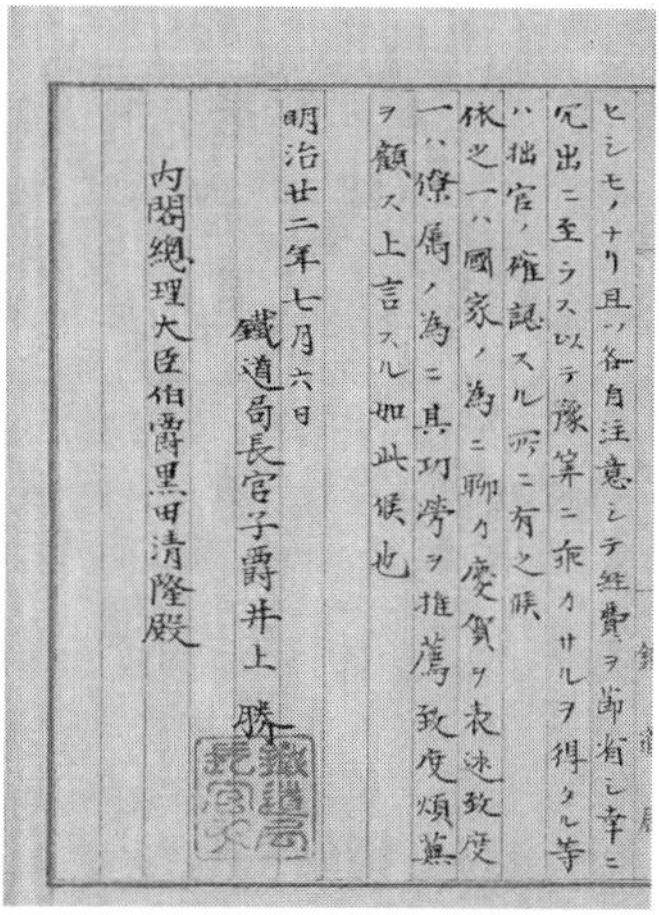
セシモノナリ且ツ各自注意シテ経費ヲ節省シ幸ニ
冗出ニ至ラスシテ豫算ニ乖カサルヲ得タル等
ハ拙官ノ確認スル所ニ有之候
依之一ハ國家ノ為ニ聊カ慶賀ヲ表述致度
一ハ僚屬ノ為ニ其功勞ヲ推薦致度煩瀆
ヲ顧ス上言スル如此候也
明治廿二年七月六日
鐵道局長官子爵井上勝
内閣總理大臣伯爵黒田清隆殿

南の人事について、当時山陽鉄道の副社長であった村野山人は「南君が静岡方面に居つて、其仕事が略《ほ》ぼ片付いたとき、山陽鉄道では技師長の大島仙蔵君が病気になつて、その後任者に適当なものが無く、いろ〳〵心配して居りましたが、時の井上長官と、松本荘一郎氏に相談したところ、両人が彼是れ吟味の結果、南君が善からうと云ふことになり、そこで南君に交渉したところが、行つても善いと云ふので、終に局を辞して山陽へ来て呉れました」（前掲『南清伝』）と述べている。井上は南を鉄道技術者として高く評価していた。その南を山陽鉄道の技師長に推薦したのは、東海道線が全通したいま、南に山陽鉄道の延伸を期待したからであろうと推測される。

信越線の敷設と碓氷越え

東西両京間の幹線鉄道は、中山道経由から東海道経由に変更されて実現をみた。すると、中山道幹線鉄道敷設のための資材輸送線として着工されていた軽井沢〜直江津間の鉄道を本州横断線（信越線）として敷設しようという計画が日程にのぼった。信越線を敷設するためには、横川〜軽井沢間の碓氷峠をどのようにして越えるかが大問題であった。同区間の鉄道は、東京から直江津をめざす本州横断線の一区間で、将来は東京〜新潟間、東京〜富山・金沢間の幹線鉄道となるものとみられていた。

鉄道局長の井上勝は、一八八九年六月、建築師長のC・A・W・ポーナル（Charles Assheton Whately Pownall）に碓氷峠の調査を命じた。ポーナルは軽井沢〜直江津間鉄道の建設主任であった三等技師の本間英一郎とともに、南清らが作成した測量図面によって踏査し、横川から原村、坂本村を経て霧積川に入り、さらに中尾川に沿って進んで迂回し、入山から堺一軒家を経て沓掛村字離山に出て既

直江津線碓氷アプト式鉄道
（村井正利編『子爵井上勝君小伝』井上子爵銅像建設同志会 より）

設の軽井沢〜直江津間鉄道に連絡するというルートを選定し、井上長官に報告した。このルートの最急勾配は二五パーミル、最小曲線半径は一〇チェーン（約二〇〇メートル）で、ループ線もスイッチバック線も必要なく、ひたすら迂回をくり返しながら進むことができた。

ちょうどそのころ欧州出張中の四等技師仙石貢と六等技師古川阪次郎が、ドイツのハルツ山鉄道（Hartzer Schmalspurbahnen）が六〇・六パーミル区間でアプト式中心歯状軌条と通常の軌条を併用していることを井上長官に報告した。井上がお雇い外国人技師のT・R・シャービントン（Thomas R. Shervinton）に問い合わせると、横川〜軽井沢間にはアプト式が有利であるという答えがかえってきた。そこで井上は一八九〇年九月にアプト式の採用を決定し、本間英一郎にポーナルらが主張していた和見線の調査を命じたが、本間は国道に沿った中尾線の方が工期を短縮し、工費も節減できると主張した。さらに一八九一年一月には、松本荘一郎がポーナルおよび本間と現場を巡視し、中尾線が適当であると井上に報告した。こうして横川〜軽井沢間の路線は一八九一年二月に中尾線を採用することになり、同年五月に同線の実測を完了し六月に着工となった（前掲『日本国有鉄道百年史』第二巻）。

横川〜軽井沢間の距離は七マイル（一一・三キロメートル）で、アプト式軌道の区間は横川起点七九チェーン（一・六キロメートル）から三マイル四九チェーン（五・八キロメートル）の区間と三マイル六〇チェーン（六キロメートル）の地点から六マイル二〇チェーン（一〇・一キロメートル）の区間であった。工事は翌一八九二年一二月までにほぼ完了した。

第五章　日本鉄道の東北延伸と小岩井農場

1　日本鉄道の東北延伸

日本鉄道第三区線工事優先案

日本鉄道会社は東京～青森間の全線を、第一区（東京～高崎・前橋間）、第二区（第一区の中間から白河まで）、第三区（白河～仙台間）、第四区（仙台～盛岡間）、第五区（盛岡～青森間）の順に敷設を進め、東北地方への延伸をはかる予定であった。しかし鉄道局長の井上勝は、一八八二（明治一五）年一〇月の佐々木高行工部卿あて「具申書」で、第二区線中の宇都宮～白河間よりも第三区線の敷設を優先すべきであるとした（増田廣實『近代移行期の交通と運輸』岩田書院、二〇〇九年）。

日本鉄道会社は第二区線の線路測量を工部省に稟請し、一八八二年六月二日に許可を得た。井上勝は、さっそく同年六月二〇日から七月四日にかけて「東京ヨリ陸前国野蒜《のびる》港ニ至るマデ」を巡回した。

野蒜は第二区の終点で、第三区の起点である仙台よりも四〇キロメートルほど東北に位置している。井上が野蒜まで足を延ばしたのは「一往全区及ビ前後接続ノ地位形勢ヲ詳悉《しょうしつ》スルヲ最要」と考えたからとされているが、測量の範囲を野蒜まで広げたのにはそれなりの理由があった。

帰京後の一八八二年一〇月二六日、井上は佐々木工部卿にあてて「東京青森鉄道線路第二区測量之儀ニ付具申書」を提出した。それによれば、第二区線のうち東京~宇都宮間は鉄道敷設も容易で営業上の利益も考えられるが、宇都宮~白河間は空漠の原野ばかりで人口は少なく物産も乏しいので、現段階では鉄道の敷設を必要としない。さらに鉄道を敷設しても利益があがらないばかりか、かえって将来的には鉄道延伸の妨げになるかもしれないというのであった。

それに対して福島は繁盛の地で、仙台にいたっては「人口稠密」「来往繁劇」「物貨輻輳」の地であり、野蒜港に出れば海運で東京、青森に連絡することができる。したがって宇都宮~白河間の敷設工事はしばらくおき、まずは海運で東京および青森に連絡できる野蒜港から仙台を経て福島にいたる鉄道の敷設を優先すべきであるというのであった。このようにして青森に向けての鉄道敷設の意欲を高め、福島以北の交通運輸の便を開き、東北地方の開発を進めたうえで第二区線を敷設すれば、宇都宮~白河間の鉄道も維持できるようになる。当時、野蒜は東北総合開発の拠点として位置づけられて築港が行われていたが、井上は築港がなれば野蒜港からは海運で東京、青森、北海道などにつながるので、野蒜は仙台あるいは石巻にかわる仙台米の集散地になると考えていた。いいかえれば、井上は海運と鉄道との運輸交通上の補完関係に注目し、第三区線を優先的に敷設することを提言したのである

（井上勝「東京青森鉄道線路第二区測量之儀ニ付具申書」一八八二年一〇月、日本国有鉄道編『工部省記録 鉄道之部』第六冊、一九七七年）。

井上勝の「具申書」の内容は、日本鉄道会社にも心得達として伝えられた。野蒜港の築港は順調に進み、一八八二年一〇月三〇日には第一期工事の落成式が盛大に行われた。そうしたなかで日本鉄道会社も、一〇月三一日に工部卿佐々木高行にあてて「局長殿意見之趣逸々《いちいち》至当之儀ト奉存候」と第三区工事優先案に賛意を示し、同年一一月二日には佐々木工部卿によって野蒜港から仙台を経て福島にいたる線路測量が申請され、一二月一日付で関係各方面に許可の旨が伝えられた。

こののち第一区線の工事は進行していったが、野蒜から仙台を経て福島にいたる鉄道の線路測量は行われず、日本鉄道会社は一八八四年二月一日に野蒜〜福島間の測量の延期を申請した。また工部省は二月四日、日本鉄道会社は第一区線の中間から宇都宮までの鉄道敷設においても、測量、工事を政府に委託したいと申請していると上申し、二月二〇日に太政官の許可を得た。

日本鉄道第二区線の路線選定問題

日本鉄道会社第一区線（上野〜高崎・前橋間）が開業したのは一八八四（明治一七）年八月であるが、その前から第二区線の路線選定が日程にのぼっていた。

前掲「東京青森鉄道線路第二区測量之儀ニ付具申書」において、井上勝は東京〜宇都宮間について「利根、渡（良《（欠か）》）瀬等ノ巨川アルモ土地大略平坦ナレバ之レニ鉄道ヲ敷設スルモ施行容易ニシテ其収入ノ利ハ其建築ノ費額ヲ償フニ足ルベキモノト」とみていた。

第二区線を第一区線のどこで分岐するかについてはいくつかの案があった。栃木県足利町の機業家市川安左衛門および織物買継商木村半兵衛らは、一八八三年一一月二八日、「日本鉄道会社第一区落成既ニ近キニアルヲ以テ其第二区ハ則チ熊谷ヨリ足利、佐野、栃木、鹿沼、宇都宮ヲ経テ白河ニ達スル線路モ不日着手之レアルコトト企望負罷在候」と、日本鉄道第二区線を両毛機業地帯の中心地足利へ誘致しようとして熊谷分岐案を主張した。市川および木村の願書は、その冒頭で「抑々鉄道ヲ敷設スルノ要旨ハ運輸交通ヲ便ニスルノ一点ニアル可」きであり、「之ヲ敷設スル幹線ノ如キハ最モ物産貿易交通ノ市場及ヒ衆庶往復ノ繁劇ナル地ヲ貫通セシムルハ必要ノ儀ト被存候」と述べ、群馬県の桐生、大間々《おおまま》、および栃木県の足利、佐野、栃木、鹿沼、宇都宮を経由すべきであるとした。なぜならば、これらの地域は「商業最盛ニシテ物産貿易及ヒ車馬往来輻輳ノ要地」であるからであった。すなわちこの願書によれば、足利・桐生の年間移出額は織物だけでも約一〇〇〇万円に及び、移入額は洋糸・生糸・染料など約七〇〇万円であった。また、佐野・栃木・鹿沼の年間移出額は約六五〇万円、移入額は約五〇〇万円で、主な移出品は麻苧《あさお》・繭・生糸・水油・酒・醬油・薪炭・穀類・石灰・足尾銅など、移入品は製茶・陶磁器・漆器・洋品・砂糖・石油・酒・醬油・肥料・食塩・生魚・塩魚・紙類・織物などであった。

こうして市川、木村ら足利の織物関係業者は、「故ニ私共同心協力シテ五十万円余（即チ十万株余）ヲ募集致シ置候間之ヲ該社ノ株金トナシ、熊谷ヨリ足利町、佐野町、栃木町、鹿沼駅ヲ経テ宇都宮ニ達スル線路ニ決定セラレ右各所へ停車場設置相成度私共懇望ノ至リニ耐へズ」と、日本鉄道第二区線の足利町への誘致を請願するのであった（木村半兵衛ほか一四名「鉄道線路之儀ニ付御願」一八八三年一一

月二八日、『鉄道省文書 日本鉄道往復書類』)。

こうしたなかで井上勝は、大宮で分岐して栗橋、小山を経て宇都宮にいたる路線(大宮分岐案)と、熊谷で分岐して館林、足利、栃木を経て宇都宮にいたる路線(熊谷分岐案)を、建設費、工期、営業費などにわたって比較検討し、一八八四年一一月、工部卿の佐々木高行に「日本鉄道会社第二区線路ノ儀ニ付上申」(鉄道省篇『日本鉄道史』上篇、一九二一年)を提出した。それによれば、熊谷分岐案は「甚タ迂回ヲ極メ縦令一地方ニ利アリトスルモ大ニ他ニ損失ヲ被ラシムヘク到底幹線敷設ノ主旨ニ適セサルモノ」であったが、実地測量の結果も建築費は大宮〜宇都宮間一六九万五〇〇〇円、熊谷〜宇都宮間二一二万円で、大宮〜宇都宮間の方が低く見積もられていた。また、工期や営業収支をみても大宮分岐案の方が有利であった。大宮分岐案は利根川の鉄橋架設工事をのぞけば工事は比較的容易で、しかも利根川の舟運で建設資材を運べるので、利根川から宇都宮、大宮の双方に向かって着工することができる。また、もちろん大宮からも着工することができ、利根川の架橋には約一年半の工期を要するが、それ以外は一年程度で竣工できるというのである。一方、熊谷分岐案は架設しなければならない鉄橋が多く、二年以上の工期を要し、建設費もかさむとみられていた。

こうして井上は、日本鉄道第二区線においては足利の織物業者が主張した熊谷分岐案ではなく、大宮分岐案を主張した。というのは、日本鉄道は東京〜青森間の鉄道敷設が目的で、「一小地方ノ得失ヲ顧慮シ右旋左回佇望躊躇シテ前途ノ大計ヲ誤」ってはならないからであった。幹線鉄道からはずれた両毛機業地帯の足利地方には、「最モ接近セル所ヨリ別ニ馬車鉄道或ハ鉄道支線ヲ開設」すればよ

日本鉄道仙台駅
1894年6月1日完成の木造平屋一部二階建の駅舎
（日本国有鉄道編『日本国有鉄道百年史』第2巻より）

いというのである。

鉄道専門官僚としての井上勝にとっては、なによりも日本の幹線鉄道網を速成することが重要であった。したがって、井上にとっては両毛機業地帯への鉄道建設も「一地方ノ得失」のみにかかわる問題にすぎず、全国的な鉄道網の形成という観点からは先送りされるべきものであったのである。

日本鉄道会社の社長奈良原繁は、一八八四年一二月一六日、井上勝鉄道局長の前掲「上申」にもとづいて工部卿の佐々木高行に「大宮分岐敷設裁可願」を提出し、翌日の一七日に認可をえた。大宮～宇都宮間の鉄道敷設工事は一八八五年一月五日に大宮～栗橋間から着手され、同年二月二日には中田（茨城県古河市）～宇都宮間の敷設工事が始まり、それから五カ月後の七月一六日に大宮～宇都宮間四九マイル七チェーン（七九キロメートル）が竣工した。

日本鉄道の東北延伸

日本鉄道会社は、一八八五（明治一八）年七月、利根川橋梁工事をのぞく第二区線大宮～宇都宮間の敷設工事を完成させた。この七月に野蒜築港が放棄されて女川港調査が命令され、九月には三菱会社と共同運輸会社が合併して日本郵船株式会社が発足した。そしてそれより先の同年四月六日、日本鉄道会社は佐々木工部卿に宇都宮〜白河間の工事着手を申請し、六月二九日に許可を得た。鉄道局は、日本鉄道会社の申請によって同区間の測量を九月二一日に開始し、一二月二九日に終了した。

宇都宮〜白河間の鉄道敷設工事は、一等技手小川資源を担当者として一八八六年三月一日に着手された。鬼怒川、荒川などの急流、那珂川〜白河間の急勾配など、工事の困難な箇所もあったが、同年一〇月一日に宇都宮〜那須間、一二月一日に那須〜黒磯間、一八八七年七月一六日に黒磯〜白河間が開通し、第二区線大宮〜白河間が全通した。

日本鉄道第三区線は、第二区線の完成を待たずに一八八六年八月から着工され、第二区線の全通と同じ一八八七年七月一六日に白河〜郡山間が開通した。そして同年九月一六日には郡山〜福島間の軌条敷設が終わり、一二月一五日に郡山〜仙台間が開通した。一八八六年六月一日には三等技師増田礼作の担当で塩釜から仙台を経て郡山に向かう鉄道の敷設工事が着手され、八七年一二月一五日に完成した。こうして、第三区線郡山〜仙台間および仙台〜塩釜間が開通した。

第四区線の鉄道敷設工事は、一八九〇年四月一六日に岩切〜一ノ関間、一一月一日に一ノ関〜盛岡間が開通し、第四区線岩切〜盛岡間が全通した。第四区線をめぐって、井上勝と陸軍省との間に軋轢が生じた。鉄道局長官の井上勝は一八八七年一二月一〇日、一ノ関〜盛岡間の鉄道敷設について陸軍大臣大山巌と協議した。大山によれば、盛岡以北三戸、百石、野辺地を経て青森にいたる路線は海岸に接しており、戦時には敵軍の攻撃に悩まされる恐れがある。したがって第四区線は海岸を避けて敷設する必要があり、たとえば盛岡から田頭、大館、弘前にいたる線などに改めるべきであると主張した。

これに対して井上勝は、一八八七年四月一八日、伊藤博文内閣総理大臣にあてた上申のなかで、大山巌の主張する路線について、①山間地帯で工事が困難、②経費がかさむ、③施工年数が長い、④線路が長く、開通後経営費が増加する、などの問題点をあげた。そして陸軍省の指定した路線は妥当とは考えられないので、なるべく海岸を避けて敷設するという条件のもとに原案どおりの路線を敷設したいとした。井上によればこれ以上の適地はなく、鉄道は軍事上の便宜のみを考慮するのではなく、開業後の収益性も考えなければならないというのであった。井上の上申は一八八七年四月二五日に許可された。

日本鉄道会社東京～青森間の落成期限は、着工の日から満七カ年後の一八八九年二月末日であった。しかし第四区線、第五区線を期限までに敷設するのは困難であったので、一八八八年一一月九日、二カ年の延期を申請し二七日に許可された。その後、一八九〇年一二月一五日には再び九二年八月までの延期を申請し、九一年三月九日に認可された。第五区線の工事は、四等技師長谷川謹介が盛岡～小繋間、同じく四等技師の小川資源が小繋～青森間を担当し、一八九一年九月一日に上野～青森間一二七マイル（二〇四・二キロメートル）が全通した。

日本鉄道上野～青森間の全通式は、東京の帝国ホテルで一八九一年一二月二一日から二三日まで三日間にわたって開催された。一日目の来賓は皇族、内閣総理大臣、各省大臣、枢密院議長、同副議長、陸海軍将官、鉄道庁長官、各省次官、警視総監、大審院長、検事総長、貴衆両院議長、同書記官長、東京府知事、同書記官、東京市各区長、大学総長、高等商業学校長らであった。そして二日目には福島以南の一〇〇株以上の株主、三日目には銀行、鉄道、その他会社役員、新聞社社員などが招待された。

ところで、日本鉄道の主唱発起人であった岩倉具視は一八八三年七月二〇日に死去していた。井上勝は日本鉄道東京～青森間全通の祝宴で、「抑々鉄道会社ノ創立スルヤ偏《ひとえ》ニ神霊（岩倉具視…引用者）ノ国ヲ憂ヒ用ヲ利スルノ誠衷ニ出ツ、其一度内外紛紜維持困難ニ逢フヤ之ヲ塩梅《あんばい》調和シテ今日アルヲ致セシモ亦神霊ノ誠衷ニ出ツ、（略）嗚呼神霊ナクンハ会社ハ何ニ依テ創立スルヲ得ン、又将タ誰ニ依テ維持調和スルヲ得ンヤ、然ラハ則チ今日会社ノ隆盛ハ偏ニ神霊ノ恩賜ト称スルモ決シテ諛辞《ゆじ》ニ非サルヘシ」（山田英太郎『日本鉄道株式会社沿革史』第一篇）と岩倉の日本鉄道会社への貢献を讃えた。

岩倉具視
（鉄道博物館提供）

日本鉄道の全通と独立経営

井上勝鉄道庁長官は、日本鉄道上野～青森間が全通した一八九一（明治二四）年九月一日、本日は「日本鉄道会社に於ては大切の紀念日」であるとして、社員諸君には「建設の始末」を告げ、会社には「祝詞」を述べた。これは前掲『子爵井上勝君小伝』に掲載されているが、ここでも概要を紹介することにしたい。そこには、井上勝の日本鉄道に対する考え方がよくあらわれていると思われるからである。

日本鉄道会社は一八八一年一一月に設立されたが、当時は鉄道事業が開始されて日が浅かったため、「線路の計画、布設、車輌、其の他の準備、運輸の事業等、其途に慣熟せしもの殆んと乏しかり」という状況で、わずかに鉄道庁（局）のみが一八六九～七〇年ごろから鉄道事業に従事していた。そこで日本鉄道会社は、鉄道敷設工事を「政府に委託され、政府は我庁に命令した」のである。

日本鉄道の敷設工事は一八八二年五月に着工となり、以来九年四カ月にわたって鉄道庁職員も日本鉄道社員も奮励して全線の開業にこぎつけた。その間、鉄道庁（局）は、鉄道敷設工事ばかりでなく「車類器機の製作より日常の汽車運転に至るまで」あらゆる業務を担ってきた。

しかし井上によれば、このような状況は「政府の本意」ではなかった。ただ日本鉄道会社の社員が「諸事不慣熟」で「幼稚の有様」であったので、「稍《やや》数歳を長せし我庁を以て暫時後見たらしめ」たにすぎないのである。しかし一〇年近くの歳月を経て、日本鉄道は「最早政府の手を藉《か》るに及はす、独立自営の時期」となったのである。日本鉄道は、機関車五二両、客車・貨車一〇〇〇両を擁する堂々たる私設鉄道会社であり、同社の「真面目の営業は此より創まる」というのであった。

2　小岩井農場の創業と経営

小岩井農場の開設構想

日本鉄道上野～青森間の全通を間近に控えた一八八〇年代後半から九〇年代初めにかけて、井上勝は岩手山南麓に小岩井農場を創業した。すなわち、一八九〇（明治二三）

年一一月に三二二二町歩の官地払下げを許可され、九一年一月には四〇〇町歩の官有原野予約払下げの許可を受けるとともに、三菱社の社長岩崎弥之助と小岩井農場の経営および資金供与に関する契約を取り交わし、牧畜を主体とした大農式の小岩井農場を創業したのである。

鉄道の父と呼ばれる井上勝が農場を創業したというのはやや奇異の感があるが、日本経営史研究所編『小岩井農場百年史』（一九九八年）は、小岩井農場開設にいたる経緯についてつぎのように述べている。井上は日本鉄道延線工事の視察のため、一八八八年六月一二日に岩手県の一関を経て盛岡に入った。地元の歓迎会に臨んだのちのある日、岩手県知事石井省一郎の案内で岩手山南麓の網張温泉に遊んだ。そこで井上は、南岩手郡長山村から雫石村に連なる数千町歩の荒地を眺めながら、つぎのように語ったという。

自分はこれまで鉄道敷設の事業に携わり、文明開化のためとはいえ多くの美田良圃を潰してきた。しかしこのような荒蕪地が、しかも官有で手をつけられることなく放置されているのであれば、開墾し農牧の用に供しその埋め合わせをしたい。それは国家公共のためであり、また自分にふさわしい事業と思われる。この井上の談話は、井上の長女卯女子《うめこ》が、後年父に同行して網張温泉を訪れたときに聞いたとのことである。創業時の小岩井農場の面積は三六二二町歩で、これは日本鉄道会社が東京〜青森間の線路を敷設するために取得した用地面積にほぼ相当する。なんとも運命的な感を禁じ得ない。

なお、井上は妻宇佐子《うさこ》との間に長男亥六《いろく》、長女卯女子、二女千八重子《ちやえこ》、三女辰子の四人の子供をもうけている。長女の卯女子は森村市左衛門の二男開作と結婚し、工兵大尉であった長男亥六は一九〇

小野義真

岩崎弥之助

（小岩井農牧（株）提供）

六年五月二日に死去したため、二女の千八重子が平戸の伯爵松浦厚の令弟で海軍少尉であった純と一九〇九年二月一日に結婚し井上家を継いだ。松浦純は、井上家に入るとともに勝純と改名している（「井上家の慶事」『読売新聞』一九〇九年二月四日）。三女の辰子は川崎財閥を創業した松方家に嫁いだ。井上勝がいつ結婚したのかはあきらかでなく、長女の卯女子が一八七九年五月に生まれていることから推測するしかない（三田商業研究会編『慶應義塾出身名流列伝』実業之世界社、一九〇九年）。ただしこのとき井上は三七歳であったので、やや晩婚であったのかもしれない。

井上はこの農場開設の構想を、当時日本鉄道会社の副社長であった小野義真《よしざね》に相談した。小野は三菱の創業者岩崎弥太郎と同じ土佐藩（高知県）の出身で、青年期に緒方洪庵の適塾で蘭学を学び、維新後は新政府に出仕し大蔵少丞、土木頭などを歴任したが、一八七四年に官を退いて三菱会社の顧問となり弥太郎の相談役として活躍した（井上琢磨「小野義真と日本鉄道株式会社」『経済学論究』第六三巻第三号、関西学院大学経済学部、二〇〇九年一二月）。小野は井上の申し出を、三菱会社の社長岩崎弥之助に伝えた。岩崎弥之助は弥太郎の実弟で、一八八五年に弥太郎が没してから一九〇三年に弥太郎の長男久弥に社業を譲るまで、三菱会社の総帥の地位にあった。

『東京朝日新聞』はこうした井上勝の農場開設に向けた動きをとらえ、「井上鉄道局長にはかねて府下二三の紳商と謀り馬匹の牧場を開かんとの計画あり、過般来岩手県知事石井省一郎氏へも此事を相談に及びたるが、同県下盛岡を距《さ》ること凡そ四里 乎《ばか》りの雫石といふ処は従来近傍村民秣《まぐさ》場となり居る原野にて、牧場には至極適当なりとてその相談早速に纏《まとま》り目下同郡長に於て右秣場処分のことを同地人民に協議中なりといふ」（「井上氏の牧場」『東京朝日新聞』一八八八年一一月一日）と報じた。ここで「二三の紳商」とされているのは、岩崎弥之助と小野義真であると思われる。ちなみに「小岩井農場」という名称は、小野義真の「小」、岩崎弥之助の「岩」、および井上勝の「井」を組み合わせて命名したものである。

ただし井上勝が小岩井農場の開設を考えたのは、単に鉄道敷設のために良圃をつぶしてきた罪滅ぼしからだけではなかった。井上は鉄道の敷設や発展に寄与したという功績によって、一八八七年五月二四日に子爵の爵位を授かり、六月一日には帝室資産二万円の下賜を受けていた。新たに華族となった井上はその社会的栄誉を維持するため、ほかの新華族と同様に旧華族（大名、公卿）に対抗し得る経済的基盤を固めなければならず、そのために土地所有を画策していた。当時、軍需、民需を含めて

表5－1　大農場の開設状況（1000町歩以上）

年	開設者	場所	面積(町歩)
1879	開進社	北海道	5,175
1880	肇耕社	栃木県	1,000
1881	毛利元徳	北海道	1,000
	青木周蔵	栃木県	1,561
1883	前田利嗣	北海道	2,533
1885	毛利元敏	栃木県	1,525
1886	北白河宮	群馬県	2,519
1889	華族組合	北海道	50,000
	前田利嗣	北海道	2,680
	藤田伝三郎	岡山県	1,500
1890	渋沢栄一	青森県	1,680
1891	井上　勝	岩手県	3,600
1893	蜂須賀茂韶	北海道	6,242
	戸田康泰	北海道	1,231
	松方正義	栃木県	1,654
1896	池田仲博	北海道	1,629
	曾我祐準	北海道	1,617

出典：麓三郎編『小岩井農場七十年史』小岩井農牧株式会社，1968年。

畜産物の需要が増え、日本鉄道の開通によって沿線の市場が拡大していたので、華族、政商、官僚らが北海道や東北、北関東地域の官有未開発地の払下げを受け、**表5－1**にみるように大農場を開設していた。日本鉄道の東北延伸を進めていた井上は、こうした動きに同調しながら岩手山南麓の広大な官有地に目をつけ、そこに直営の大農場を開設しようとしたのである。

農場用地の確保

小岩井農場の計画地は近傍一一カ村、三〇〇〇余戸の村民によって秣場として利用されていた入会地であったので、井上らは村民たちの激しい抵抗に直面し、関係村民からは苦情が続出した。県や郡の官吏三名が出張して村民をいかに説諭しても、この原野はわれわれの命の綱なので従うことはできないと主張し、激しく抵抗した。

その後岩手県知事の石井省一郎らの努力もあって、一八八九年六月に井上と村民たちとの間でつぎのような示談書が取り交わされた。

示談書

今般子爵井上勝殿ニ於テ南岩手郡雫石村、西山村ニ属スル官有原野拝借ニ付地元村内人民ト示談申込ニ相成、我々ニ於テ村内重立者ト篤ト相談致候処、左ニ記載ノ御件契約履行相成候ニ於テハ万般異議ナキ旨相談相整候、依而示談証如件

一、開墾若クハ放牧見込地ト雖モ、之カ着手ニ相成ラサル場所ハ是迄ノ通リ随意秣刈採セシムル事
一、前項ノ如ク秣刈採ルト雖トモ、原野拝借料ハ勿論原野ニ関スル一切ノ費用ハ村内人民ニ於テ負担ナサヽル事

右之通

明治二十二年六月

西山村　小田兵太郎
上森合《かみもりあい》孫八郎
御明神村　岩持　裕助
雫石村　岩内　定寛
上野　広成

子爵井上勝殿代理
上田　農夫《のうふ》　殿

（旗手勲『日本における大農場の生成と展開——華族・政商の土地所有』御茶の水書房、一九六三年）

このように、井上は小岩井農場の開設にあたって農民たちに、①開墾もしくは放牧見込地であっても、着手するまでは従来通り秣の刈り取りを行うことができる、②そのための借料はもとより原野に関する一切の費用を負担しない、という二つの条件を約束した。なお、西山村の上森合孫八郎は一八九二（明治二五）年に雫石村ほか二カ村の村長となっており、御明神村の岩持裕助は同年に井上勝の代理人となった。また井上勝の代理人となった上田農夫は岩手県の自由民権家で、県会議員などとして活躍するとともに、産馬会社を設立して事務局長などを務めた岩手県牧畜界の第一人者であった。このように井上勝は周辺農村の有力な農民との間に密接な人的関係を築きつつ、小岩井農場開設の準備を進めていったのである。

井上は一八八九年七月、西山村長山、雫石村丸谷地、滝沢村篠木などにわたる三六二二町歩余の借地を岩手県に出願した。しかしちょうどそのころ帝室御料地増大計画が進行しており、岩手県でも官有林地二万町歩が御料地に編入されることになっていた。そのため井上は、一八九〇年八月二一日、新しい官有原野予約売渡規定によって三六二二町歩余のうち雫石村字丸谷地のうち四〇〇町歩（相当代価八〇円）に対して「官有原野予約払下願」、残余の三二二二町歩余に対して「官地拝借願書」を提出した（同前）。

「官地拝借願書」は一八九〇年一一月二一日に許可され、貸渡者岩手県知事石井省一郎と借受者井上勝との間で「地所貸借契約書」（三菱史料館MA-〇八〇七六）が取り交わされた。それによれば、貸借地は南岩手郡西山村、雫石村、滝沢村三カ村にまたがる官有地三二二二町三反八畝二二歩で、貸借期間は一八九〇年から一九〇九年までの一〇年間、借地料は年間一九円三三銭四厘であった。なお、一八九〇年一二月二日までに借地の受渡しがなされるとされ、借地人の井上にはつぎのような条件が課された。

一、借地人ハ借地料金上納其他総テ明治十八年岩手県甲第七十一号布達官地貸渡及返地規則ヲ遵守スベシ
但規則修正又ハ更ニ規則発布ノ上ハ其条項ヲ遵奉スベシ
一、借地人ハ地所受渡ノ上ハ区画ヲ定メ直ニ事業ニ着手スベシ
但借地ハ従来秣芟《さんさい》採ノ慣行アルヲ以テ該地ノ事業ニ着手セザル間ハ無料ニテ村民ヘ之ヲ芟採セシムベシ
一、借地人ハ借地中在来ノ道路溝渠ハ関係村々ノ協議ヲ経岩手県知事ノ許可ヲ受クルニ非レバ之レガ変更ヲナスコトヲ得ズ
但自然路形ヲ顕ハシタル耕作路又ハ草刈路ノ如キモ之ヲ廃シ又ハ変更スルハ総テ関係村々ノ協議ヲ経ベシ
一、借地人ハ借地内ニ於テ将来公共ノタメ道路溝渠堤防等ノ新設ヲ要スルトキハ之ヲ拒ムコトヲ得ズ
一、借地人ハ何事ニ依ラズ事業上ヨリ起因シ他ノ妨害トナルモノハ自費ヲ以テ除却セザルベカラズ
一、借地人ハ事業ノ支障トナラザル限リハ村民ノ便益トナルベキコトヲ勉ムベシ

一、借地人ハ拝借地ニ係ル諸般ノコトヲ処理スルタメ地元ニ於テ代理人ヲ定メ其人名ヲ岩手県知事ニ届出同時ニ村役場ニ通知スベシ

また、「官有原野予約払下願」は一八九一年一月一六日に許可され、売渡予約者岩手県知事石井省一郎と買受予約者井上勝、保証人岩崎弥之助・小野義真の間で「地所予約売買契約書」(三菱史料館MA-〇八〇七六)が取り交わされ、買受予約者の井上にはつぎのような条件が課された。

一、買受予約者ハ明治二十三年県令第五拾三号官有原野予約売渡規程ヲ遵守ス可シ但規則修正又ハ更ニ規則発布ノ上ハ其條項ヲ遵守スベシ

一、買受予約者ハ予約地内ニ於テ将来公共ノ為メ道路溝渠堤防等ノ新設ヲ要スルトキハ之ヲ拒マザルベシ

一、買受予約者ハ予約地ニ係ル諸般ノ事ヲ処理スルガ為メ地方ニ於テ代理人ヲ定メ其人名ヲ岩手県知事ニ届出同時ニ村役場へ通知スベシ

こうして、井上勝による小岩井農場開設の準備は着々と進んでいった。

井上と岩崎のパートナーシップ

農場用地の確保に見通しが得られると、井上勝は一八九一(明治二四)年一月、岩崎弥之助とつぎのような「契約書」を締結した。

契約書

今般井上、岩崎両人ノ組合ヲ以テ岩手県下官有原野予約払下幷ニ拝借ノ分トモ、別紙甲乙号願書及県庁ト契約書通ノ場所ニ於テ農業ヲ経営候ニ付、左ノ約束取結候事

第壱　岩崎弥之助ハ農業場開設之資本金ヲ支出シ、井上勝ハ此事業支配之労力ヲ負担致候事
　但此事業ノ継続ハ十ヶ年ヲ以テ目的ト致候事

第弐　資本金之支出ハ毎年事業之成蹟ニヨリ多少之増減アルモ、凡ソ年金壱万円ヲ目途トシ両人協議之上予算ヲ定メ候事

第参　井上勝ハ毎年一度事業之成蹟ヲ岩崎弥之助へ報告シ、又岩崎弥之助之所望ニヨリテハ臨時之報告可致事

第四　土地買入、借入、其他動産不動産ハ一切井上勝之名前トナシ置ク可キ事
　但井上勝ハ岩崎弥之助之承諾ヲ得ズシテ此農業場之所有権ニ関係スル約束ヲ他人ト取結フベカラザル事

第五　此農業場ノ損益ハ井上勝、岩崎弥之助両人ニテ平等ニ分担可致事

第六　農業場成蹟之有無ニ付之ヲ保続スルカ又ハ此組合ヲ解クカハ時々之協議ヲ以テ決定スベシ、組合ヲ解クノ場合ニ於テハ此農業場ヲ売却シ、其売揚金ヲ井上勝、岩崎弥之助両人ニ折半シテ分配可致事

第七　若シ此組合ニ付テ両人之間ニ異論起ルトキハ双方ヨリ壱人宛撰定セル仲裁人ノ裁決ニ服従シ、

之ヲ最後之裁判ト可致事
右約束候事相違無之候也
明治廿四年一月

井上　勝
岩崎弥之助
（三菱史料館、MA-〇八〇七六）

このように井上勝と岩崎弥之助は、向こう一〇年間にわたって岩崎が毎年一万円前後の資金を提供し、井上が事業を行うというパートナーシップを結んだ。契約書では、井上は岩崎に事業成績を報告する義務を負い、動産、不動産は井上の名義とするが、岩崎の承諾がなければ第三者との間に所有権に関する約束を取り結ぶことはできない。損益は岩崎と井上の二人で折半し、向こう一〇年を目的に経営を行う。またこのパートナーシップを解く場合には農場を売却し、売上金を岩崎と井上の両人で折半するなどとされていた。

過酷な自然との闘い

こうして井上勝は、一八九一（明治二四）年一月から小岩井農場の経営に着手した。このとき井上はすでに四九歳になっていた。

井上による小岩井農場の経営は一八九八年に三菱社の岩崎久弥に譲渡するまでの八年間にわたったが、それは一言でいえば困難と失敗の連続であった。困難と失敗をもたらした要因としては、まず第一に小岩井農場の瘦せた土地と厳しい自然環境をあげなければならない。

小岩井農場の用地は岩手山南麓の傾斜地に位置し、標高は二〇〇メートル以上で、もっとも高いところは六三七メートルであった。気温は寒冷で、毎年一一月下旬には雪が降りはじめ、雪の季節が終わるのは翌年の四月上旬であった。また樹木が少なく、岩手山から強い西北風が吹きおろしていた。土質は第四紀古層に属する瘦地でとくに燐酸分に乏しく、しかも長い間周辺農民の放牧採草入会地として利用され、草木の濫伐と野火が慣行的に行われてきたため、地力がいちじるしく減耗していた。井上はこのように劣悪な環境のもとで、牧畜業を中心とした大農経営を展開したのである。

小岩井農場最古（1892年築）の倉庫
（2012年，筆者撮影）

井上の事業計画はおよそ以下のようであった。四〇〇町歩の「予約払下地」については、①桑園（一九九町二反七畝歩）、②防風植林地（九九町二反七畝歩）、③牛馬放牧地（九〇町歩）、④宅地（一〇町歩）、⑤土手（一町四反六畝歩）に分け、一五年間で開墾する。また三一〇〇町歩の「官地拝借地」については、経営の中心を牧畜業におき、洋種牝牛六頭、牝馬一二頭を九〇〇〇円（一頭平均五〇〇円）で購入し、外国産にも比肩し得る優良家畜

小岩井農場最古の桑の木（2012年，筆者撮影）

一三六八頭の生産販売を計画し、全用地のほぼ七五パーセントにあたる二七三五町を牧場および放牧地とした。馬や牛の販売代価は六万八四三〇円と見積もられていた。

さらに六七六町歩の用地に植林をし、強風を防ぐ防風林用地とするとともに将来の用材や薪炭材の確保にあてた。また、地力の痩せた土地では牧畜業に必要な飼料作物の栽培ができないので、農場では野干草のみを自給するにとどめ、濃厚飼料はすべて購入することとした。購入飼料費は五万五〇〇〇円余にも達し、小岩井農場の当初二〇年間における支出予算総額の二二パーセントにも達していた。

畜産以外では桑園一九九町に植栽をして桑葉九八七万貫の販売を計画したが、養蚕業も製糸業も計画されておらず、桑葉を販売するだけという中途半端なものであった。また、漆器や和紙の原料となる漆木《うるしき》、三椏《みつまた》、楮《こうぞ》などの植林によって現金収入の増大をはかった。稿本『小岩井農場沿革史』によれば、井上が桑や漆などの栽培を計画したのは「当時我が国における事業界の先覚者として名声高かりし横浜の貿易商高島嘉右衛門氏の意見を入れ、一には生糸、漆器等我国主要輸出品の資源を当業者に供給し、一には泰西の農法を我国に試み、以て農法改良の範を示さんと企てられたものに因るのであ」った（麓三郎編

『小岩井農場七十年史』小岩井農牧、一九六八年）。

開墾に着手すると、いっそう自然条件の厳しさがあきらかになった。また土壌の地味そのものが瘦せていたばかりでなく、凹凸の激しい地形が多く、開墾困難な地域が四〇〇町歩の払下げ地の約半分を占めていた。そのため、一八九四年にははやくも当初の事業計画を変更せざるをえなくなった。

また、井上勝は牧畜業にはまったくの素人であるばかりでなく、鉄道局長官として多忙をきわめていたので、当初の農場経営は岩手県牧畜界の重鎮であった上田農夫に任せていた。実地の現業主任には、日本鉄道会社で人夫の取り締まりにあたっていた有福《ありふく》五郎吉が選ばれた。有福は農林業の経験はなく、西洋式の大農法に習熟していたわけではなかったので、おそらくは日本鉄道会社の東北線敷設工事での人夫監督の能力を高く評価されたのではないかと思われる。

この有福が一八九五年の春、京都で開催された第四回内国勧業博覧会に出陳するために作成した『開墾方案』には、一八九一年から九四年までの開墾の有様がほぼつぎのように記されている。小岩井農場の瘦せた荒地を開拓するには鍬《くわ》か犂《すき》で耕して肥料を入れ、土壌に栄養を与えなければならなかった。そのため雪解けを待って低木類の根を抜き、耕牛四頭を二列に並べてソルキー犂を引かせて土を起こし、唐鍬を用いて塊《くれ》返しを行った。一八九一年から九四年までの四年間に二七五七円八〇銭（一反あたり一円三八銭）の経費がかかったが、二〇〇町歩の土地を開墾した。一八九四年以降イギリスから一〇馬力のポータブルエンジンとスチーム・プラウを購入したが、これらの機械は土地の平坦な北欧の農場とは違って、起伏が激しくしかも渓流によって分断されている小岩井農場では十分に性能を発揮することができなかった。

開墾された土地には桑が植えられた。桑葉の売却高は一八九五年二一三〇貫、九六年四二五六貫、九七年五八六八貫と増加したが、九八年には一五五二貫にとどまり、四年間の売上げはわずか七六二円で苗代代にもならなかった。開墾地では、大麦、洋大麦、燕麦、稗《ひえ》、蕎麦《そば》、大豆、青引大豆、馬鈴薯、玉蜀黍《とうもろこし》、マンゴールド、イギリス蕪菁《かぶら》、牧草など飼料作物の播種や水稲栽培も行われた。また、植林では防風林の造成を主とし、松や杉のほか、栗、桜、落葉松などが植えられた。南部藩政時代からの特産物であった漆の栽培も試みられたが、多くが枯死してしまい失敗に終わった。

牧畜では一八九一年度から育牛が行われ、その頭数を示すと**表5－2**のようであった。また、一八九四年度から九八年度までに二三九頭の牛が売却され、その代金は二七〇八円三〇銭であった。開墾は馬耕が中心であったので耕馬の飼育も行われ、一八九八年度末には耕馬二二頭、耕牛八頭を数えた。一八九三年度から九八年度までに耕馬三八頭が売却され、その代金は五一二円五〇銭であった。飼料には、糠、藁《わら》、束草《そくちょ》、敷草などの購入肥料と、稗、燕麦、大麦などの自給飼料が使われ、その代金は購入飼料二万三五三八円、自給飼料二四二〇円であった。このように牧畜では支出が収入を大きく上回っており、大幅な赤字経営であった。

なお鉄道庁退官後の井上は内外蔬菜の種子を集め、自邸ないし小岩井農場で蔬菜栽培に精励していたという。一八九五年にはアメリカで著名な種苗商に各種の蔬菜種子を注文し、赤坂溜池町の東京興農園園長の農学博士渡瀬富次郎に鑑別と栽培・繁殖を依頼した（「井上子爵の蔬菜栽培」『読売新聞』一九〇五年四月二八日）。

岩崎家への経営譲渡

小岩井農場の一八九一～九八年度における営業収支をみると、営業収入は三三八六円（畜産関係一五九二円、桑園関係七九一円、農作物八二九円、雑収入一七四円）であったのに対し、営業支出は七万三八六二円であった。営業支出のうち、財産支出とみられる固定経費は二万六〇五二円（建築費七六九三円、動物・農機具等購入費一万一四一三円、開墾費等五六三八円）で、総額の約三五・三パーセントであった。したがって、労賃、原材料、種子、飼料、業務費などの流動経費が支出総額の六四・七パーセントにあたる四万七八一〇円にものぼっていた。そのうち飼料費は流動経費の半分近くを占めており、小岩井農場の経営上の大きな負担となっていた。

そこで井上勝は小岩井農場の経営の善後策を、当時宮内省の主馬頭であった藤波言忠《ことただ》に相談した。藤波は、公卿華族の有力者の一人として日本鉄道の主唱発起人に名を連ねていた。また井上は馬術を好み宮中の御馬寄せにも招かれていたので、藤波とは相識の間柄であったと思われる。

藤波は下総御料牧場で馬、牛、羊などの牧畜経営を主と

表5-2　小岩井農場の牧畜業

年度	購入	生産	売却	斃死	現在数
1891	35				35
1892	55			1	89
1893	20	26		1	134
1894		33	29	6	132
1895		44	26	6	144
1896		43	61	1	125
1897		23	28	7	113
1898	40	27	95	4	81
合計	150	196	239	26	81

出典：日本経営史研究所編『小岩井農場百年史』小岩井農牧株式会社，1998年。

する大農場を経営し、その道の第一人者であった。藤波は、さっそく下総御料牧場長の新山荘輔を小岩井農場に派遣して視察させた。新山は駒場農学校の出身で、藤波の欧州畜産業の視察に随行し、帰国後は宮内省主馬寮に勤務していた。新山の調査報告によれば、地味は痩せておりあらゆる面で農耕適地とはいえないが、農場内には幾多の清流があり、約三里の距離に県庁所在地の盛岡が控えているので、集約的な牧畜ならば見込みがなくはないとされていた。二〇〇町歩の開墾地を含む三六〇〇町歩の土地が確保されていることも、将来への期待をもたせる要因であった。新山は、さらに一カ月ほど小岩井農場に滞在してより詳細な調査を行い、牧畜を主業とした五カ年計画を作成した。

岩崎弥之助は一八九三年一二月に三菱社を改組して三菱合資会社とし、社長の地位を兄弥太郎の嗣子久弥にゆずった。井上勝は久弥に藤波および新山の構想を伝え、みずからは小岩井農場の経営から手を引いた。そして一八九八年一月三〇日をもって、小岩井農場の経営は井上の手を離れて岩崎久弥の手に移ったのである。

第六章　鉄道の拡張と鉄道敷設法

1　鉄道の拡張

鉄道庁長官に就任

内閣直属の鉄道局は、一八九〇（明治二三）年九月六日、鉄道庁と改称して内務省の所管となり、鉄道局長官の井上勝がそのまま鉄道庁長官となった。鉄道庁と改称したのは、鉄道局は警視庁や北海道庁と同じく「半独立ノ体ヲ具ヘ、其権限モ他ノ各省中ノ諸局ト自ラ異ナル」と判断されたからであった。また、内閣は「天皇親臨シ国務大臣会議シ百般ノ機務ヲ統一スル所」で、鉄道局のような「行政ノ一部タル局ヲ管理」するのにはふさわしくなかった。そこで再び官制改革にあたり、内閣より分離して各省の管理下に移そうとしたのであるが、そのさいに鉄道庁は逓信省ではなく「内務省ノ管理ニ属スルヲ以テ鉄道ノ事業上ニ於テ便益最多ナリ」と考えられたのである（『法規分類大全』第二編、官職門、官制、鉄道庁）。

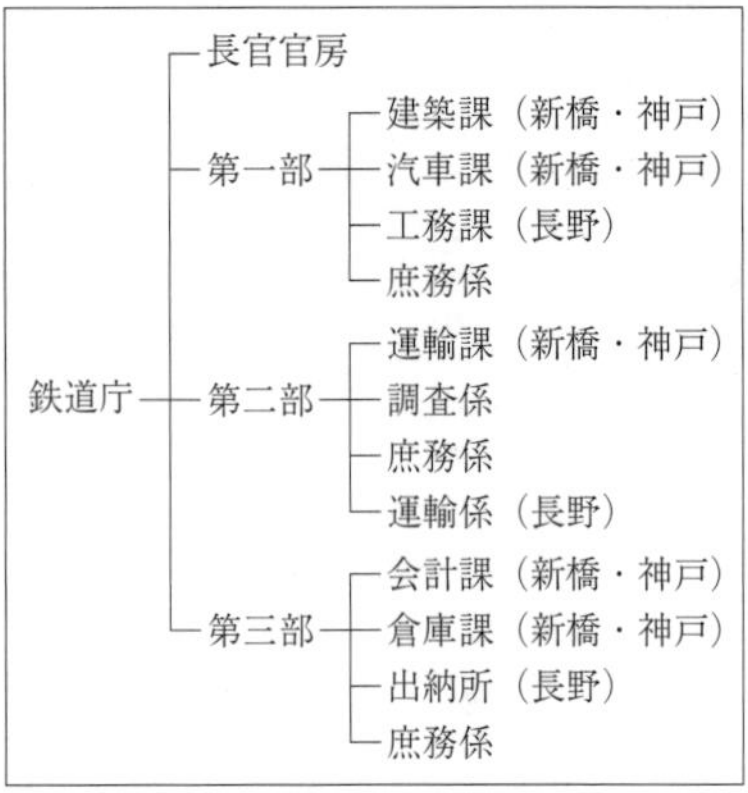

鉄道庁の組織図（1890年）
（野田正穂・原田勝正・青木栄一・老川慶喜編『日本の鉄道――成立と展開』日本経済評論社 より）

それでは、なぜ鉄道庁は逓信省ではなく内務省の所属となったのであろうか。当時の有力な経済雑誌である『東京経済雑誌』も指摘しているように、「鉄道事務の性質より云へば、鉄道庁は内務省へ属せしむるよりは逓信省へ属せしむるを以て適当」と思われるが、実際のところ鉄道業務の主体は官設鉄道の建設、私設鉄道の免許、建設工事の監督などであり、路線の選定・変更、私設鉄道の許否などにおいて内務省土木局あるいは地方官庁との間に密接な関連があると判断され、内務省の所属となったのである（「鉄道庁」『東京経済雑誌』第五三八号、一八九〇年九月一三日）。

しかし、これにはもう少し複雑な事情があったようである。一八九三年三月三一日付の『読売新聞』が伝えるところによれば、政府は鉄道庁を逓信省の所属にしようと考えていたのであるが、それにもかかわらず内務省の所属となったのには、井上勝鉄道局長官をめぐるつぎのような事情があったとされている。

すなわち、政府は「鉄道局を逓信省に移し、同時に内務省の土木局、農商務省の工務局をも逓信省に移し、其代りに電信郵便の事務を独立せしめ駅逓局を再興して前島逓信次官をその総監に任じ、井

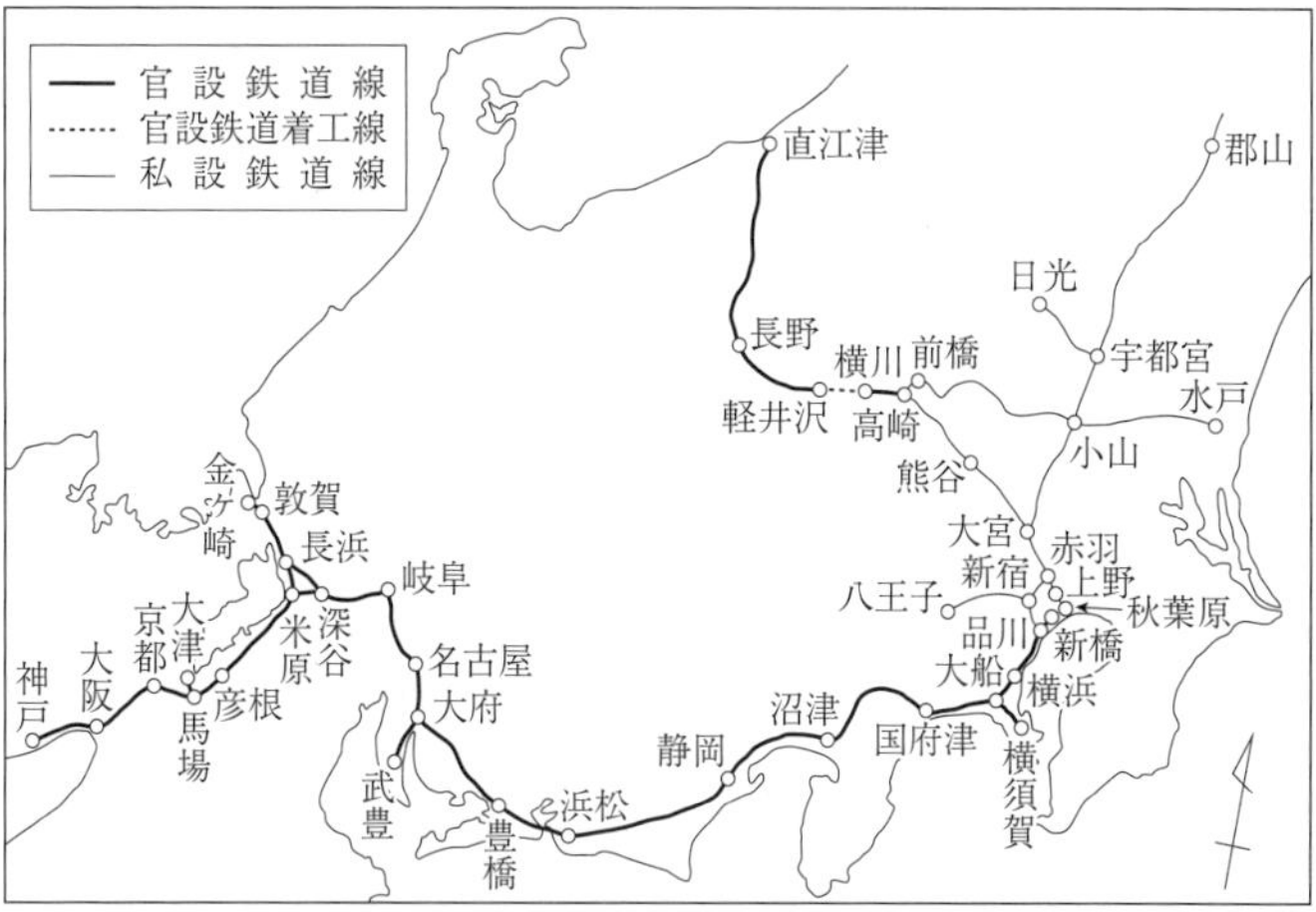

鉄道庁発足当初の路線図（1890年）
（日本国有鉄道編『日本国有鉄道百年史』第1巻より）

上鉄道局長を以て逓信次官に転任」させようとしていた。しかし井上鉄道局長が承諾するかどうかわからないので、彼を「鉄道実況取調の用務を帯ばしめ欧米各国へ派遣」して「留守中に一大改革を行ひ」、鉄道局を逓信省の所属にするとまで考えていた（「井上鉄道局長」『読売新聞』一八八九年四月一六日）。『読売新聞』は、さらに井上長官が「近々其職を辞せらるとの噂にて其後任は奈良原日本鉄道会社長ならん」（「井上鉄道局長」『読売新聞』一八八九年五月二九日）と報じ、井上鉄道局長の率いる鉄道局が「鉄道事業の経営に重きを措き、鉄道行政の事務に重きを措かざりしは全く物の軽重を誤まりしもの」（「鉄道局及び鉄道局長」『読売新聞』一八八九年六月二六日）と批判していた。また『東京経済雑誌』も鉄道庁が逓信省の所属ではなく内務省の所属となったのは、「（井上勝…引用者）長官の之を欲せさるか為め」とか、「井上鉄道長官が逓信省の所属の下に立つべからざる人物」であったからであると報じていた（第五三八号、一八九〇年九月一三日）。

ところで、内務省鉄道庁発足後の同長官井上勝にまつわる興味深いエピソードがある。一八九〇（明治二三）年の初期議会において衆議院予算委員会が始まると、井上勝は鉄道庁長官として出席した。委員の質疑はもっぱら「予算に計上したる算出の基礎方法」などに集中し、井上鉄道庁長官は「茫平として答ふる所を知らず、頗《すこぶ》る窮窘《きゅうきん》せり」という状況となった。この窮状をみた予算委員会委員の箕浦勝人は、「子爵は技術上の長官にして予算の細目を質すは甚だ酷なり」と発言をしてお茶を濁したが、井上は「爾後復《また》委員会に出席」しなくなったというのである（「井上子爵は技術上の長官なり」『鉄道時報』第二四二号、一九〇四年五月七日）。原口要は後年つぎのように述べているが、井上は議会制度になじめず、帝国議会の開設後一挙に精彩を欠くようになった。井上が帝国議会の開設に間に合うように東海道線の全通に尽力したことを考えるならば、まことに皮肉な結末であったといえよう。

子爵は元来正式に技術を学びたる人にはあらざりしが、英語には非常に練達したりしを以て、外人の為す所を見稽古にて習ひ覚へ瘦我慢にて大津線なり、敦賀線なりを竣工する勇気は偉なりとすべく、才を愛し能を知り、一旦任じたる上は何等干渉する処なく、部下を自由に其手腕を揮はしめ、一時は鉄道の井上か、井上の鉄道かと称せられたる程にて、故伊藤公を除くの外は他の容喙を一切許さゞりしが、議会の開設を見るに及んで、最早子爵の一流で押し通す能はざる事となりて、子爵退き松本君に代る事となりたり。

（原口要氏談「鉄道を以て生涯を貫ける井上子爵」『鉄道時報』第五六九号、一九一〇年八月一三日）

なお鉄道庁官制によると、鉄道庁には長官官房および建設、工務、車輌担当の第一部、運輸営業担当の第二部、経理、会計担当の第三部がおかれ、運輸営業の比重が大きくなった。そして一八九〇年一二月には、新橋建築課に国府津《こうづ》、沼津、静岡、掛川の四建築事務所、神戸建築課のもとに浜松、名古屋、彦根、長浜、京都の五建築事務所が設けられ、新橋汽車課のもとに新橋運転係事務所、神戸汽車課に名古屋、神戸二運転係事務所が設けられて増大する業務を分掌した。

鉄道拡張構想

ところで井上勝は、東海道線、湖東線、横須賀線の全通を間近に控えた一八八九（明治二二）年四月八日、「北陸鉄道ノ儀ニ付第二回答申書」（『公文類聚』第一三編第四七巻）を著し、つぎのように「更ニ進ムテ資本ヲ増額シ鉄道事業ノ拡張ヲ謀ル」べきであるとしていた。

今ヤ東海道鉄道ハ全線開通シ、湖東、横須賀両線ノ如キモ亦数月ヲ出スシテ竣工ヲ告クルニ至ルへク、官設鉄道ノ延長ハ総計五百五十余哩ニ達シ、其運輸営業上ノ益金ハ毎年金凡百八拾万円ニ上ルノ見込略確定セルヲ以テ、中山道鉄道公債及鉄道補充公債額面弐千弐百万円ノ利子年額金百五十万円ヲ支弁スルモ、尚殆ト参拾万円ノ余裕アルハ疑ヲ容レサルモノトス、而シテ右ノ内利子七朱ノ公債ヲ五朱ノモノニ漸次変換スルヲ得ルモノトスレハ其余贏《よえい》ハ金七拾万円ニ上ルヲ得ヘキヲ以テ、更ニ進ムテ資本ヲ増額シ鉄道事業ノ拡張ヲ謀ルハ目今ノ急務ナリ

井上によれば官設鉄道の延長は五五〇余マイル（八八五キロメートル）に達し、運輸営業上の利益は毎年約一八〇万円にのぼっている。また、中山道鉄道公債および鉄道補充公債二二〇〇万円の利子年額一五〇万円を支弁しても約三〇万円の余裕があり、さらに利子率七パーセントの公債を五パーセントのものに変換すれば、残りは七〇万円にものぼるので、このさい鉄道事業の拡張をはかるべきであるというのである。

そして東海道線の全通後は、まず本州を横断する幹線鉄道として信越線を完成し、ついで次頁の図にみるように北陸線、奥羽線などを敷設しなければならないと考えていた。政府も一八九〇年一一月の第一議会に提出した一八九一年度予算案に、横川～軽井沢間一五〇万円（ただし、一八九一年度一〇〇万円、一八九二年度五〇万円）、直江津～柏崎間一〇〇万円の鉄道敷設費を計上した。しかし衆議院では、横川～軽井沢間の建設費は承認されたものの直江津～柏崎間のそれは削除されてしまった。

削除の理由としては国費多端という財政上の理由があげられていたが、鉄道敷設がまったく否定されていたわけではなかった。『帝国議会衆議院議事速記録』には「更ニ公債ヲ募集シ、国防上運輸上大ニ鉄道ノ全国普及ヲ謀ルベキ時ヲ以テ之ヲ建設スルノ得策ナリト思考ス」（『帝国議会衆議院議事速記録』二、東京大学出版会、一九七九年）とあり、直江津～柏崎間鉄道についても全国的な鉄道拡張計画の

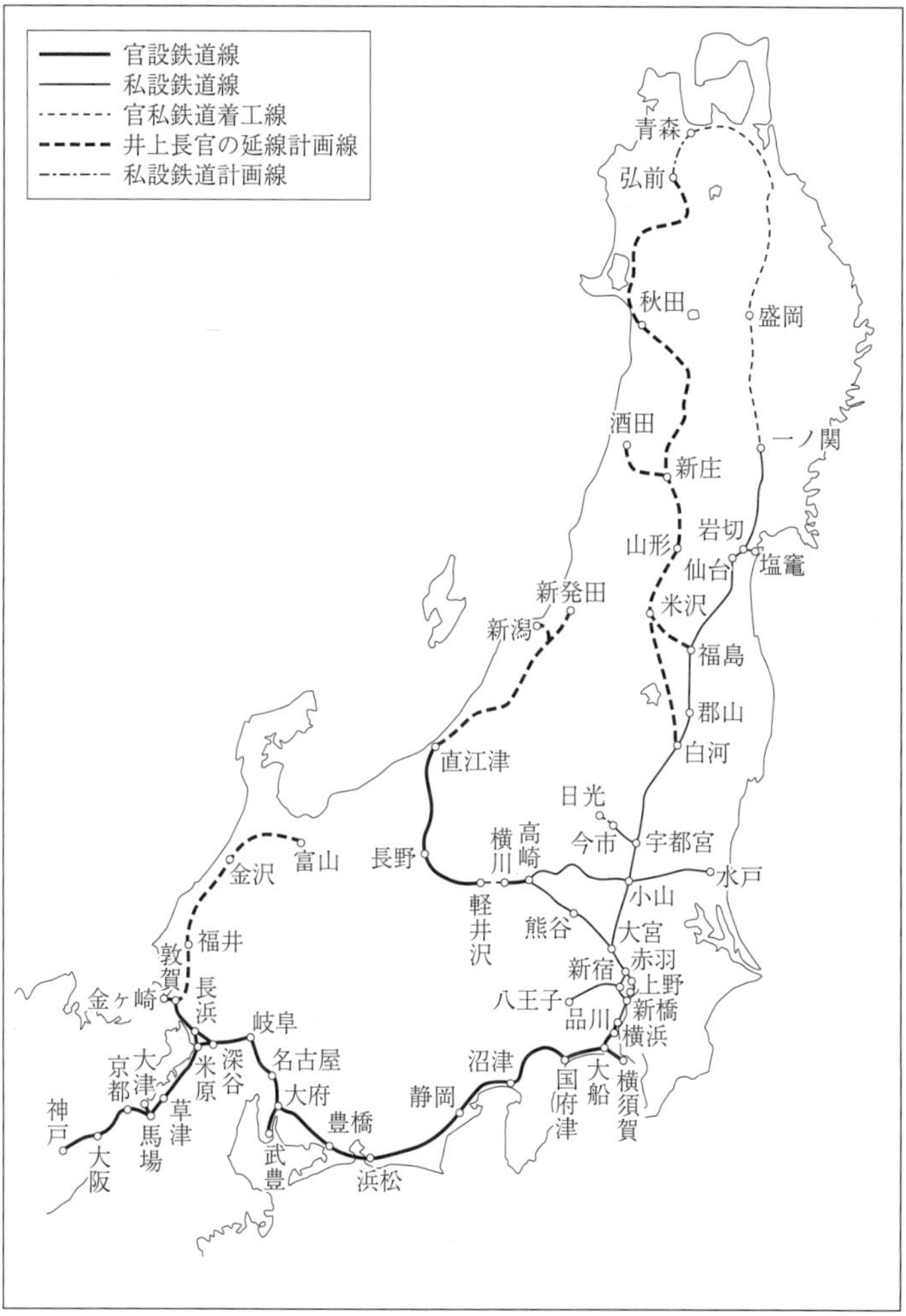

井上勝の鉄道延長構想（明治23年6月）
（日本国有鉄道編『日本国有鉄道百年史』第1巻より）

なかにきちんと位置づけ、公債を募集して建設に着手するのであれば必ずしも否定はしないとされていたのである。

同様の意見は本会議の審議においても各議員から相次いで出され、一八九一年二月一九日には山形県選出の佐藤里治が、議員の過半数をこえる一六七名の賛成者をえて動議を提出し、私鉄買収方法や鉄道拡張方針などを調査する特別委員会の設置を求めた。この動議で佐藤らは、私鉄の合併もしくは国有化を実現し、その収益ないしは鉄道公債で新路線の拡張をはかるべきであると主張したが、閉会がせまっていたため議事に入ることはできなかった。

井上はもともと鉄道の全国的拡張を構想していたので、一八九一年七月に内務大臣宛に意見書を提出し、一八九二、九三年度予算に全国鉄道線路調査費六万円を計上することを求めた。そこでは、第一議会における佐藤里治らの動議を根拠に「全体輿論ノ傾向モ鉄道ノ如キハ之ヲ国家ノ事業トシテ大ニ其拡張ヲ希望スル」とみて、「此際時機ヲ失セザル如ク全国鉄道線路ノ調査ニ着手シ、且ツ同時ニ重要ナル線路ノ敷設ニ着手」すべきであると主張していた（鉄道省篇『日本鉄道史』中篇、一九二一年）。

2 「鉄道政略ニ関スル議」の建議

「鉄道政略ニ関スル議」の概要

井上勝の鉄道拡張構想は「鉄道政略ニ関スル議」なる建議にまとめられ、一八九一（明治二四）年七月に内閣総理大臣松方正義に提出された。このとき井上は四九歳になっていた。英国ロンドンの留学から帰国したのが二六歳であったから、帰国してからすでに二〇年以上の歳月を経ていた。この間、井上は一八六九年一二月の廟議決定になる鉄道敷設の実現のために尽力してきたが、一八九九年七月に東海道線が全通するのをみて全国的鉄道体系を構想するにいたったのである。

原田勝正によると、同建議は私設鉄道の政府買収（鉄道の国有化）を主張したもので、それが一八九二年六月の鉄道敷設法の成立を経て一九〇六年三月制定の鉄道国有法に結実するというふうに理解されてきた（原田勝正「鉄道敷設法制定の前提」『日本歴史』第二〇八号、一九六五年九月、のち同『日本における基盤成立・展開期の鉄道』和光経済研究叢書八、和光大学社会経済研究所、一九九八年、に収録）。しかしこれはやや単線的な理解で、同建議は私設鉄道の政府買収のみを主張していたわけではなかったし、松下孝昭『近代日本の鉄道政策　一八九〇～一九二二年』（日本経済評論社、二〇〇四年）などがあきらかにしているように、鉄道敷設法が井上の「鉄道政略ニ関スル議」の趣旨を踏襲していたわけでもなかった。

井上勝は「鉄道政略ニ関スル議」の冒頭で、「鉄道ハ運輸交通ノ利ヲ発達シテ国防施政上ヨリ殖産興業上ニ至ルマテ社会百般ノ事業ニ便益ヲ与へ、所謂富強ノ要具、開明ノ利器タルヘキモノ」と述べており、鉄道の経済・軍事上の意義を高く評価していた。井上によれば、「鉄道の価値」は投下資本に対する「直接利益ノ多寡」のみによってはかるべきではなく、「鉄道ノ開通ニ依テ起ルヘキ間接ノ利益」をも重視すべきであるというのである。そして間接の利益を大きくするには「鉄道ヲシテ可及

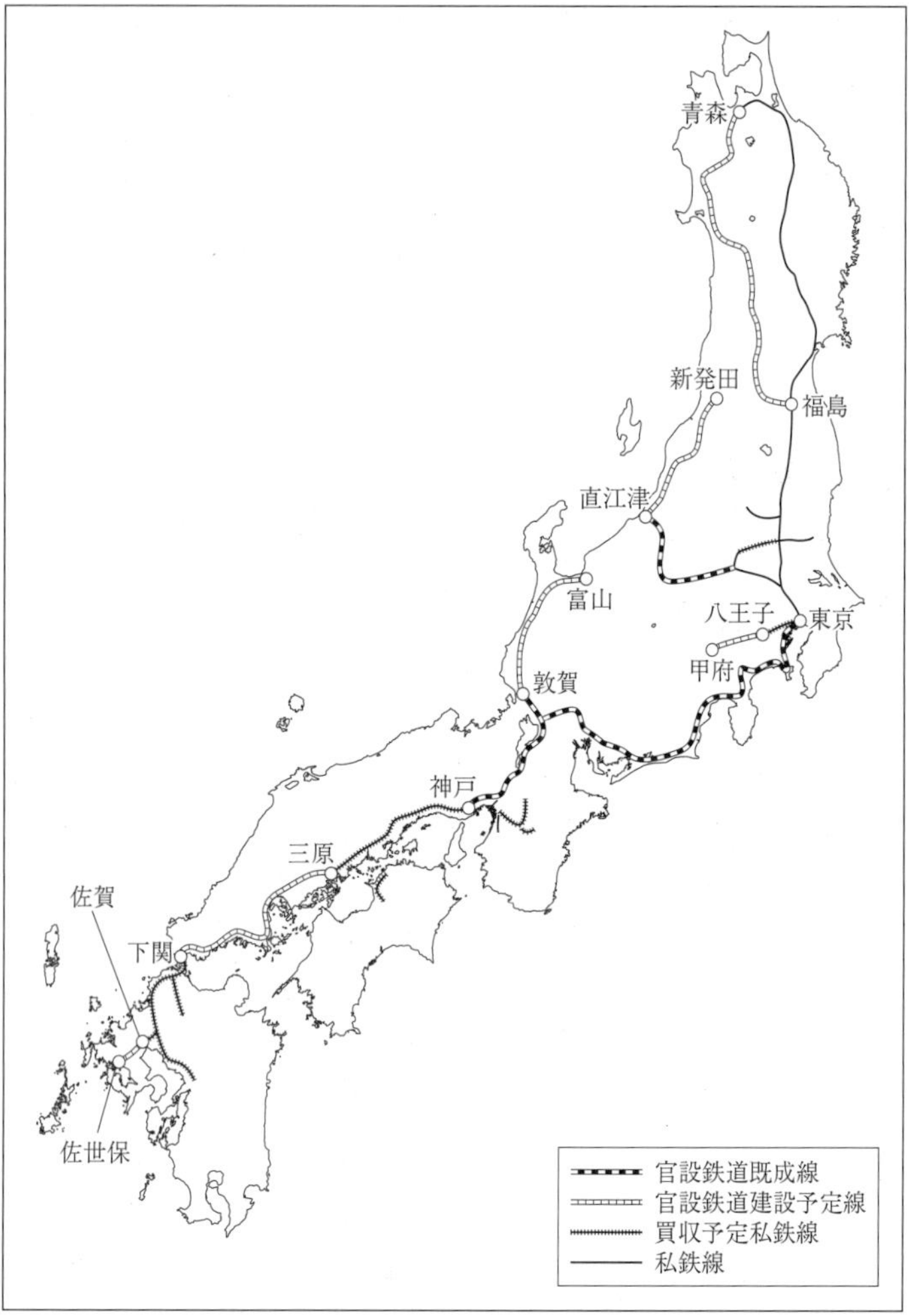

「鉄道政略ニ関スル議」の建設・買収路線
（松下孝昭『鉄道建設と地方政治』日本経済評論社 より）

表6－1　「鉄道政略ニ関スル議」にみる第1期線

線　区	距離(マイル)	工　費	1マイルにつき工費
八王子～甲府線	56	3,920,000	70,000
三原～馬関線	159	7,155,000	45,000
佐賀～佐世保線	41	1,640,000	40,000
福島～青森線	309	12,360,000	40,000
敦賀～富山線	126	5,670,000	45,000
直江津～新発田線	110	3,850,000	35,000
合　計	801	34,595,000	—

出典：鉄道省篇『日本鉄道史』上篇，1921年。

的全国枢要ノ地ニ普及セシメ、首尾関連幹支接続シ其利用ヲ完全ナラシムル」ことこそが緊要である。このように立論して、井上は「鉄道政略ニ関スル議」において全国的鉄道体系を構想したのである。

井上が構想する全国的鉄道体系は、北海道をのぞいて五二〇〇マイル（約八三六六・八キロメートル）の路線からなるが、一六五〇マイル（二六五四・九キロメートル）の既設線や竣功見込みのものがあるので、今後新たに敷設すべき鉄道は三五五〇マイル（五七一二キロメートル）であった。したがって、一マイル（一・六〇九キロメートル）あたりの工事費を六万円と見積もれば、全国的鉄道体系を完成させるのには約二億一三〇〇万円の新線建設費が必要となる。さらに既設の官私鉄道に要する経費七八〇〇万円を加算すると、井上の全国的鉄道体系の構想を実現するには約三億円という膨大な費用がかかることになる。そこで、当面は**表6－1**に示したような八王子～甲府間、三原～馬関（下関）間、佐賀～佐世保間、福島～青森間、敦賀～富山間、直江津～新発田間などの第一期線八〇一マイル（一二八八・八キロメートル）を、三五〇〇万円の公債を発行して七カ年の継続事業（単年度五〇〇万円）として敷設するというのであった。

問題は、井上がこうした全国的鉄道体系の形成を私設鉄道にゆだねることなく、官設鉄道によって実現すべきであるとしていることである。井上によれば、全国的鉄道体系の形成は、巨額の資金を必要とする「容易ならざる大業」であるにもかかわらず、各路線の収益性は低く「専ラ間接ノ便益ヲ主眼トスヘキモノ」にほかならなかった。したがって、これらの路線を私設鉄道会社の経営に放任するだけでは「木ニ縁テ魚ヲ求ムル」ことになりかねない。私設鉄道は営利を目的としているので、「一小局部ニ在テハ稍鉄道ノ便ヲ得ルノ状ヲ呈スルコト」があっても「首尾関連幹支接続ノ大成ヲ期待ス」ることはできない。それでは、なぜ「首尾関連幹支接続」を期すことが重要なのであろうか。井上は、この点についてつぎのように述べている。

孤立短線ノ鉄道ハ建設、営業共ニ費用ハ之ヲ長大ノモノニ比スレハ常ニ割合ニ多キノ不利ヲ免レスシテ一小局部ノ利用スラ亦完全ナルヲ得サルヲヤ、之ニ反シテ長大ナル線路ヲ延長合併スレハ其管理経営上総テ供救流用ノ便ヲ得テ甲乙線ノ余裕ハ以テ丙丁線ノ欠損ヲ補ヒ孤立シテ維持スル能ハサルモノモ亦鉄道タルノ利用ヲ完クスルヲ得ヘシ

これは井上の長年の主張でもあったが、「孤立短線ノ鉄道」では建設費や営業費がかさんで鉄道を十分に利用できないが、「長大ナル線路」では規模の経済が機能するとともに、内部補助が可能とな

り、鉄道を十分に利用できるというのである。このように考えて井上は、全国的鉄道体系の形成には「国家的事業トシテ政府自ラ其施設ノ責ニ当」らなければならないと主張したのであった。

このようにみてくると、たしかに井上の建議「鉄道政略ニ関スル議」は私設鉄道の政府買収（国有化）を主張していたが、鉄道の国有化そのものが第一義的な目的であったのではなく、鉄道の全国への拡張を実現するための手段として私設鉄道の政府買収を主張していたのである。井上にとって私設鉄道の買収は、みずからの構想する全国的鉄道体系を実現するために必要な「鉄道拡張ノ一着手」と考えられていた。そこで、以下では井上の私鉄買収の論理と買収方法について具体的に検討しておこう。

ところで、一八八七年五月に学位令が制定されるが、井上勝の学位取得にかかわる興味深いエピソードがある。井上は文部大臣の森有礼から「鉄道局長なる故を以て」工学博士に推薦されていた。森には学位令の施行にあたって「文明の学術を実地に応用したる井上君に学位号を授くるの心算」があったが、一八九一年九月、大学評議官は井上への工学博士号の授与を否決した（「井上勝氏を工学博士に選挙す」『読売新聞』一八九一年九月一四日、「森先生（有礼）と井上子爵（勝）に就て」『台湾日日新聞』一九〇三年三月二九日）。森は一八六五年に薩摩藩から英国ロンドンに留学生として派遣され、井上、山尾、遠藤らの長州藩からの留学生とも深く交わっていた。森はロンドンで井上勝の勉強ぶりをみており、まさに彼こそが博士号に値すると考えたのではないだろうか。

私設鉄道買収の論理

井上勝は「抑《そもそも》鉄道ハ其性質上郵便電信ノ二業ト齋《ひと》シク最モ公共一般ノ用ニ供スルモノニシテ、所謂《いわゆる》国ノ脈略ナルヲ以テ営利ヲ主眼トスル私設会社ニ放任セスシテ国家的事業トスルノ最モ其性質ニ適合セルハ殆ント疑ヲ容レサル所ナリ」と、鉄道は本来その事業の性質からして郵便や電信と同様に国有であるべきだと考えていた。とはいえ、これまでにも述べてきたように、井上は必ずしも私設鉄道の敷設を排除してきたわけではなかった。

それでは、なぜ井上は全国的な鉄道体系を構想するにあたって政府による私設鉄道の買収を主張したのであろうか。そこには、私設鉄道の現状に対するつぎのような井上の認識があった。

井上によれば、官設鉄道と日本鉄道は「当初計画ノ目的ヲ誤ラス、布設ノ功ヲ竣成シ、運輸ノ利用上略ホ鉄道ノ真面目ヲ具備スルモノ」といえるが、その他の私設鉄道はおおむね当初の目的を貫徹できないでいた。たとえば、総武鉄道や甲信鉄道はいまだ敷設工事に着手していないし、大阪鉄道は官設鉄道との連絡工事をおこす気配がない。また、関西鉄道は桑名線の敷設を無期限にさきのばしにしているし、讃岐鉄道は営業収入が思いのほか少なく将来にわたって維持できるかどうかの見込みも立っていない。さらに、私設鉄道のなかでもっとも重要な幹線鉄道の山陽鉄道、九州鉄道においても、前者は三原以西、後者は熊本以南、佐賀以西の工事を中止している。

しかし、これらの私設鉄道は「彼ノ首尾関連幹支接続ヲ要スル基本線中ニ組入ルヘキモノ」なので、政府が鉄道の拡張を実施するためには「此私設鉄道ヲ利用完全ナルモノ」とする必要があり、それを実現するには政府がこれらの私設鉄道を買収するのがもっとも効果的であるというのである。というのは、私設鉄道は「営利ヲ目的ト」し「営業上最モ収益多カルヘキ部分ノミヲ布設シ、其他ハ布設ヲ見合セントスル」傾向があったからである。

それでは、なぜこのことが問題なのか。第一に、私設鉄道が手をつけない路線を政府が敷設して官設鉄道と連絡すると、「収益ノ増加ハ単ニ私設会社ノ所得ニ帰シ、政府カ放下スル資本ニ対スル利益ハ甚タ小額ニ止マル」ことになる。たとえば碓氷峠を開鑿して高崎線と信越線を接続すれば、日本鉄道会社は「其第一区線ニ於テ収益ノ増加」をみるが、それを「碓氷峠線ノ収入」とすることはできない。このことは、「小数《ママ》ナル私設会社ノ株主ニ特殊ノ恩恵ヲ与ヘ、国民一般ノ負担ヲ増加」するという「不公平ノ弊」をもたらすことにもなる。

第二の問題は、鉄道の経営主体が異なるため「旅客貨物ノ運搬上、公衆ノ不便ヲ受クルモノ」があるということである。たとえば、大阪〜岡山間を往来する旅客は神戸で乗り換えをしなければならないし、貨物が経営主体の異なる鉄道をまたがって輸送される場合には、それが同一である鉄道を輸送される場合よりも運賃が割高になる。このような支障は、「鉄道ノ利用ヲ拡充スルニ当リ速カニ除却スヘキモノ」である。

第三には、本社費、車輌や器械の修理に必要な器械場の設備保全にかかる費用など営業費の膨張という問題である。営業費の多寡は純益や株主の配当にも影響を及ぼす重要な問題であるが、「短線薄資ノ私設会社」では営業費がかさむので、「旅客貨物ノ賃額ヲ低廉ニシ又車輌其他ニ改良ヲ加ヘテ大ニ公衆ノ便ヲ謀ル」ことはとても期待できない。

以上の三点を指摘し、井上は私設鉄道の国家買収は「鉄道拡張ノ一着手トシテモ、鉄道ヲ国家ノ事業トスル大体上ニ於テモ、最モ緊要ナル政略」であるというのであった。

買収対象私鉄と買収方法

それでは、井上勝は具体的にどの私設鉄道をどのような方法で買収しようとしていたのであろうか。井上によれば、「鉄道政略ニ関スル議」が著された一八九一（明治二四）年ごろには一八九〇年恐慌の影響で鉄道会社の株価が暴落しており、私設鉄道の買収を実施する「好時期」であった。そして、私設鉄道の買収にはつぎの三つの方法があるとされた。

第一　鉄道会社ヨリ其鉄道ノ買上ケヲ望ムヲ待チテ政府之ヲ買上クル事
第二　法律ヲ以テ政府ニ買上権ヲ有セシメ何時ニテモ買上ケヲ為ス事
第三　政府ト会社トノ間ニ合意契約ヲ結ヒテ之ヲ買取ル事

第一の方法は「穏当」ではあるが、「全国ノ鉄道ヲ国有ニ変スルマテニハ幾多ノ年数」を必要とする。また鉄道会社による買上げの要望が出てからでなければ、議会に買上金を請求することができない。会社の申請にしたがって、その都度議会の承諾を求めるならば、議会は国有主義に傾いたり私設主義に傾いたりして「鉄道国有ノ大目的ヲ達スル能ハサルノ恐レ」が生じる。第二の方法は、法律的には問題がないとしても、私設鉄道条例では政府の鉄道買上権が発生するのは営業期限が満期を迎えたのちとなっているので、徳義上の問題がある。また日本鉄道や両毛鉄道など、私設鉄道条例公布前に特許によって設立された鉄道会社に対しては買上権の行使を主張できない。こうして井上によれば第三の方法、すなわち政府と鉄道会社の合意契約をもって買収するのが「最モ穏当ナル道」ということになる。この方法は西欧諸国でも採用されている「普通ノ私設鉄道買上ノ方法」であるが、議会開設の日がせまっているので政府と鉄道会社が協議する時間的余裕がないという難点があった。井上は、以上の三つの方法のうち第二の方法をとることは考えておらず、第一の方法か第三の方法をとるべきであるとしていた。

いずれにしても、難しいのは買収価格をいかにして決定するかである。株式の時価と同等の金額ということになるかと思われるが、鉄道国有が決定されると株価は上がるので、払込額までは支払うという決意をしなければならない。なぜならば「買収スヘキ線路」は「布設スル価値アリト認定スルモノ」なので、「新タニ布設スルト同一ノ費額マデハ之ヲ支出スル」と決意することは「不当」ではないと考えられるからである。

一七社の私設鉄道のうち日本鉄道には特別の保護があり、水戸鉄道は日本鉄道に合併されて解散している。甲信、総武、豊州、参宮の四鉄道はいまだ起工していない。北海道炭礦鉄道は鉄道事業と炭礦事業を合併したが、北海道の殖民政策と深くかかわっている。さらに、阪堺、伊予の両鉄道は「全ク一小局所ノ運輸ニ供スル目的ノモノ」である。したがってこれらの九会社をのぞき、山陽、九州、大阪、関西、両毛、甲武、讃岐、筑豊興業の八社を買収することにすると、払込株金から社債金を差し引いた興業費は二二〇〇万円、営業距離は未開業のものも含めて五一〇マイル（八二〇・六キロメートル）となる。

私設鉄道買収後の純益から公債利子を引いた収支差額は、初年度には一五万六九〇〇円の剰余が出

表6-2　「鉄道政略ニ関スル議」の買収対象鉄道

会社名	区　間	距離（マイル・チェーン）	株金払込額（円）	社債（円）	興業費（円）
九州鉄道	門司～熊本，鳥栖～佐賀	136.61	5,700,000		5,700,000
山陽鉄道	神戸～三原	147.64	7,020,000	1,164,000	6,946,501
讃岐鉄道	丸亀～琴平	10.15	284,255	28,721	276,107
両毛鉄道	小山～前橋	52.16	1,500,000		1,378,447
筑豊興業鉄道	若松～直方，飯塚～伊加里	34.00	542,225	250,000	422,988
甲武鉄道	新宿～八王子	22.77	810,000		714,584
大阪鉄道	湊町～桜井・奈良	38.72	2,000,000	50,000	2,050,000
関西鉄道	四日市～草津，亀山～津，四日市～桑名	67.04	2,700,000		2,728,539
合　計		509.69	20,556,480	1,492,721	20,217,166

出典：鉄道省篇『日本鉄道史』上篇，1921年。
注：円未満は四捨五入。

るが、二年目から一三年目までは不足が生じる。しかしながら一四年目からは「幾分ノ剰余」が残り、「鉄道純利益ヲ以テ公債ノ利子ヲ悉皆《しっかい》支払ヒ得ルノ好結果ヲ得ル」ことになる。日本鉄道の買収額は三〇〇〇万円と見込まれ、あまりにも巨額なので当面の買収の対象とはされず、ここでの計算にも含まれていない。しかし井上によれば、日本鉄道会社線は「東北ノ縦貫線ニシテ重要ノ位置ヲ占ムルモノ」で「国有ニ移スノ必要」があった。しかも、福島近傍から山形、秋田を経て青森に達する路線が敷設されると、日本鉄道の利益はさらに増加しますます買収しがたくなるので、三〇〇〇万円の買収費は必ずしも政府の損失とはならないとして、将来の買収に含みをもたせていた。

こうして井上勝の「鉄道政略ニ関スル議」では、新線建設のための公債募集総額は三五〇〇万円、第一期線の建設期間は七年とされ、買収対象鉄道は表6－2のように山陽、九州、大阪、関西、両毛、甲武、讃岐、筑豊興業の八社、買収価格は二二〇〇万円と見積もられていた。これによって官設鉄道と日本鉄道からなる佐世保～青森間の太平洋岸を縦貫する幹線鉄道と、北陸線（長浜～富山間）、信越線（高崎～新潟間）、奥羽線（福島～青森間）、中央線の一部（東京～甲府間）などの官設鉄道が実現するのであった。

そして井上勝は、「鉄道政略ニ関スル議」の執筆を終えるにあたって、「私設鉄道ヲ買収シ同時ニ拡張布設ニ著手スルモノトスレハ、其業務タル固ヨリ頗ル巨大ナルヲ以テ、煩冗遅緩ノ弊ヲ避ケ、簡易敏捷ノ利ヲ謀リ、力《つと》メテ事業ノ活用ヲ発達スルノ必要ハ今日ニ倍蓰《ばいし》スルヲ以テ、現行鉄道庁ノ組織ハ勿論、会計上其他ノ規定ニモ多少変更ヲ要スルモノアルヘシ」と、私設鉄道の買収と鉄道の拡張を実施していくために、鉄道庁の組織改革や会計規定の改正が必要であるとしていた。「鉄道政略ニ関スル議」の鉄道構想にかける井上のなみならぬ意欲がうかがえよう。

3　鉄道敷設法の成立

鉄道公債法案と私設鉄道買収法案

山県有朋内閣が退陣したのち、一八九一（明治二四）年五月に第一次松方正義内閣が成立した。同年九月一四日の閣議で、松方は「鉄道政略ニ関スル議」の鉄道事業を実施に移すことを決定し、同月一七日には井上勝、松本荘一郎、川上操六らを招いて閣内で検討を加えた。法制局長官の尾崎三良《さぶろう》の日記に、このときの様子が記されている。まず川上参謀次長が発言し、もっぱら軍事的な観点から既設鉄道の不備を論じ、広軌化を含む改良事業実施の必要性を主張した。ついで井上勝鉄道庁長官が発言したが、その内容はつぎのようであった。

夫ヨリ井上鉄道長ノ説アリ。則別絵図ヲ以テ説明ノ参照ニ供ス。其論日本全国ニ基本線ヲ定メ、其レ丈ヲ政府ニ於テ布設スル事トシ漸次布設スベシ、其延長凡ソ五千哩余、費一哩五万円トシ凡弐億五千万円ト為ル、是レニ既成ノ私設鉄道ヲ買上ノ額ヲ合スベシ、此費額凡ソ弐千万円、但東北鉄道ヲ除ク、此費用ハ五分ノ公債ヲ以テ弁ズル事トシ、将来布設スベキ分ハ区域ヲ定メ年限ヲ期シ之ヲ落成スベシ、先ヅ第一期ヲ一千哩トシ毎年百哩ヲ落成シ、一期十年ニシテ竣功スル事ニ決定シテ然ルベシト。

(伊藤隆・尾崎春盛編『尾崎三良日記』中巻、中央公論社、一九九一年)

井上によれば全国に建設すべき鉄道線路は五〇〇〇マイルで、その費用は私鉄の買収費二〇〇〇万円も含めて二億五〇〇〇万円であった。井上はここでも日本鉄道の買収については拘泥せずに私鉄買収費を約二〇〇〇万円に抑え、第一期中(一〇年間)に五〇〇〇万円で新線を建設することを主張した。すなわち、「鉄道政略ニ関スル議」よりも私設鉄道の買収費が減額されて、新線建設費が増額されたのである。

尾崎はこれではあまりにも「緩慢」であり、せめて「一ケ年弐百哩位ハ竣工セシムベシ」と述べた。

松方総理が「ソンナニ急進セントスルモ資本ツヾカザルベシ」と答えると、尾崎は利率五パーセントの内国債ならば一〇〇〇万円、外国債ならば二〇〇〇～三〇〇〇万円ぐらいは容易に調達できると反論した。しかし松方は、「ソウ急進シテ外債ヲ起ストキハ終ニハ埃及《エジプト》ノ履轍ヲ踏ムベシ」と外債の募集に慎重な姿勢を示し、大蔵次官の渡辺国武も同意した。尾崎は松方や渡辺の議論を「国粋家ノ説」であると日記に記しているが、結局閣議では、①一年に一〇〇哩の新線を敷設する、②毎年の新線建設費五〇〇万円は公債を募集して調達する、③私設鉄道の買収のために五分利付公債を発行する、などのことが決定された。

一八九一年一一月一八日には、内務大臣品川弥二郎の名で鉄道公債法案と私設鉄道買収法案が閣議に提出された。新線建設のための公債募集額は三五〇〇万円で、第一期線の建設期間は一〇年とされた。また井上が除外していた日本鉄道も買収対象に含まれ、私鉄買収のための公債総額は五二〇〇万円に引き上げられた。買収方法については、私設鉄道買収法案第一条で「鉄道会社ニ於テ其所有ノ鉄道ヲ国ノ所有ニ移サンコトヲ請求シ、政府ニ於テ必要ト認ムルトキハ、政府ハ其会社ノ興業費支出額以内又ハ株券払込現額以内ノ価格ヲ以テ其鉄道及附属物件ヲ買収スルコトヲ得」と、会社の買い上げ希望を待って買収するとされていた。そして同法第二条では、日本鉄道を想定して株券の前三年間の平均価格が第一条で規定された買収価格を超過する場合は、政府と会社の協議によって価格を設定し議会の協賛を得るとされていた。

この品川案が一一月二四日の閣議で審議され、陸奥宗光（農商務大臣）、後藤象二郎（逓信大臣）、高島鞆之助《とものすけ》（陸軍大臣）らの主張によって、井上が「鉄道政略ニ関スル議」で示した私鉄買収の対象と方法に関する意図は否定された。すなわち、閣議では「凡テ公共ノ用ニ供スル鉄道ハ国ノ所有トスルノ必要ヲ認ムルニ依リ、既成私鉄ノ鉄道ハ第二条以下ノ方法ニ依リ其会社ト協議シテ漸次政府ニ買収スルモノトス」（『公文類聚』第一五編第三七巻）と、すべての鉄道を国有にするという見地から、ただちに政府が会社と買収の協議に入るとされたのである。

井上はこの閣議決定に怒りをあらわにし、その日のうちに松方正義首相あての書翰で「随分粗忽《そこつ》の見解を以て凡ての鉄道は国有にすへし云々抔《うんぬんなど》と軽々机上議論を饒舌し、理論流行の時態を逐はる、もの御列席中にも有之、声高能弁一座を圧し、国家貴重の問題も容易に当局者が丹精を謁して研究せし主義の外に決を採られ、匆卒議会に提出被致候様之想像を勝に与へらる、の不幸に出会せり」と抗議した。井上勝が鉄道に関する「当局者」と自任する鉄道庁が、「理論と時宜とを斟酌」しながら「丹精」を込めて作成した私鉄買収の対象と方法に関する原案が、机上の空論によって否定されてしまったというのである（尚友倶楽部品川弥二郎関係文書編纂委員会編『品川弥二郎関係文書』第二巻、山川出版社、一九九四年）。井上は一八九一年一二月一日付の井上馨あての書翰でも、「我々は其局ニ当り可成実際論ヨリシテ其草案モ相起候積り之所、方針を将来ニ示ス之必要ナリ又側ニ軍用云々之大論争等盛ニ出テ、終ニ体ハ小ナルモ大男之呉服ヲ仕立ニ注文セネハナラヌと云ふ様ナル結果ニ相成、聊《いささ》カ不面目も有之候」（「井上馨関係文書」国立国会図書館憲政資料室所蔵）と現実と政策のギャップを指摘していた。

第二議会では、全国の鉄道敷設を早めようという動きが高まっていた。前述のように、一八九一年一二月七日には全国各地から鉄道速成を掲げて上京してきた陳情者たちが鉄道期成同盟会を結成していた。衆議院においては、同期成同盟会と連携しつつ帝国実業協会なる議員集団が、議員提出法案として鉄道拡張法案を提出していた。帝国実業協会の加盟者は民党、吏党にわたっており、同法案には佐藤里治ら一四名が提出者として名をつらねていた。

帝国実業協会の鉄道拡張法案は政府提出案と大きく異なっていた。同法案によれば、今後新たに敷設すべき線路は三〇〇〇マイル、建設費は一億三五〇〇万円であった。そして毎年五〇〇万円の建設費を支出して、最初の九年間で第一期線を完成させるとしていた。第一期線について明示はされていないが、井上の「鉄道政略ニ関スル議」や政府提出案とそれほど大きな差はないものとみられる。ただし帝国実業協会の案では、鉄道事業を特別会計とし建設費の財源に公債だけではなく官設鉄道からの収入もあてるとしていた。

そして、官設予定線であっても私鉄が敷設を申請すれば認めるとした。また私鉄各社の未成部分については、政府といえども認可期間中には敷設に着手できないとしていた。このように私鉄各社の私権を尊重しつつ、官私鉄の混交による鉄道拡張を認めている点において、政府提出案とは大きくかけ離れていた。

また帝国実業協会案では、第一期以降の各期における鉄道建設継続事業予算は「帝国議会ノ協賛」を必要としていた。政府提出案では議会の協賛という文言はまったくなかったが、帝国実業協会案では私鉄買収の手続きにも議会の協賛が必要であるとされ、鉄道の建設や私鉄の買収といった鉄道政策の決定過程を議会のへゲモニーのもとにおこうとしていたことがわかる。こうして第二議会においては、政府の私鉄買収案に対する反発が強かったが、多くの議員が鉄道の拡張を望んでいた。

鉄道公債法案と私設鉄道買収法案の鉄道二法案は一二月五日の議会に提出されることになっていたが、自由党の切り崩しをはかる陸奥、後藤、高島らの意向によって遅れ、実際に提出されたのは一四日であった。議会では、私鉄の買収にはこだわらずに官鉄の拡張に関心を集中させ、鉄道拡張案には賛成するが私鉄買収案には反対するという者が多かった。私設鉄道買収法案は一八九一年一二月二四日の第二回帝国議会衆議院本会議で否決され、鉄道公債法案も衆議院が同年一二月二五日に解散したため、審議未了で廃案になった。

鉄道敷設法の公布

鉄道庁長官の井上勝は、そもそも鉄道公債法案、私設鉄道買収法案には反対であった。「未だ測量も済ざる、設計も出来ざる、殊に殆ど其の見込だも付かざる拡張案を提出するは其の局に当る拙者の潔《いさぎよ》しとせざる処なり」というのがその理由であった（「井上鉄道庁長官は鉄道拡張案に反対なり」『読売新聞』一八九二年一月一九日）。

しかし、政府は井上長官の議論に耳を傾けなかった。第三議会ではなるべく鉄道法案を通過させたいと考え、議会の協賛を得るため「鉄道会議ヲ設クルノ議」を作成した。そこでは鉄道建設、私鉄の買収など鉄道政策の決定過程を行政官が壟断《ろうだん》するのではなく、鉄道会議を設置して議会の意向をくみ上げようとしていた。品川内務大臣は、一八九二年二月二五日、以上のような趣旨を踏まえて鉄道庁に鉄道二法案の修正を命じた。

鉄道庁長官の井上勝は、この品川の下命に真っ向から反対した。翌二月二六日、井上は品川に対し以下のような書翰を送り、辞職をもほのめかしながら猛然と反発したのである。

昨日御投書之件に付而は兼々工風不仕居にはあらされとも、于今到底議会を通過すへき議案之起草は思ひ付不申、先草之分にて今日に至り政府之御気に叶ひ不申節は唯御命令次第に相随ひ可申と決心するの外到方無之候。夫位のつまらぬ者に付、我身上の進退に就而も近日篤と御相談に及度とも相考居候へ共、頃日各位多忙之折柄、無遠慮我侭を言出すも心外と相扣居申候。松本氏え篤と相含置候間、同氏其内相伺可申に付、万同氏へ御申付賜度奉希候。（前掲『品川弥二郎関係文書』第二巻）

鉄道のテクノクラートを自認し、これまでの鉄道行政を一手に担ってきた井上勝にとって、鉄道政策の決定過程に議会勢力が介入してくることには我慢がならなかったのである。井上長官が政府提出の鉄道法案にいかに批判的であったかは、当時の『読売新聞』でも取り上げられていた。たとえば、一八九二年三月二〇日付の同新聞は「鉄道問題に付朝野有力者の意見」という記事を掲載し、つぎのように報じていた。

井上勝鉄道庁長官は、政府提出の鉄道法案の説明をしなければならない立場であるのにもかかわらず、その役割を松本荘一郎に譲ってしまった。井上は、政府の鉄道拡張法案は「如何にも不完全」で、私鉄の買収も「山陽、九州の両幹線に止め、関西、甲武等の枝線は之れを買ひ上るの要なき」と考えていた。しかし、政府は「当該主務長官たる井上氏の説を採用せず」に法案を「更正削除して」提出した。井上はこうした政府の態度を、姑息な修正などせずに「来期の議会には提出を見合せ、充分取調べて後再び提出する」か、「一点の修正をも加へず直に旧の侭にて提出」するかにすべきだと批判した。総理大臣の松方正義はこうした井上の姿勢を、「井上は一個の事務官にして鉄道の事を管理する」にすぎず、「内閣の命ずる処に由り取調を為し、之を具状すれば」それでよいと厳しく批判した。そしてさらに、「元来鉄道の如きは左程完全なる測量を遂ずとも大略見当の附くものにて、詳密なる測量は他日起工の際に譲るも可なり」と述べた（「鉄道問題に付朝野有力者の意見」『読売新聞』一八九二年三月八日）。

しかし政府は、井上の強い反対に直面して新たな法案の提出を断念し、鉄道法案の成り行きを議会の審議にゆだねることにした。ただし審議が混乱した場合の収拾策として、鉄道会議法案だけは準備をした。というのは井上の反対もあったが、松下孝昭が指摘しているようにせいぜい佐藤里治が主張する程度の鉄道拡張法が成立するとみていたからでもあった（松下孝昭『近代日本の鉄道政策』一八九〇〜一九二二年、日本経済評論社、二〇〇四年）。

第三議会では佐藤里治の鉄道拡張法案、自由党の植木志澄・伊藤大八・塩田奥蔵による鉄道敷設法案、無所属の川島醇・田中源太郎による鉄道拡張法案の三法案が議員法案として提出された。これらの法案はいずれも第二議会の帝国実業協会の法案を引き継いだもので、①鉄道拡張を主としており、私鉄の買収は付随的な位置づけしか与えられていないこと、②第一期線の採択や建設費および私鉄買収価格などに議会の協賛を必要とすること、の二点を特徴としていた。

第三議会ではこれらの案を折衷して鉄道法案を一本化しようという動きが表面化し、五月一一日に一八名からなる委員会が設置されて一括審議に付され、一三日の初会合で委員長に佐藤里治、理事に伊藤大八、箕浦勝人が選ばれた。委員会では各法案を折衷して一つの鉄道敷設法案にまとめられ、基本的な作業を五月二六日には終え六月三日の本会議に報告された。委員会の報告書では、政府の私設鉄道買収法案については一切の鉄道を国有にする必要はないとされた。鉄道の拡張については、それぞれの法案に一長一短があるとされながらも、中央線（八王子または御殿場～名古屋間）、北陸線、北越線、奥羽線、山陽線（三原～下関間、海田市～呉間）、九州線（佐賀～佐世保・長崎間、熊本～三角間）の六路線を第一期線とし、総額五〇〇〇万円の公債を一〇年間で募集して建設するとされていた。しかし本会議では、これに舞鶴線、和歌山線、山陰山陽連絡線の三路線が加わり、第一期建設予定線は九路線、募集公債総額六〇〇〇万円へとふくれあがった。

鉄道敷設法は、井上の批判にもかかわらず一八九二年六月二一日に成立した。井上が鉄道敷設法を批判したのは、鉄道政策が帝国議会や鉄道会議のコントロールのもとにおかれることになるからであった。鉄道敷設法は第一五条で、鉄道工事着手の順序や鉄道工事のための募集公債金額について「政府ハ鉄道会議ニ諮詢」して施行するとしていたのである。

こうした鉄道行政の変化は、鉄道行政を一手に握り「鉄道庁の井上氏と謂はんよりは寧ろ井上氏の鉄道庁と称する方適当なるの観ありし」（「鉄道庁長官の更迭」『東京経済雑誌』第六六七号、一八九三年三

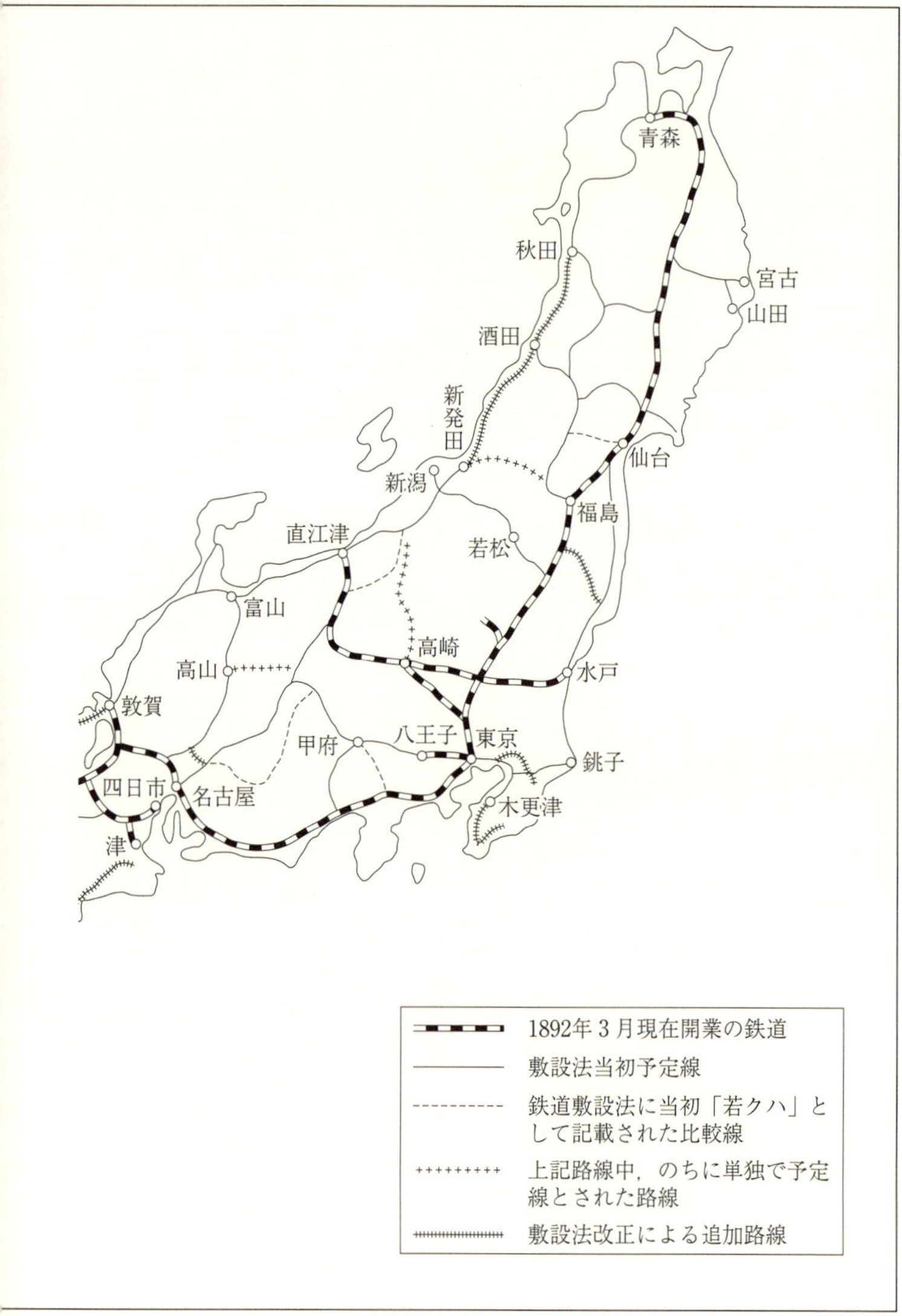

『日本の鉄道——100年の歩みから』三省堂 より）

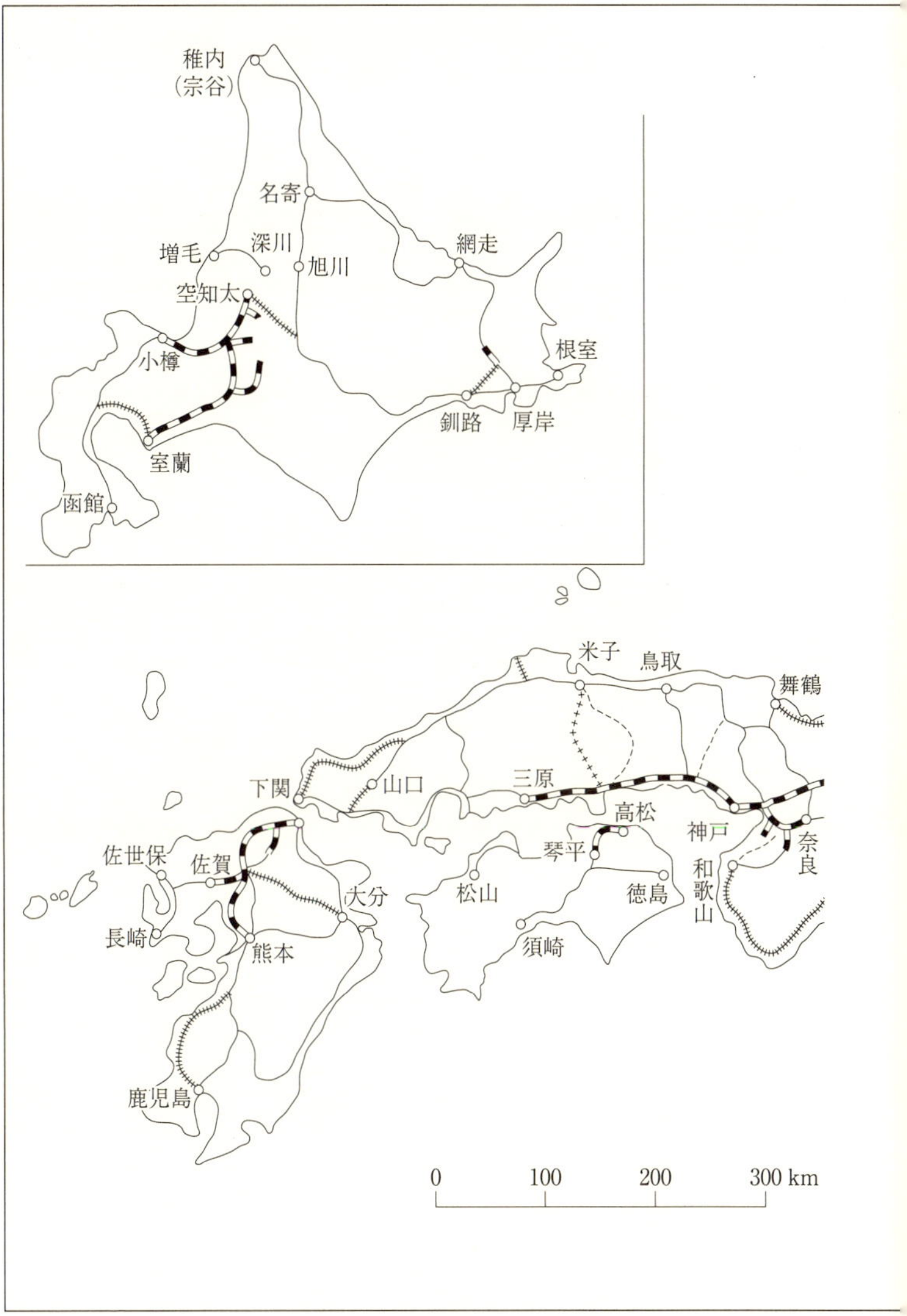

鉄道敷設法路線図（原田勝正・青木栄一

月二五日）などといわれていた井上勝にとって、業務を妨げるもの以外のなにものでもなかった。鉄道敷設法成立後、鉄道実測費の支出に関する稟議が内務省内で滞っていると、井上は松方正義に対し「内務次官之一説ニは、此費用たるや鉄道会議ニ一応可試との事も有之由、然るニ右之会議ハ未生れ不申、又何人が主任となりて、其辺之運ひを附ケ可申もの歟、真ノ鉄道事業之当局ハ殆ント当惑罷在申候」と不満をぶつけた。そして帝国議会が開会するまでの四カ月ほどのあいだに、鉄道庁は福島〜青森間、敦賀〜富山間、広島〜馬関（下関）間など四〇〇マイル余の線路を実測し、政府が議会に提出する原案を準備しなければならないとして「鉄道会議ノ正否ニ不係当務をおびている二十五年度ニ必要之実測費支出ヲ許可被為致候事」「鉄道会議取設ハ、何人ノ専トシテ取行フ所ナルヤ、速ニ御決行、夫々人撰アリ度事也」などと、実測費の速やかな支出と鉄道会議の早期開設を要求したのである（松方正義宛井上勝書翰、一八九二年六月三〇日、大久保達正監修『松方正義関係文書』第六巻、大東文化大学東洋研究所、一九八五年）。

4　鉄道庁長官の辞任と鉄道庁の解体

鉄道庁の所属替えと鉄道庁長官の辞任

鉄道敷設法制定後の一八九二（明治二五）年七月二一日、これまで内務省の所属であった鉄道庁は逓信省の所属となったが、これは単なる所属替えにとどまらなかった。一八九二年七月一九日付の『読売新聞』が「これ単に鉄道庁の所属替に止まらずして同時に鉄道庁長官の権限も大に減殺せらるべく」と報じているように、鉄道庁長官の権限が大幅に縮小することを意味していた。また同紙は、この間に井上長官の立場が悪くなったことも伝えている。すなわち、井上鉄道庁長官は「井上（馨…引用者）伯在職の頃は一時随分羽振の能き方」であったが、帝国議会開設後「内閣に対し不平ありとかにて未だ曾て一回も議会に面出しさること」がなかった。そのため政府部内には、「いたく井上氏を攻撃し、甚だしきに至つては彼れ何の功労ありて子爵の栄を得たるか抔罵言する者さへあ」った。ただ、「松方総理は井上伯（井上馨…引用者）に免じて是迄は井上鉄道庁長官を庇護せしもの、、今は政府部内の攻撃余り甚しく松方総理も如何ともなし難き場合に立至り」、鉄道庁の内務省から逓信省への所属替えを契機に「井上子を他へ転ずるに至」るかもしれないというのであった（「鉄道庁の所属替と鉄道庁長官」『読売新聞』一八九二年七月一九日）。

『読売新聞』の予言は現実のものとなり、井上勝は一八九三年三月一七日に鉄道庁長官を更迭された。三月一三日付の同紙によれば、「鉄道庁長官井上勝子が辞表を奉呈せざるを得ざるに至りし顚末」はつぎのようであった（「鉄道庁改革の顚末」『読売新聞』一八九三年三月一三日）。

井上勝は三井から榎坂町の邸を買い受け、その邸内に鉄道庁およびその官邸を建築した。井上への非難はこのころから少しずつみられたが、この官邸の払い下げを低価で受けると政府部内からも非難がおこった。また第二議会以来鉄道庁は民党の攻撃に苦しんでいたが、井上は一度も議場に出席しなかった。それどころか、井上は鉄道庁の発足以来一度も官庁に出勤せず、毎日自宅で公務を取り仕切っていたので部下の評判はすこぶるよくなかった。

また一八九二年六月の帝国議会で鉄道敷設法が成立し、同法による予定線を測量することになった。そのとき仙石貢《せんごくみつぐ》技師が、「我邦には向後尚狭軌鉄道を敷設すべきや、又広軌鉄道（スタンダードゲージ）を敷設すべきやの調査を為さん」と発議すると、井上長官は「狭軌鉄道は工部省以来我鉄道の大方針なり、然るを今に至て広軌鉄道の調査を為すべし云ふ奇怪千万なり」と声高にののしった。こうしたなかで技師たちと井上長官との関係がしだいに悪化し、鉄道庁内は第一部長の飯田俊徳、第三部長の野田益晴らの「長官派」と、原口要、仙石貢、増田礼作らの「松本派」とに分裂した。「松本派」の「松本」とは松本荘一郎のことで、以後鉄道庁の改革の主導権を握ることになった。彼らは、政府部内の大改革に乗じて鉄道庁の改革を断行しようとし、伊藤博文、黒田清隆、後藤象二郎（農商務大臣）らを説得した。なかでも後藤は、井上長官は退くべきであると主張し、閣議もその方向に決していた。帝国議会閉会まぎわには衆議院議員より鉄道庁改革の建議案が提出され、井上長官と親密な関係にあった伊藤博文や井上馨までもが「情実の為め、国事を枉《ま》ぐべからず」として、井上長官に辞表を迫ったという。

なお井上が鉄道庁長官を辞任した年の一〇月一四日、父の勝行が不帰の人となった。すでに兄の勝一も一八八六年一二月一〇日に亡くなっていたので、井上は品川東海寺の大山墓地に父の墓を求めた。また母久里子の墓を萩の長寿寺から移し、父の墓と並べて墓碑を建てた。そして、一八九九年一〇月には「井上家先祖之墓」なる墓碑も建立した。東海寺大山墓地は東海道線と日本鉄道線（現・JR山手線）が岐れるところを見下ろす高台にあり、やがて井上勝もここに眠ることになる。井上は、「我死セハ魂魄《こんぱく》永ク此ニ在テ鉄道ノ看守タルヲ得ン」（前掲『子爵井上勝君小伝』）と考えて、この地を永遠の眠りの場所に選んだのである。

井上長官が提出した辞表には「依御諭辞表致候也」と書かれていたという。つまり伊藤博文や井上馨に「諭された」ので、本意ではないが辞職をしたいというのであった。したがって、辞職にあたって「足下は政府部内有数の人なりと雖も議会の非難甚だしきにより一時辞職せられたし、尚追て時期もあらば再任せしむべし」という約束があり、井上は「再任」の二字に力を得て辞職したともいわれた。いずれにしても井上長官の辞任にあたっては、伊藤博文や井上馨など「長州の先輩諸伯爵が井上子に対するの手腕には余程巧妙なるもの」があったようである。

井上長官辞職後の鉄道庁

井上の辞任にともなって、いわゆる「長官派」の飯田俊徳、野田益晴も辞職し、後任部長には原口要、仙石貢、増田礼作が就任した。なお、松本荘一郎は「元来井上長官と同穴の人」で井上に背くとは思われないので、井上長官更迭の主導者は松本ではなく、事務官で議員でもあった阿部浩ではないかという説もあった（「鉄道庁長官の更迭」『読売新聞』一八九三年三月一八日）。

それでは、井上長官の更迭によって鉄道庁はどのようになるとみられていたのであろうか。一八九三年三月二二日付の『読売新聞』は、以下のようにさまざまな立場の人びとの見解を紹介している。

まず政府部内の某大臣は、「鉄道庁長官の更迭は唯に其人間の入れ替りに過ぎず、之を以て鉄道庁の改革なりとはいふ可らざる也」とみていた。また政府部内では、「松本をして長官たらしむる以上は他の部分に如何なる改革をなすも鉄道庁の腐敗は依然として救治するを得ず、鉄道庁の空気は之によりて一掃するを得ず」と、松本長官のもとで鉄道庁の改革を行うのは困難であると考えられていた。

参謀本部の軍人や民党の議員のなかには、松本長官の誕生を歓迎する向きもあった。参謀本部のある軍人は「松本長官となりし上は原口といひ仙石といひ阿部といひ増田といひ、最早我侭をなして勝手次第のことをなすべし、鉄道庁の内部之よりして分裂し、其勢力又是よりして減ぜん」と、松本長官のもとでは鉄道庁内部の統制がとれずに同庁の勢力が減ずるとみていた。また、民党のある議員は「鉄道庁の改革は今や望む可らず、然れ共第五期議会に於て大に運動する処あらば井上時代と異なり其目的を達すること容易なるべし、何となるに松本は井上と異り小心にして輿論の刺激を感ずること甚だしければなり」と、松本長官のもとではみずからの目的を達成しやすくなると感じていた。そして鉄道庁内の技師たちは、「松本長官となりし上は少し位我侭をいふも差支なし、殊に松本氏の如きは井上前長官と同穴の人なりと雖も井上子の如く無規則の人にあらず、如何なる議論をなすも頭ごなしに叱られる事なし故に面白くなれり」と、松本長官と井上長官の個性の違いをみていた（「長官更迭後の鉄道庁」『読売新聞』一八九三年三月二二日）。

このようにみてくると、松本長官は統率力に欠け人心を掌握する魅力に乏しかったように思われる。井上長官に不平をいだいていた鉄道庁の事務官や技師たちが松本荘一郎をかついで「羅馬《ローマ》法王と綽名《あだな》せられたる井上長官」を排斥したのであるが、いわゆる松本派の技師原口要や井上長官排斥運動の主導者であった事務官の阿部浩は、自説を容れられないのを不満として、原口は「非松本派の首領」に転じ、阿部は「官を去て議員専任になる」とか「他の省に転任すべし」とかいううわさがあった。それどころか鉄道庁の技師のなかには、「我等の松本氏を援けて井上長官に反対したる松本氏の人物を慕ひしに非ず、全く我侭の行はるべき望みありしを以てなり」と公言するものもあった（「鉄道庁内部の風波」『読売新聞』一八九三年四月三日）。

鉄道庁職員との別れ

井上勝は鉄道庁長官を辞任するにあたって、在官者一同から屏風一双を贈られた。そこには井上が敷設を手がけた琵琶湖湖東の風景と、井上がアプト式軌道の導入を決断した碓氷峠の風景が描かれていた。井上はそれへの謝礼と告別の意を込めて、英国留学時代に鉱山で作業をしているときに撮影した工夫姿の写真（本書カバー写真）を石版刷りにして贈った。この写真は、井上が「平生唯一ノ紀念トシテ珍蔵シ時ニ出シテ後進誘導ノ材料ニ供セラレシモノ」であった。また、手紙には「追懐スレハ職ニ在ル二十余年成ス所何事ソ、鉄道ノ布設ハ僅ニ千里ニ止リ鉄道ノ制度ハ今尚完備ニ至ラス」（前掲『子爵井上勝君小伝』）と記されており、志なかばで退官する無念さがつづられていた。

　また、明治天皇からは馬具を下賜された。

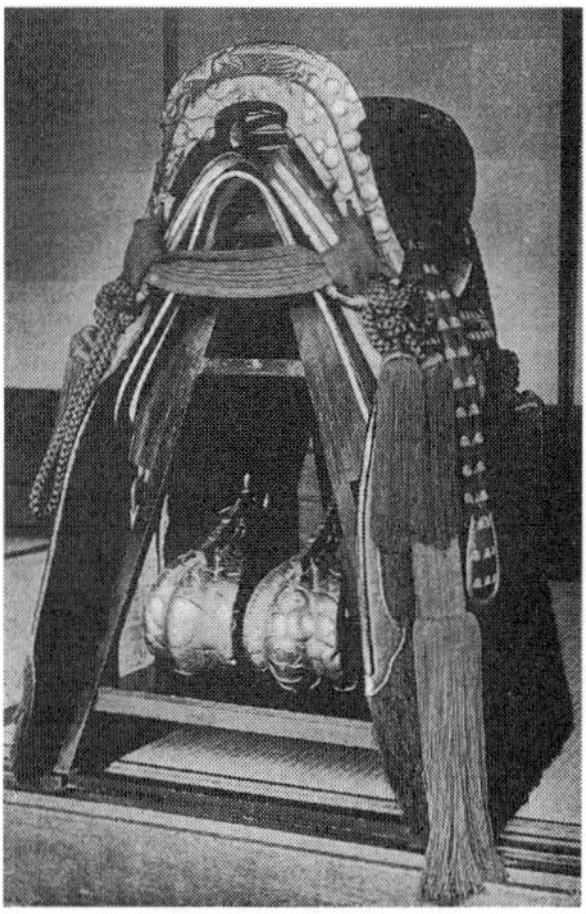

恩賜の馬具
（村井正利編『子爵井上勝君小伝』井上子爵銅像建設同志会 より）

井上が乗馬を趣味としていたからであるが、原口要はこれに関連してつぎのような興味深い逸話を紹介している。井上は官を退くにあたって、多年の勲功が評価されて枢密顧問に就任するようにという内命があった。これに対して井上は、「枢密顧問は陛下の最高顧問にして、法律其他種々なる事故に就きて御諮詢に応へ奉らざるべからざるも、私は鉄道以外の事は何事も承知仕《つかま》らず、斯る身を以て員に備はるは誠に畏れ多き次第、断じて当り得べき識に非らず」といって辞退したという。この井上の言葉に伊藤博文総理大臣はいたく感服し、明治天皇も喜び馬具一式を下賜したというのである（原口要氏談「鉄道を以て生涯を貫ける井上子爵」『鉄道時報』第五六九号、一九一〇年八月一三日）。

鉄道会議の発足

鉄道敷設法は第四章で鉄道会議の設置を定め、同会議の役割を政府の諮詢に応じて「鉄道工事着手ノ順序」「鉄道公債ノ金額」を議定することとした。そして、同法と同時に公布された鉄道会議規則では、さらに「新設鉄道ノ線路及設計竝工費予算」「私設鉄道買収ノ方法、順序」「汽車発着ノ度数及運賃定率」「鉄道運輸規則及鉄道警察規則ニ関スル事項」などのほか、内務大臣の諮詢に関する事項を審議するとされていた。

鉄道会議は議長一名、議員二〇名、臨時議員若干名で組織され、議員は一八九二年一〇月一日に任命されたが、その陣容は**表6-3**のようであった。陸海軍から六名、逓信省・鉄道庁から五名、大蔵省・農商務省・内務省から各一名、貴族院議員・衆議院議員から各五名が任命された。貴族院議員・衆議院議員から任命された議員のなかには堀田正養（前筑豊興業鉄道社長）、渡辺洪基《ひろもと》（両毛鉄道社長）、村野山人《さんじん》（山陽鉄道副社長）など、私設鉄道の経営者もいた。井上勝は鉄道庁長官として鉄道会議の議員に任命され、一八九三年二月二二日に開催された鉄道会議まで出席しているが、その間の『鉄道会議議事速記録』をみるかぎりでは一度も発言をしていない。なお、井上は一八九四年に再び鉄道会議議員となっている。

ところで一八九二年一〇月二日付の『読売新聞』によれば、**表6－3**に示された者以外に実業家の

表6－3　鉄道会議議員一覧

氏　名	鉄道会議役職	備　考
川上操六	議長	参謀本部次長，陸軍中将
井上　勝	議員	鉄道庁長官，子爵
河津裕之	議員	逓信次官
児玉源太郎	議員	陸軍次官，陸軍中将
有島　武	議員	大蔵省国債局長
斉藤修一郎	議員	農商務省商工局長
古沢　滋	議員	逓信省郵務局長
松本荘一郎	議員	鉄道庁第二部長，工学博士
高橋維則	議員	参謀本部第二局長，陸軍歩兵大佐
有馬新一	議員	海軍参謀部第二課長，海軍大佐
石黒五十二	議員	内務省土木監督署技師，工学博士
谷　干城	議員	貴族院議員
堀田正養	議員	貴族院議員，前筑豊興業鉄道社長
渡辺洪基	議員	衆議院議員，両毛鉄道社長
川田小一郎	議員	貴族院議員，日本銀行総裁
村野山人	議員	衆議院議員，山陽鉄道副社長
小室信夫	議員	貴族院議員
若尾逸平	議員	貴族院議員
伊藤大八	議員	衆議院議員
佐藤里治	議員	衆議院議員
箕浦勝人	議員	衆議院議員
田　健治郎	議員	逓信省書記官，鉄道会議幹事

出典：鉄道省篇『日本鉄道史』上篇，1921年，「鉄道会議々長以下の任命」（『読売新聞』1892年10月２日）。

代表として渋沢栄一、民間の有力な経済学者として田口卯吉、また民間の鉄道学者として佐分利一嗣《さふりかずつぐ》が鉄道会議議員に任命されるという話もあった。渋沢はのちに東京商業会議所の推薦で鉄道会議の臨時議員に就任したものの、田口と佐分利は任命されなかった。とくに佐分利については「井上勝が力めて之を排斥」（「鉄道会議々長以下の任命」『読売新聞』一八九二年一〇月二日）したとされている。なお、臨時議員には渋沢のほか、田村太兵衛（呉服屋、大阪商業会議所推薦）、中根重一（鉄道庁参事官）、山根武亮《たけすけ》（陸軍工兵少佐）、山口圭三（陸軍歩兵少佐）らが就任した。

一八九三年二月四日の鉄道会議では比較線に関する議論がなされ、参謀本部の議員と鉄道庁の議員とのあいだで意見の衝突がみられた。参謀本部の議員は「軍事上の必要よりして経済上の点を省み」ずに議論し、鉄道庁の議員は「専ら経済上を主眼と」して議論をした。他の議員が口をはさむすきもなく、会議はあたかも「参謀本部と鉄道庁との討論会」のような様相を呈したが、衆議院や貴族院から選出された議員は鉄道庁の議員の主張に賛成をしていた（「鉄道会議の模様」『読売新聞』一八九三年二月七日）。

鉄道敷設法体制の成立

鉄道敷設法が制定されると、次頁の図にみるように私設鉄道の営業距離は著しい拡大をみた。一八八九（明治二二）年七月一〇日には、名古屋で鉄道関係者が集まって鉄道千哩祝賀会が開かれたのであるが、翌一八九〇年度には私設鉄道の営業距離は七一六マイル六九チェーン（一一五三・四キロメートル）となり、官設鉄道の五五〇マイル四九チェーン（八八六キロメートル）を上まわったのである。私設鉄道は、その後も営業距離を延ばしていった。営業距離の前年度増

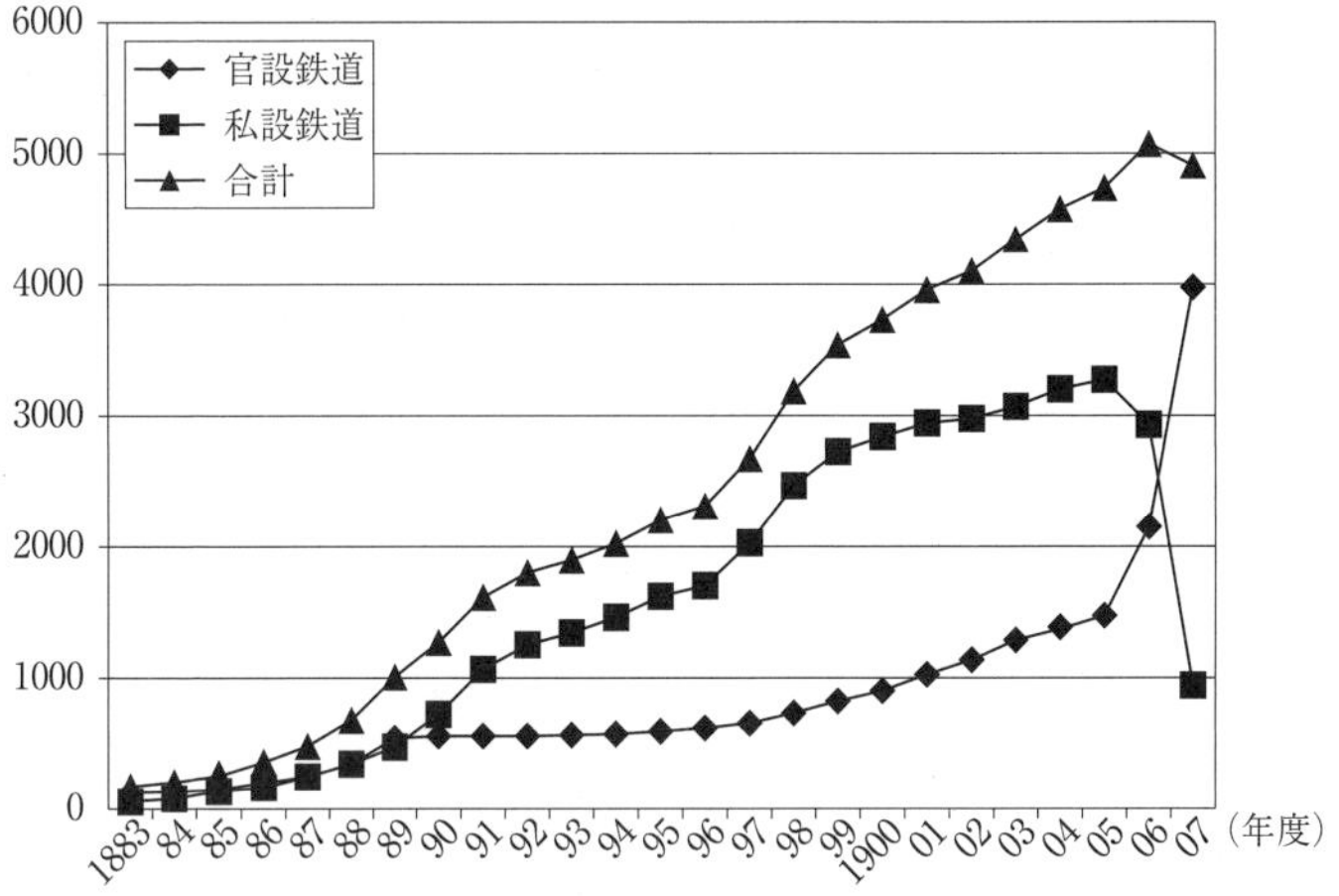

官私鉄別営業距離の推移（単位：マイル）
出典：鉄道院『明治四十年度鉄道局年報』1909年。

加率をみると、一八八九年度四四・一パーセント、九〇年度四四・八パーセント、九一年度三七・四パーセントと、かなり高い比率を示している。一八九三年度には四・六パーセントに落ち込むが、九四年度からは再び一〇パーセント以上の前年度増加率を示すようになり、そうした傾向は九八年度まで続いた。

一方、官設鉄道は一八八九年度から九二年度まではまったく路線延長がなされなかった。そして、その後も営業距離の前年度増加率は一八九三年度一・三パーセント、九四年度四・二パーセント、九五年度二・一パーセント、九六年度六・五パーセント、九七年度四・八パーセントという低率で推移していた。このように、営業距離の前年度増加率は私設鉄道が官設鉄道を大きく上まわっていた。しかし一八九八年度には私設鉄道一六・〇パーセント、官設鉄道一六・一パーセントとほぼ拮抗し、九九年度以降は官設鉄道が私設鉄道を上まわるようになった。

逓信省鉄道庁は、私設鉄道の発達にともない監督と現業を分離する必要が生じ、一八九七年八月一八日には私鉄の監督業務のみを行う機関となり、官設鉄道の運営は逓信省の外局である鉄道作業局が行うことになった。こうして鉄道庁の改革がなされ、鉄道行政は政府と議会にゆだねられ、かつて井上勝が「真ノ鉄道事業之当局」と豪語した鉄道庁は解体したのであった。

鉄道敷設法制定後、いわば「私設鉄道全盛の時代」が出現したのであるが、問題はこうしたなかで小鉄道会社の分立経営体制が進展したことである。一八九一年度の私設鉄道の営業距離は一〇六〇マイル五二チェーン（一七〇六・六キロメートル）、会社数は一二社で、一社あたりの開業キロは八八マイル一五チェーン（一四二・二キロメートル）であった。その後、一九〇〇年度には営業距離が二八四〇マイル五三チェーン（四五七〇・六キロメートル）に延長したが、会社数も四一社に増え、一社あたりの営業距離は六九マイル二五チェーン（一一一・五キロメートル）となった。一九〇五年度には営業距離が三二七六マイル三〇チェーン（五二七一・七キロメートル）となり、会社数も三七社に減少したので、一社あたりの営業距離は八八マイル五〇チェーン（一四二・五キロメートル）に延びたが、鉄道敷設法制定前の一八九一年度における水準を上まわることはなかった。

井上勝はこうした小鉄道会社分立経営体制に批判的で、一九〇三年三月七日付の『鉄道時報』はつぎのような井上の談話を伝えている。

夫《そ》れにまあこんな小さい鉄道ばかり沢山ある国は世界中に無いでせう、西成のやうにたつた四哩やそこらで一会社となつて営業仕て居るのだからね、実に日本人の遣ることは小さい、（略）今日本の鉄道四千哩中儲かつて居るものがいくらあるだらう、先づ三千哩かね、そのあとは皆儲からんのだらう小鉄道は、儲かる奴はどし〳〵一割以上の配当を取つて逃げて仕舞うて儲からぬ奴はいつまでも困つて居る、斯うなるのは判かつて居るから、私は私設に反対したのだ、なにも私設が悪いと云ふので無い、儲かるところばかり撰り取して、儲からぬ線路のみが沢山あとに残る様になるからだ、それでも今の様に小さいものばかり沢山出来やうとは思はなかつた、私設にしても東北を一つの大きなコンペニー《カンパニー》とし、西にも一つのコンペニー、南にも一つと云ふやうにせねばならぬと思ふて居つた、鉄道が一つであるか又は大きな鉄道であると、其の一部分には儲からんところがあつても、儲かるところから金を持つて往つて助けるからなんでも無い、たとへば日本鉄道と北越鉄道とが一つの会社であつて見ろ、日本鉄道の一割一歩抔と云ふ配当の内から、たつた一歩引き去つて北越を助けやうものなら何でも無い訳だらう、それが夫れ皆別々だから、一方は一割以上の配当を取つて逃げて仕舞ふに、一方は大困りで無いか、併し一時は戦争に勝つて酔ふて仕舞つとつたのだから仕方が無い、株屋連が騒いだのだから、だが株屋もそう悪くは云へぬて、それは株屋が無暗に騒いだために鉄道も沢山出来たのだからね、株屋が無かつたらとても今までに四千哩の鉄道は出来たもので無い

（「子爵井上勝氏を訪ふ」『鉄道時報』第一八一号、一九〇三年三月七日）

井上によれば日本には小鉄道会社が濫立しており、いずれも苦しい経営を余儀なくされている。井上はこうした小鉄道会社による分立経営に反対し、東北に一社、西に一社、南に一社というように、私設鉄道であっても大会社によって全国の鉄道を経営し、内部補助の原理が働くようにしなければならないというのである。小鉄道会社が濫立したのは、株価の値上がりを目的とする「株屋連」が多くの鉄道会社を設立したからであった。しかし、「株屋連」がいなかったらとても四〇〇〇マイルもの鉄道は敷設されなかったので、「株屋連」を悪くばかりはいえない。

井上が私設鉄道を批判し鉄道国有論を唱えたのは、実はこうした小鉄道会社分立経営体制を克服するためであった。そのことは、井上が「日本帝国鉄道創業談」において「多数の会社分立する為め其中には玉石混淆し、稗糠と目する会社線路も少なからす、又区々分立して統一を欠き鉄道効用の完全なり難き場合もありて、在職中曾て鉄道国有説を主唱せしことありし」と述べていることからもあきらかであろう。

第七章　汽車製造会社の設立と経営

1　汽車製造会社の設立

設立の経緯

井上勝は一八九三（明治二六）年三月に鉄道庁長官を辞任すると二、三の私設鉄道会社の役員などを引き受けたが、やがて機関車、客車、貨車などの製造を目的とする汽車製造会社の設立を企てた。井上が同社の設立を企てたのはつぎのような理由からであった。

鉄道事業の発達にともない、「機関車、貨車・鉄路其他鉄道用材の需要著く増加」するようになった。しかし、それにもかかわらず「其材料中僅に枕木を除く外は尽く外国の供給を仰ぎ、特に機関車の如き材料を輸入するも其製造組立等に至りては、鉄道局附属工場外二三鉄道会社所属工場を除けば之を能くするものなく」という状況であった。「鉄道局附属工場」とは官設鉄道神戸工場、「二三鉄道会社所属工場」とは日本鉄道大宮工場、山陽鉄道兵庫工場、および北海道炭礦鉄道手宮工場のことと

汽車製造会社社長時代の井上勝（左）と平岡熙（右）
（汽車会社蒸気機関車製造史編集委員会編『汽車会社蒸気機関車製造史』交友社 より）

思われるが、問題はこれらの工場といえども「辛じて其組立を為し得る位にして、各自の需用をすら完全に充実し得ざる実況」にあったことである。そこで、これまで鉄道事業において鉄道専門官僚として多くの経験を積んできた井上勝は、「本邦鉄道業の前途に鑑み、機関車及鉄道用品を製造して汎《あまね》く公衆の需《もとめ》に応し得る会社」として、汽車製造会社の設立を計画したのであった（「汽車製造合資会社の事業」『中外商業新報』一八九九年七月五日）。

汽車製造会社が設立されたのは日清戦争（一八九四〜九五年）後の一八九六年九月七日で、国内の民間車輛メーカーとしては平岡工場（東京市本所区錦糸町）、梅鉢鉄工所（堺市並松町）、新潟鉄工所（新潟市）、株式会社鉄道車輛製造所（名古屋市熱田）、日本車輛製造株式会社（名古屋市熱田）につぐ六番手であった（汽車会社蒸気機関車製造史編集委員会『汽車会社蒸気機関車製造史』交友社、一九七二年）。井上勝は同社の『第壱回報告』（一八九七年一月）において、同社の設立にいたるまでの経緯についてつぎのように述べている。

抑《そもそも》本会社設立ノ目下我国ニ必要欠ク可カラサルハ論ヲ待タス、勝茲ニ見ルアリ、明治二十六年以来材料ヲ内外ニ調査シ以テ弥《いよいよ》事業ノ精確ナルヲ信シ、当初其主意書ヲ製シ同志ノ協賛ヲ促カセシモ、勝ノ素望タル成ヘク株式組織ヲ避ケ合資或ハ合名ヲモツテ本会社ヲ組織セント欲セシタメ多少ノ遷延ヲ来セシニ、時恰モ征清ノ事起リ長年月ヲ経タリシモ戦勝ノ結果倍本会社設立ノ必要ヲ感シ鋭意其計画ニ従事セシニ、偶《たまたま》岩崎弥之助、渋沢栄一ノ両君、続テ井上馨君等ノ援助アリテ昨二十九年春以来数回帝国ホテルニ会シ、終ニ一方ニハ旧大藩諸侯又一方ニハ当代屈指ノ実業経済家諸君ノ賛成ヲ得テ、茲ニ素望ノ一会社ヲ組織シ昨年七月予メ業務担当社員五名即チ毛利五郎、渋沢栄一、真中忠直、松本重太郎ノ諸君幷勝及監査役二名即チ原六郎、田中市兵衛両君ノ選定ヲ了シ、九月七日本会社設立セリ、而ルニ渋沢、真中両君ノ如キハ常ニ其多忙ノ身ナルニモ拘ハラス、其設立ノ際ニ当リ奮テ創立委員ノ労ヲ執リ直接間接ノ効助ヲ与ヘラレ、又藤田伝三郎君ハ予定地所購求ノ事ニ関シ尽力不少シハ勝ノ最モ感謝スル所ナリ

井上勝は鉄道庁長官を辞任した一八九三年から汽車製造会社の設立を準備してきたが、株式会社ではなく合資会社あるいは合名会社にしたいと考えていたので、設立までに時間を費やしてしまった。しかし、日清戦争後の企業勃興期になると汽車製造会社設立の動きが活発となり、岩崎弥之助、渋沢栄一、井上馨らの援助をえて一八九六年の春以来数回の会合をかさね、同年九月七日に汽車製造合資会社が設立された。出資社員は**表7－1**にみられるように華族や著名な実業家たちで、資本金は六四万円であった。井上勝、毛利五郎、渋沢栄一、真中忠直、松本重太郎の五名が業務担当社員に就任し、

井上が専任業務担当社員となった。また、監査役には原六郎、田中市兵衛の両名が就任した。なお、会社設立後旧徳島藩主嗣子蜂須賀茂韶《はちすかもちあき》が五万円の出資者として加入したので、資本金総額は六九万円となった（前掲『第壱回報告』）。こうして「機関車並ニ車輌、鉄道橋梁、建造物、諸機械類一般、鉄道用品ノ製造、建設、修理、販売、貸付並ニ之等ニ関連スル一切ノ業務」（「汽車製造株式会社報告書」、渋沢青淵記念財団竜門社編『渋沢栄一伝記資料』第一一巻、一九七五年）を営業目的とする汽車製造合資会社が設立された。

井上勝は汽車製造会社の設立を企てるにあたって、汽車の需要について調査を実施した。それによれば、日本の鉄道の営業距離は官私鉄道あわせて約二〇〇〇マイル（三二一八キロメートル）で、今後一〇年のあいだに官設鉄道の第一期予定線および私設鉄道の計画線で約二〇〇〇マイルの延長が見込まれている。鉄道の営業距離が急激に延長されると、機関車や客貨車が不足して輸送需用を満たすことができず、鉄道の効用を十分に発揮できなくなるというのである。

営業距離と機関車・客貨車の台数について日英比較を試みると、イギリスでは機関車一台につき一マイル二五チェーン、貨車は一マイルごとに三〇両であるが、日本では機関車は一台につき六マイル、貨車は一マイルごとに二、三両にすぎない。そこで、機関車を三マイルにつき一台、客車を一マイルにつき一両、貨車を同一〇両の割合で設備しようとすれば、現状でも機関車二七五台、客車一三九〇両、貨車一万五九五一両の不足となる。そして、鉄道の開業距離がさらに延びる一〇年後に機関車を四マイルにつき一台、客車を一マイルにつき一両、貨車を一マイルにつき五両の割合で設備するもの

表7－1　汽車製造会社出資社員（設立時）

（単位：円）

氏　名	出資額	住　所	備　考
黒田長政	50,000	東京市赤坂区福吉町1番地	侯爵，旧福岡藩大名（52万石）
前田利嗣	50,000	東京市本郷区本郷本富士町2番地	侯爵，旧加賀藩大名（102万石）
毛利五郎	50,000	東京市芝区高輪南町27番地	男爵，旧長州藩大名（37万石），業務担当社員（1898年まで）
岩崎久弥	50,000	東京市下谷区茅町1丁目11番地	男爵，三菱合資会社社長
住友吉左衛門	50,000	大阪市南区饅谷東之町36番屋敷	住友家当主
渋沢栄一	30,000	東京市日本橋区兜町2番地	第一銀行頭取，業務担当社員
安田善次郎	30,000	東京市本所区横網町2丁目7番地	安田財閥の始祖
今村清之助	30,000	東京市日本橋区南茅場町6番地	今村銀行頭取
川崎八右衛門	30,000	東京市本所区千歳町49番地	川崎銀行頭取
大倉喜八郎	30,000	東京市赤坂区葵町3番地	大倉組頭取
広田理太郎	30,000	東京市本郷区駒込西片町10番地	経歴不詳，1897年退社
原　六郎	30,000	東京府荏原郡品川町北品川315番地	帝国商業銀行取締役会長，監査役（1899年まで）
藤田伝三郎	30,000	大阪市北区綱島町9番屋敷	藤田組の創設者
田中市兵衛	30,000	大阪市西区靭北通1丁目34番屋敷	第四十二銀行の創設者，監査役（1899年まで）
松本重太郎	30,000	大阪市北区堂島浜通2丁目12番屋敷	第百三十銀行頭取，業務担当社員（1898年まで）
井上　勝	30,000	東京市赤坂区榎阪町1番地	子爵，前鉄道庁長官，専任業務担当社員
真中忠直	30,000	東京市京橋区南鞘町27番地	西成鉄道取締役，業務担当社員（1898年まで），1898年退社
田島信夫	30,000	東京市麻布区宮村町42番地	毛利公爵財産副主管兼家令
合　計	640,000	—	—

出典：汽車会社蒸気機関車製造史編集委員会『汽車会社蒸気機関車製造史』交友社，1972年。

とすれば、機関車五〇〇台、貨車二〇〇〇両、貨車一万両の不足が生じる。不足する機関車および客貨車をすべて外国から輸入すると国外に流出する正貨がさらにふえ、経済社会に悪影響を及ぼすばかりでなく鉄道の発達を妨げることにもなる。このようななかで国内に機関車および車輌製造工場を設立し、原料を輸入して製造することにすれば、正貨の流出を防ぎ、鉄道の発達を幇助することになる。すなわち直接的には、①外国品購入額の減少、②鉄道事業者の廉価な機関車・車輌の購入、③国内労働者の就業機会の増加、④労働者・職工賃金の国外流出の防御、⑤資本家の収利の増加などの効果をもたらし、間接的には鉄工業の発達を促すというのである。

また外国製機関車は日本製よりも六〇〇〇円ほど高いので、日本製の機関車を二〇〇〇円の低価で販売すれば四〇〇〇円の利益が出て、七七五台の機関車では三一〇万円にものぼることになる。さらに客貨車製造の作業の大部分は木工に属し、日本の木工職人の得意とする分野なのでさらに大きな利益が出るであろう。井上によれば、これこそが「余が先づ岩崎氏に説き、次で有志の賛成を得て今回当地に汽車製造所を設立するに至りたる所以の大要」にほかならなかった（「井上氏の汽車製造談」『東京朝日新聞』一八九六年一〇月一三日）。

日本の客貨車および電車車体については、重要部品を輸入に依存していたとはいえ、明治三〇年前後には基本的に国内自給が達成されていた。しかし機関車の国産化は遅れ、一八九三年に官設鉄道神戸工場でリチャード・フランシス・トレビシック（Richard Francis Trevithick）の指導のもとで最初の蒸気機関車が製造されたが、汽車製造会社が設立された一八九六年までに製造された機関車は、官設鉄道神戸工場九両、山陽鉄道兵庫工場および北海道炭礦鉄道手宮工場各一両の合計一一両にすぎなかった。井上勝は、こうしたなかで蒸気機関車など外国製の鉄道資材の輸入を減らし、各鉄道会社に廉価な機関車を供給するために、わが国初の民間蒸気機関車製造会社である汽車製造会社の設立を企てたのである。さらに井上によれば、それは機関車など鉄道資材の国産化を進め、国内の労働者に就労の機会を与えて労賃の外国への散逸を防止するほか、資本家の利殖にも貢献し、総じて日本の工業化を促進するというのであった。

工場の建設と開業　専任業務担当社員となった井上勝は、設立と同時に汽車製造会社開業の準備に着手した。一八九六（明治二九）年九月一四日に登記を完了すると、さっそく九月二五日に大阪梅田停車場前の内国通運会社支店ビルに仮事務所を設け、大阪府西成郡川北村嶋屋新田の約二万坪にわたる土地を工場用地として住友吉左衛門から一〇万円ほどで購入した。工場用地の購入には藤田伝三郎が尽力した（前掲『汽車会社蒸気機関車製造史』、「汽車製造会社」『東京朝日新聞』一八九六年九月二〇日）。嶋屋新田の工場用地は安治川、正連寺川に近く、西成鉄道安治川口停車場に接しており水陸交通の便には恵まれていたが、湿地であったため、正連寺川の砂を採取して二メートルほどの埋め立てをしなければならなかった。そのため、工場用地の整地に膨大な資金と多くの時間を要することになった。

地盤の悪い工場用地では、工場の建物にも特別な配慮が必要であった。当時の工場建築は、側溝を煉瓦で積み上げてアーチ型の出入口を設け、木造または鉄材で合掌をつくり、瓦などで屋根を葺くの

汽車製造会社工場全景
（村井正利編『子爵井上勝君小伝』井上子爵銅像建設同志会 より）

が一般的であった。しかしそれでは重量が重くなるので、「全部平屋造鉄屋ニテ木工造車工場等ニ於テ板敷ニ木材ヲ用ヒアル外ハ殆ント木片ヲ見ス、構造簡潔ニシテ規矩整然タルハ他ノ工場ニハ稀ニ見ル所ナルヘシ」（竜門社編『青淵先生六十年史――一名近世実業発達史』一九〇〇年）と、全鉄骨・鉄板張の建物とした。

　工場建屋の建築材料は英国ロンドンで入札に付し、ベルギーのレコッグ社が一八九七年三月を納入期限として落札したが、仕様書とはことなるものをつくってきたばかりでなく、違約を申し出てきたので、同社との契約を解除した。そして一八九七年一一月四日、次札者の英国グラスゴーのアルロス社に注文替えをしたため、アルロス社は「能ク本社（汽車製造会社…引用者）ノ指示ヲ守リ堅ク其約ヲ践《ふ》」（前掲『第四回営業報告』一八九八年一～六月）んだが、納入されたのは一八九八年の六～七月と大幅に遅れてしまった。おそらく井上勝の心情をあらわしたものと思われるが、汽車製造会社の『第三回営業報告』（一八九七年七～一二月）には「其違約事件ニ関シタル数十葉ノ通信ハ以テレコー会社（レコッグ社…引用者）カ当時如何ニ頑硬ニ其誤ヲ飾リシカヲ示スニ足ラン」とレコッグ社への怒りが記されている。

工場建設に着手したのは一八九九年四月で、完成したのは同年末であった。工場の概要を示すと表7－2のようで、各工場が数棟を連結して一つの工場を形づくっていた。このほかに倉庫、木材貯蔵所などの建物があった。なお本社事務所は煉瓦造二階建て（二〇〇坪余）で、一八九七年五月に起工し九八年六月に竣工した（前掲『青淵先生六十年史』）。職工数は一五〇余名、賃金は最高日給一円一〇銭、最低三〇銭、平均一人五〇銭前後であった。常用人夫は平均一日七〇人ほどであるが、工事が本格化すると職工、人夫とも増加すると見込まれていた。

表7－2　汽車製造会社工場概要

種類	棟数	建坪
木工及造車	4	612.50
旋盤及仕上	3	450.00
塗工場	1	150.00
鍛冶及鋳物	2	500.00
製罐	3	330.00
汽罐車組立	1	237.30
計	14	2,279.80

出典：竜門社編『青淵先生六十年史――一名近世実業発達史』第2巻，博文館，1900年。

また、一八九八年一月に松本重太郎が業務担当社員を辞任したので後任に藤田伝三郎を選出したが、藤田が固辞したため業務担当社員のなり手がいなくなり、出資者のなかには汽車製造会社の将来に不安をいだくものもあった。監査役の原六郎は西成鉄道の直営工場と合併してはどうかという意見を出したが、今村清之助が反対し、渋沢栄一の説得によって合併案は立ち消えとなった。

汽車製造会社は一八九八年の春ごろから汽罐車組立および塗工場をのぞく工場の一部が稼働し、自社用の工具などをつ

（上）汽車製造会社の開業式当日
（左）開業広告
（汽車会社蒸気機関車製造史編集委員会編『汽車会社蒸気機関車製造史』交友社 より）

くりはじめ、外部からは建築資材の注文もくるようになり、一八九九年七月正式に営業を開始した。機関車の製造にはまだ着手できなかったが、客車、貨車、土運車、その他の鉄道材料、汽罐、諸機械、建築材料などを製造した。すなわち、このころ製造中のものに貨車一〇〇両、神戸桟橋会社の吹抜倉庫建築材料、九州鉄道会社のポイント・クロッシング数十組などがあり、土運車二〇両の製造を一〇日間で完了した（前掲「汽車製造合資会社の事業」）。

平岡熙の副社長就任と社名変更

開業したとはいえ、汽車製造会社の経営は容易ではなかった。とくに東京では平岡工場が優勢で、汽車製造会社は太刀打ちできなかった。鉄道作業局の技師であった平岡熙《ひろし》は、朝野貴紳の賛助を得て匿名組合を組織し、一八九〇（明治二三）年三月二八日に東京市小石川区の陸軍砲兵工廠内工場の一部を借用して平岡工場の名をもって車輛製造業を始めた。匿名組合の資本金は一〇万円で、出資組合員には安田善次郎、益田孝、渋沢栄一、大久保利和、奈良原繁、藤波言忠、米倉一平、田中平八、平岡寅之助（平岡熙の実弟）、雨宮敬次郎、天野仙輔らが名をつらねていた。平岡工場は同年六月二四日に開業し、本業の車輛製造のほか陸軍省の命令による兵器の修理なども行っていた。

平岡工場は、鉄道車輛製造会社の草分けで経営も順調であった。一八九四年一〇月には出資金を償還して平岡の個人経営とし、一八九六年三月三一日に工場借用期限の満期を迎えると、東京市本所区錦糸町に工場を建設して移転した。

平岡熙は元鉄道局員であったので、井上勝のかつての部下でもあった。そこで井上馨は、汽車製造会社が平岡工場を買収してはどうかと渋沢栄一および今村清之助にはかり、渋沢が交渉にあたった。しかし合併交渉はなかなか進まず、平岡工場を合併するのではなく汽車製造会社が平岡を副社長として迎え、経営の一翼を担ってもらおうということになった。蜂須賀茂韶《もちあき》、井上馨、岩崎弥之助らが会合をかさねて協議し、一八九九年六月一〇日に帝国ホテルで開催された臨時総会で井上勝を社長、平岡熙を副社長にすることを決定したのである。そして、そのさいに資本金を一七万円増資して九〇万円にすることも合せて決めた。増資分は各社員に割賦することになったが、渡辺治右衛門が社員を辞退し、新たに田辺貞吉と森村市左衛門が社員となった。ついで一八九九年六月一六日の臨時総会では、平岡工場が東京にあったので本拠社名を大阪汽車製造合資会社とすることにし、監査役に渋沢栄一と田辺貞吉を選んだ。平岡を副社長に迎えるにあたって、汽車製造会社は所定の年俸のほか利益の一割を勤労報酬として支払うこととし、平岡工場も平岡がそのまま経営することを認めた。

大阪汽車製造会社の開業式は当初一八九九年三月二五日に予定していたが、平岡の入社手続きなどに時間を要し七月五日となった。渋沢栄一の日記には、同社の開業式の様子がつぎのように記されている。

渋沢は一八九九年七月三日、今村清之助、毛利五郎らとともに午前六時二〇分新橋発の汽車で大阪に向かった。大磯駅では井上馨が同乗し「車中談論頗る盛ん」となった。大阪駅には午後一〇時過ぎに着き、その日は同駅近くの伝法屋に投宿した。翌七月四日には午前一〇時に井上馨、今村清之助とともに大阪汽車製造会社に行き、井上勝に面会して五日の開業式に関する手続きを協議し、工場を一覧した。井上馨から開業式における井上勝社長の演説の修正を託され、その夜は演説草稿の執筆にかかった。

そして開業式当日の七月五日には、毛利五郎、藤田伝三郎、今村清之助、その他数名とともに午後二時梅田発の汽車で大阪汽車製造会社に向かった。午後四時三〇分ごろから来賓が集まり、井上勝の案内で工場を巡覧した。午後五時に一同が食堂に会すと、まず井上勝が演説し謝辞を述べた。ついで大阪府知事の菊地侃治《かんじ》および関西鉄道社長の田健治郎から祝詞が述べられ、組立工場を立食会場として洋食が饗された。宴会が終わると、渋沢は午後七時一五分の汽車で伝法屋にもどった（前掲『渋沢栄一伝記資料』第一二巻）。

大阪汽車製造会社は、開業式にあたり一頁大の絵入りの広告を新聞に掲載する一方、青杉葉で列車の模型を作って同社入口に展示し（本書の二三〇頁を参照）、楽隊を招き花火を五分ごとに打ちあげた。開業式の総費用は六〇〇〇円であったといわれている（前掲『汽車会社蒸気機関車製造史』）。

2　台北支店と東京支店

台湾分工場の開設

大阪汽車製造会社は一九〇〇（明治三三）年七月三一日に臨時総会をひらき、台湾の台北に分工場を設置することを決議した。同社の『第九回営業報告』（一九〇〇年七～一二月）によれば、「台湾ニ於テハ目今鉄道其他施設ノ事業多ク、本社ノ注文品中運搬等ノ為メ同所ニ於テ製造スルノ便益アルモノ夥多ナルヲ以テ同所ニ於テ本社事業ヲ経営スルノ利アルヲ知リ技師ニ託シ状況ヲ実際ニ調査シ、又本社ノ職員ヲ派遣シ事業施設ノ方法ヲ考査セシメ、遂ニ台北ニ於テ分工場ヲ設置」することにしたのである。

日本は一八九五年四月に下関で日清講和条約を締結して台湾を領有すると、基隆《キールン》〜打狗《ターカウ》（高雄）間の台湾縦貫鉄道の敷設を計画した。台湾縦貫鉄道の敷設は、当初は台湾鉄道という私設鉄道会社によって計画されたが、児玉源太郎が台湾総督府総監、後藤新平が同民政長官となると台湾総督府によって敷設されることになり、一八九九年四月には総督府に臨時台湾鉄道部がおかれて長谷川謹介が技師長に任命された。長谷川は、井上勝が一八七七年五月に設立した工技生養成所の第一回卒業生で、井上の弟子として重用され、逢坂山隧道、柳ケ瀬隧道など数々の難工事を手がけてきた鉄道技術者であった。また、大阪汽車製造会社の技師長に就任した長谷川正五の叔父でもあった。

大阪汽車製造会社は台湾総督府鉄道部台北工場の一部を借り受け、一九〇〇年九月一八日に寺沢定雄技師長のほか技手・書記各一名、工夫七名を台北に派遣し、台湾分工場を開設した（足立栗園『今村清之助君事歴』一九〇六年）。井上勝も台北に出向き、同年一二月八日に「当地官民の重立ちたる者」を招いて饗宴を張った（「井上勝氏の饗宴」『台湾日日新聞』一九〇〇年一二月九日）。台湾分工場には技師長一名、技手一名、書記一名、傭員六名の職員と、製罐工三八名、鍛工一七名、仕上工二名、模型工一名の工夫が配置され、工夫のうち製罐工二〇名、鍛工九名は台湾人であった。しかし一九〇一年上期になると職員では技手が二名にふえ、工夫は製罐工一五四名、鍛工二八名、仕上工九名、木工四名と大幅に増加した。工夫に占める台湾人の割合もふえ、製罐工九三名、鍛工二〇名、仕上工一名、木工四名は台湾人であった。

開設時の一九〇〇年九～一二月における台湾分工場の製作品引受高は社用品も含めて六〇件・二万八七七六円七一銭三厘、そのうち決算されたものが三五件・五五一二円四五銭六厘で、差引二五件・二万三二六四円二五銭七厘が後期に繰り越され、実際の製造高は六三九六円九四銭八厘とふるわなかった。しかし、一九〇一年上期一九〇一年一～六月には繰越高と新規引受高をあわせて二〇四件・六万八一八七円六七銭五厘、決算高一七一件・四万八二二六円二九銭で差引三三件・一万九九六一円三八銭五厘が後期繰越となり、実際の製造高は三万八一五四円九五銭六厘となった。このように、一九〇一年上期には「製造器械ノ補足ヲナシ工夫ヲ増加スル等漸次設備ノ歩ヲ進メ、注文モ亦増加シ製造稍々盛況ヲ呈シ多少ノ利益ヲ挙クルニ至」った。なお、台湾分工場では「鉄道橋桁ノ組立、改造若クハ修繕」を主としていた（前掲『第拾回営業報告』）。臨時鉄道部の長谷川謹介は台湾縦貫鉄道の敷設を急ぎ、一般入札による資材購入を命令による随意契約でもできるように法規を改正した。そのため、大阪汽車製造会社の台湾分工場の受注は順調に推移したのである。

台北支店への昇格と閉鎖

大阪汽車製造会社は、一九〇一（明治三四）年一〇月、同社台湾分工場を台北支店とし、副社長の平岡煕の弟で同社支配人の平岡寅之助を支店長とした。一九〇一年一〇月二〇日付の『台湾日日新聞』は、これを「将来同支店の事業を拡張せん計画あるが為めなり」と報道していたが、台北支店は台湾総督府鉄道部から工場敷地の拝借増をなし、事務所、工場などの整備に着手した。汽車製造会社の『第拾弐回営業報告』（一九〇二年一〜六月）によれば、台北支店では「支店事務所ハ鉄道部宿舎ノ一部ヲ借用シ来リシモ示達ニ基キ工場所在便宜ノ地ニ移転セリ、又目下各所ニ散在セル製造器械ハ執業上便利ナルヲ以テ一団ノ区域ニ在ル工場内ニ取纏ムルコトニ決シ、漸次着手ノ筈ニテ支店工場モ始メテ其体ヲ為スニ至ル」とされていた。また、台北支店の職員数、工夫数の推移をみると表7-3のようであるが、それぞれのピークは前者が一九〇三年一二月で二二人、後者が一九〇三年一二月で三三一人であった。

台北支店の工場が整備されるにつれて、汽車製造会社の経営も順調に発展した。同社の『営業報告』では「台北支店ハ鉄道部ヨリノ注文品ハ別ニ増嵩ヲ見スト雖モ、該支店製造品ノ信用声価ハ漸ク同地方ニ普及シ、三月頃ヨリ鉄道部外ノ注文追次増加ノ傾向ヲ来シ前途一層ノ望ヲ属スルニ至レリ」（一九〇二年上期）、「台北支店ハ依然橋桁ノ製作及其修繕ヲ主要ナルモノトシ、鋼鉄材ノ製作原料外国ヨリ来着延引セシヲ以テ本期ハ落成高少カリシモ幸ヒ能ク商機ヲ図ルヲ得、且ツ鉄道部以外ノ官署若クハ個人ノ注文品増加シ、同地ニ於ケル一般ノ商況不振ナルニ比シテハ好景気ヲ呈セリ」（同年下期）などと述べられている。すなわち、台北支店は総督府鉄道部の橋桁の製作や修繕を主としながらも、鉄道部以外からの注文が増加し、良好な経営を維持していたのである。

しかし台湾縦貫鉄道の全通が近づくと台北支店への注文が減少した。それでも汽車製造会社の『営業報告』が、「台北支店ハ同地鉄道部ノ興業最早大部分ヲ了リシノミナラス事業ノ繰延トナリシヲ以テ注文品減少セルモ、幸ヒ同鉄道部外ノ注文ハ増加セリ、其主タル製造品ハ鋼橋桁及鋼鉄建造物ナ

表7－3　汽車製造会社台湾分工場（台北支店）の職員と工夫

年・月	職員						工夫					
	支店長	技師	手代	技手	傭員	合計	製罐工	鍛工	鏇工	仕上工	木工	合計
1900. 12		1		1	6	9	38 (20)	17 (9)		2	1	58
1901. 6		1		2	6	10	154 (93)	28 (20)		9 (1)	4 (3)	195 (117)
1901. 12	1	1	2	2	5	11	141	16	1	9	4	175
1902. 6	1	1	2	2	7	13	243	20		9	4	283
1902. 12	1	1	3	2	7	14	265	15	3	9	3	299
1903. 12	1	2	2	3	13	22	257	13	5	12	3	331
1904. 12	1	1	4	1	7	15	135	10	5	10	3	171
1905. 12	1	2	5	1	7	16	115	8	6	11	1	148
1906. 12	1	1	4	2	6	14	127	11	6	9 (1)	1	163

出典：汽車製造会社『営業報告』各期。
注：1）「職員」「工夫」とも，「合計」には「その他」を含む。
　　2）（　）内は内数で台湾人の人数である。ただし，1901年12月以降は不明。

リ」（一九〇四年）、「台北支店ノ製造品ハ同地鉄道ノ敷設概子《おおむね》竣成ヲ告ケタルヲ以テ鉄道部ヨリノ注文減少セルモ、他官衙及個人ヨリノモノ及南清ノ鉄道用品漸ク増加シ利益ヲ挙クルコトヲ得タリ」（一九〇五年）などと述べているように、鉄道部外からの注文が増加していた。

　しかし汽車製造会社は、一九〇七年一月二八日に帝国ホテルで開催された臨時総会で台北支店の閉鎖を決議し、同社は同年三月一五日限りで台北から撤退することになった。支店長の平岡寅之助は本店に勤務することになったため、三月一六日の午後一時から「台北官民紳士及知人三百余名」を招いて北投温泉の松濤園《しょうとうえん》で園遊会を催した（「平岡氏の園遊会」『台湾日日新聞』一九〇七年三月一五日）。

なお台北支店の閉鎖後、台北では代理店共益社が取次ぎにあたることになった。また、台湾縦貫鉄道が基隆から高雄まで全通したのは一九〇八年四月であった。

平岡工場の合併と東京支店の開設

平岡熙が大阪汽車製造会社の副社長に就任したのちも、渋沢栄一や井上馨は平岡工場の大阪汽車製造会社への合併を勧奨していた。平岡は大阪汽車製造会社の経営に情熱を傾注し、平岡工場で受注した車輌の製造を大阪汽車製造会社にまわしたりしていた。しかし一九〇〇（明治三三）年からの不況は深刻で、約束の勤労報酬はもちろん、所定の年俸も社長の井上勝ともども辞退するというありさまであった。そうしたなかで、平岡自身も平岡工場と大阪汽車製造会社の二足のわらじを履くことは適当ではないと考えるようになった。

大阪汽車製造会社では一九〇〇年上期中に社員協議会を数回開催し、平岡工場の合併について協議をかさね、同年九月二四日および一〇月二六日に臨時総会を開いて調査委員を選出した。そして、その結果をふまえて一二月一五日および二五日に臨時総会を開催し、平岡工場の合併を決議した（前掲『今村清之助君事歴』、前掲『第九回営業報告』一九〇〇年七〜一二月）。しかし手続きに時間がかかり、正式に合併を決議したのは一九〇一年六月二八日の臨時総会であった（前掲『第拾回営業報告』一九〇一年一〜六月）。

大阪汽車製造会社は平岡工場を買収するにあたって全権を井上馨に委嘱し、一九〇一年七月に同年五月一日現在の評価額で平岡工場を買収した。評価額は土地（二万一〇四二平方メートル）、建物（八八五五平方メートル）など固定資産が二七万五〇〇〇円、材料および半製品が四万八六一二円七三銭三厘、

表7-4　汽車製造合資会社出資社員一覧（1901年8月）

（単位・円）

氏　名	出資額	氏　名	出資額	氏　名	出資額
毛利五郎	95,930	大倉喜八郎	48,100	平岡　熈	45,860
岩崎久弥	95,930	高田慎蔵	48,100	安田善次郎	37,000
前田利為	65,000	原　六郎	48,100	松本重太郎	37,000
住友吉左衛門	63,950	藤田伝三郎	48,100	森村市左衛門	37,000
渋沢栄一	57,200	田辺貞吉	48,100	藤堂量子	24,600
蜂須賀正韶	48,100	井上　勝	48,100	田中市兵衛	18,500
今村清之助	48,100	田島信夫	48,100	羽野知顕	15,080

出典：「汽車製造合資会社」（『竜門雑誌』第159号，1901年8月）。

合計三二万三六一二円七三銭三厘であった。また、平岡工場が創業以来合併までの間に製作した車輌は客車約三五〇両、貨車約一二五〇両であった。

大阪汽車製造会社は平岡工場を買収すると社名をもとの汽車製造合資会社にもどし、平岡工場を東京支店とした。資本金は一〇五万円となり、各出資社員の出資額は**表7-4**のようで、業務担当社員は社長井上勝、副社長平岡熈、監査役は渋沢栄一と田辺貞吉とかわらなかったが、井上馨が営業上の顧問、岩崎弥之助が会計上の顧問となった（井上馨公伝記編纂会編『世外井上公伝』第四巻、一九三四年）。しかし合併後の一九〇一～〇三年における東京支店（平岡工場）の経営は、貨車の受注が二六〇両、客車の受注が一七両と低迷し、日露戦争期までは当初の期待にこたえることができなかった（沢井実『日本鉄道車輌工業史』日本経済評論社、一九九八年）。

3　車輌製造の概況と国有化後の動向

汽車製造会社では機関車の生産体制が整備され、一九〇二（明治三五）年に製造された第三号機関車以降は管板、ノド板などが自家製作できるようになり、〇三年からはボイラーも製作するようになった。開業当初から社長であった井上勝が死去する一九一〇年までの機関車、電車および客車の受注先一覧を示すと**表7-5**のようである。蒸気機関車では北海道鉄道部を含む官設鉄道から四七両、私設鉄道から一一両、そして植民地の台湾鉄道部から九両の受注を受けていた。電車は、東京市交通局から八〇両を受注している。客車は、国内では鉄道国有化後の一九一〇年に国有鉄道から一九両、私鉄では北海道鉄道から五両、藤田組から六両の受注があった。客車の多くは植民地朝鮮の京釜鉄道（四七両）、同じく満洲の南満洲鉄道（三八両）、奉海鉄道（三八両）向けで、合計一二三両であった。

車輌製造と営業成績

機関車の製造台数は六七両であったが、その内訳は**表7-6**のようである。第一号機関車は台湾鉄道部から受注した1B1型タンク機関車で、約一一カ月を費やして一九〇一年六月に完成した。製作にあたって鉄道作業局新橋工場から図面を借り受けてトレースし、管板、ノド板、蒸気ドームなどの成形品や、注水器・給油器、車輪・車軸などの完成部品はイギリスから輸入した。この機関車の製作費は一万九二二〇円であったが、台湾鉄道部の購入価格は二万二二〇〇円であった。同年に輸入した

表7－5　汽車製造会社の機関車・電車・客車受注先一覧

（単位：台・両）

年	機関車			電車	客車		
	国内		植民地	国内	国内		植民地
1901			台湾鉄道部(3)				
1902		北海道鉄道(2)				北海道鉄道(5)	京釜鉄道(12)
1903	官設鉄道(4)	参宮鉄道(2)，中国鉄道(1)，西成鉄道(2)					
1904	官設鉄道(3)	東武鉄道(1)	台湾鉄道部(2)	東京市交通局(10)			
1905	官設鉄道(5)	北越鉄道(1)		東京市交通局(70)			京釜鉄道(35)
1906	官設鉄道(10)						
1907	官設鉄道(9)		台湾鉄道部(2)				南満洲鉄道(3)，奉海鉄路(3)
1908	官設鉄道(7)	高野鉄道(2)	台湾鉄道部(2)			藤田組(6)	南満洲鉄道(9)，奉海鉄路(9)
1909	官設鉄道(9)						南満洲鉄道(16)，奉海鉄路(16)
1910					国有鉄道(19)		南満洲鉄道(10)，奉海鉄路(10)

出典：汽車会社蒸気機関車製造史編集委員会編『汽車会社蒸気機関車製造史』交友社，1972年。
注：（　）の数字は両数である。

同型のイギリス製機関車の価格は二万四二四五円であったので、低価格国産機関車の生産という井上がめざした目標は実現したことになる。第三号機関車、第四号機関車の製作費はさらに低下し、一万三三二〇円となった（前掲『汽車会社蒸気機関車製造史』）。また、一九〇六年にははじめてアプト式機関車を製造した。ベイヤー・ピーコック社製の1C1型機関車の寸法を採用し、一部改造を加えたものである。アプト式機関車は四両製造している。

汽車製造会社の車輛製造の概況はほぼ以上のようであったが、

表7－6　汽車製造会社の機関車製造状況

製番	製造年	注文主	形 式	機 号	備　考
1	1901	台湾鉄道部	E30		1B1 タンク，36.6t
2	1901	台湾鉄道部	E30	30	1B1 タンク，36.6t
3	1902	北海道鉄道	B1	3	省269
4	1902	北海道鉄道	B1	4	省270
5	1904	東武鉄道	C2	8	1B1 タンク，36.6t
6	1901	台湾鉄道部	E30	31	1B1 タンク，36.6t
7	1903	参宮鉄道		7	省800
8	1903	参宮鉄道		8	省801
9	1903	鉄道作業局	A10	892	省230
10	1903	鉄道作業局	A10	893	省231
11	1903	鉄道作業局	A10	894	省232
12	1903	中国鉄道		5	1B1 タンク，36.6t
13	1903	西成鉄道		1	省170
14	1903	西成鉄道		3	省171
15	1903	鉄道作業局	A10	895	省233
16	1904	鉄道作業局	A10	896	省234
17	1904	鉄道作業局	A10	897	省235
18	1905	鉄道作業局	A10	898	省236
19		台湾鉄道部	E30	32	1B1 タンク，37.4t
20	1905	鉄道作業局	A10	899	省237
21	1905	鉄道作業局	A10	900	省238
22	1905	鉄道作業局	A10	901	省239
23	1904	台湾鉄道部	E50	50	1C1 タンク，51.0t
24	1904	台湾鉄道部	E50	51	1C1 タンク，51.0t
25	1904	鉄道作業局	A10	902	省240
26	1905	北越鉄道	G	18	省258
27	1905	鉄道作業局	A10	903	省241
28	1906	鉄道作業局	A10	904	省242
29	1906	鉄道作業局	A10	905	省243
30	1906	鉄道作業局	A10	906	省244
31	1906	鉄道作業局	C3	512	省3980，アプト
32	1906	鉄道作業局	C3	513	省3981，アプト
33		北海道鉄道		36	省7274
34		北海道鉄道		37	省7275
35		鉄道作業局	A10	907	省245

製番	製造年	注文主	形 式	機 号	備　考
36		鉄道作業局	A10	908	省246
37	1907	鉄道作業局	A10	909	省247
38	1907	鉄道作業局	A10	910	省248
39	1907	鉄道作業局	A10	911	省249
40	1907	鉄道作業局	A10	912	省250
41	1907	鉄道作業局	A10	913	省251
42		台湾鉄道部	E52	52	1C1 タンク，51.0t
43		台湾鉄道部	E52	53	1C1 タンク，51.0t
44		鉄道庁	A10	914	省252
45	1907	鉄道庁	A10	915	省253
46	1907	鉄道庁	A10	916	省254
47	1907	鉄道庁	A10	917	省255
48	1908	鉄道庁	A10	918	省256
49	1908	鉄道庁	A10	919	省257
50		鉄道庁	A10	920	省258
51		鉄道庁	A10	921	省259
52		鉄道庁	A10	922	省260
53		高野鉄道		3	1B1 タンク，36.4t
54		高野鉄道		4	1B1 タンク，36.4t
55	1908	鉄道庁	C3	514	省3982，アプト
56	1908	鉄道庁	C3	515	省3983，アプト
57		台湾鉄道部	E52	54	1C1 タンク，51.0t
58		台湾鉄道部	E52	55	1C1 タンク，51.0t
59	1909	鉄道庁	C3	516	省3984
60	1909	鉄道庁	C3	517	省3985
61	1909	鉄道庁	A10	923	省261
62	1909	鉄道庁	A10	924	省262
63		鉄道庁	A10	925	省263
64		鉄道庁	A10	926	省264
65	1909	鉄道庁	A10	927	省265
66	1909	鉄道庁	A10	928	省266
67	1909	鉄道庁	A10	929	省267

出典：汽車会社蒸気機関車製造史編集委員会編『汽車会社蒸気機関車製造史』交友社，1972年。

表7－7　汽車製造の営業成績・設備投資

年	受注高（万円）	生産高（万円）	純利益（万円）	利益率（%）	設備投資（万円）	労働者数（人）	技術者数（人）
1899		136	9	2.6	94	171	3
1900	310	242	-56	-7.6	47	363	9
1901		324	-12	-1.2	311	510	18
1902	549	464	16	1.5	44	895	16
1903		650	60	5.7	63	950	27
1904		1,048	219	20.9	29	1,289	24
1905	2,030	2,109	274	28.2	56	1,450	28
1906	980	1,503	94	11.4	91	1,163	29
1907	2,900	1,829	94	12.6	94	940	25
1908	1,000	2,126	109	14.6	79	738	25
1909	630	1,005	-55	-7.3	18	587	24
1910	2,020	949	-33	-4.4	2	836	25

出典：汽車製造会社『営業報告書』各期。

営業成績を示すと**表7－7**のようで一九〇〇年度、〇一年度に赤字を計上するなど開業当初の経営はきわめて不振であった。営業成績が好転するのは一九〇四年二月に日露戦争が勃発してからで、〇四年度には生産高が一〇四万八〇〇〇円を記録し、利益率も二〇・九パーセントとなった。以後、同社の営業成績は日露戦争後の一九〇八年度までは比較的良好のうちに推移したが、一九〇九年度、一〇年度には再び悪化し、それぞれ五万五〇〇〇円、三万三〇〇〇円の赤字を計上している。設備投資も一九〇一年度の三一万一〇〇〇円をのぞくと、概して低調であった。

労働者数は一九〇〇年には三六三人にすぎなかったが、日露戦争勃発後の一九〇四年には一〇〇〇人をこえ一二八九人を数えた。一九〇五年、〇六年には生産の活況に対応して労働者数も一〇〇〇人を大幅にこえていたが、〇七年には九四〇人となり、以後は〇九年五八七人、一〇年八三六人と推移した。鉄道作業局新橋工場の熟練工を雇い入れ、機関車修繕の経験のある寺沢定雄を鉄工掛長に配置したことが注目される。

技術者では一八九九年に日本鉄道大宮工場技師の長谷川正五と工藤兵治郎、一九〇一年に関西鉄道技師の出羽政助《でわまさすけ》、帝国大学工科大学機械学科出身の古山一雄を入社させ、設計、製作技術の強化をはかった。長谷川正五は一八九五年に東京帝国大学工科大学機械学科を卒業して日本鉄道会社に入社し、米国に留学してボールドウィン社で機関車設計および製造法を勉強してきた若手技術者であった。井上は日本鉄道から長谷川をもらい受け、技師長心得としたのである。また出羽政助は関西鉄道の技術者・島安次郎の部下で、一九〇一年に島の退職と同時に辞職して汽車製造会社に移った。技術者の数も開業当初は数人であったが、一九〇六年度には二九人となった（前掲『日本鉄道車輛工業史』）。

鉄道車輌製造共同事務所の設立

一九〇六（明治三九）年から〇七年にかけて主要私鉄一七社が国有化された。鉄道国有化によって新たに発足した鉄道院は、一九〇九年に機関車および大部分の客車を可能なかぎり国内の民間車輌メーカーに発注するという方針を確立した。しかし、国有化後ただちに車輌メーカーに鉄道院向けの車輌大量納入が保障されたというわけではなく、鉄道国有化は車輌メーカーにとっては顧客数の減少を意味した。また川崎造船のように鉄道車輌製造を兼営する造船会社もあらわれ、鉄道院の車輌購入方法が従来のような入札制度のままでは落札できないと考えられるようになり、一九〇七年には汽車製造会社、日本車輌会社および川崎造船会社の合併案が出された。

しかし三社合併は進展せず、それに代わる鉄道院向け車輌の共同受注・適正配分を目的とするカルテル組織「鉄道車輌製造共同事務所」が設立された。同事務所は渋沢栄一の日記によると、平岡熙（汽車製造）、松方幸次郎（川崎造船）、奥田正香《まさか》（日本車輌）の三人が渋沢邸で会合をもち、渋沢も井上馨、桂太郎（総理大臣）および鉄道院総裁の後藤新平を訪ねて援助をしてほしいと申し出た。こうして汽車製造、川崎造船、日本車輌の三社が各一五万円を出し合い、汽車製造会社の平岡を理事長として一九〇九年八月に共同事務所が発足した。なお平岡は、このとき理事長が汽車製造会社の副社長であっては公平を欠くとして同社を退社し、入社以来の勤労報酬契約も解除した。

このころ国有鉄道では、島安次郎工作課長を中心に買収私鉄からの引き継ぎ車輌をはじめ、千差万別であった機材を統一する作業が進められていた。また国有鉄道の工場は車輌の修繕整備を主たる業務とし、車輌の新製は御料車などをのぞき民間工場に請け負わせるという原則が確立していた。こうして三社への鉄道院からの注文は、共同事務所が受注して三社に配分するというシステムができあがった。

しかし、その直後の一九一〇年八月、汽車製造会社社長の井上勝は英国ロンドンで客死した。後継者はなかなか決まらず、ようやく一九一一年三月六日に長谷川正五が社長欠員のまま副社長に就任した。長谷川体制のもとで汽車製造会社の業績は改善し、機関車の納入は一九一二年に指定工場になるまではそれほど増加しなかったが、客貨車の受注は大幅にふえた（前掲『日本鉄道車輌工業史』）。

第八章　帝国鉄道協会での諸活動

1　帝国鉄道協会の設立

帝国鉄道協会の設立構想

一八九五（明治二八）年一一月八日、東京の芝紅葉館で開催された第五回私設鉄道懇話会で、「帝国鉄道員会」という名称の官民合同による常設機関の設立が提案された（「第五回鉄道懇話会」『東京朝日新聞』一八九五年一一月九日）。提案したのは南清、笠井愛次郎、渡辺嘉一、田辺朔郎、河野天瑞、宮城島庄吉、古川阪次郎、菅原恒覧《つねみ》らの工部大学校土木科の出身者で、両毛鉄道社長の渡辺嘉一が代表に選ばれた。帝国鉄道員会設立の目的は「日本帝国に在る鉄道事業の発達進歩を資《たす》くる為め、鉄道員の講究及其教養を謀る」ことであったが、その背景にはつぎのような事情があった。

日清戦争（一八九四〜九五年）後の第二次企業勃興期をむかえると、鉄道業界は「近来鉄道事業の発達は非常の盛況にして、既設の外、現に出願中の各線を合すれば其会社数殆んど百五十余の多きに至り」という様相を呈した。そのため「技手、書記、駅長、駅夫、職工の如き鉄道職員の需要、日を追ふて増加」したが、「適任の人物なき故、各鉄道会社とも職員の欠乏を感せさるはなく、鉄道職員の養成は洵《まこと》に目下の急務にして若し其養成を怠れは、今後に起る多数の新会社は到底斯業の技術に熟練なる人物を得難るべし」と、鉄道会社は技術系（技手、職工）、事務系（書記、駅長）を問わず深刻な職員不足に悩まされ、その養成が重要な課題となっていたのである（「鉄道職員養成所」『鉄道雑誌』第一〇号、一八九六年七月二七日）。

帝国鉄道員会は「管理」「運輸」「建築」「運転」の四科を講究し、各課に主任一名をおくほか、運輸科には「専門家」、建築・運輸の両科には「工学博士若くは学士」をおき、「其主任又は補助」とするとされていた。また運輸科主任のもとに「鉄道運輸学校」をおき、「鉄道に関する学術」について教育することになっていた。そして、会員は「鉄道局及私設鉄道会社の新旧役員、鉄道の経済・運輸・建築・運転に関する各学科の博士及内外国に於て此諸学科を修めたる者」に限られ、入会には「常議員会の決議」が必要とされた。帝国鉄道員会は一八九二年に設立されたアメリカ鉄道協会（American Railway Association）をモデルとしたといわれ、私設鉄道懇話会のような親睦団体ではなく、鉄道職員の養成をめざす学術研究機関であった。

私設鉄道懇話会では表8－1のような私鉄各社の役員からなる審議会を組織し、一八九六年一月、京橋区西紺屋町の東京地学協会で帝国鉄道員会の設立について審議をした。その結果「帝国鉄道員会」は「帝国鉄道協会」と名のることになり、「我等鉄道業ニ関シ相互ノ知識ヲ開発シ、延《ひい》テ帝国公衆ノ利便ト各鉄道ノ進歩ヲ謀議スル為メ、帝国鉄道協会ノ名ノ下ニ鉄道業者ノ団体ヲ組織シ、左ノ規則ヲ遵奉スルコトヲ約ス」という声明書を付して「帝国鉄道協会規則（案）」が作成された。

それによれば、同協会は「正員」「名誉員」「特別会員」および各鉄道会社の代表者によって組織される。「正員」は、①鉄道事業に従事するもの、②三年以上鉄道事業に従事した経験をもつもの、③専門の学校で商業、工芸、法律、経済の学科を卒業したものからなり、そのほか鉄道事業に特別の功労あるものが「名誉員」、鉄道事業に特別の学識経験あるものが「特別会員」で、正員の会費は年間六円であった。また、各鉄道会社は営業距離に応じて一〇〇〜九〇〇円前後の「補給金」を負担するものとされ、営業距離が五〇〇マイルをこえる日本鉄道会社は九〇〇円、二〇〇マイル前後の北海道炭礦鉄道、山陽鉄道、九州鉄道の各社は六〇〇円、関西鉄道会社は五〇〇円の補給金を納入しなければならなかった。

「帝国鉄道協会規則（案）」は一八九六年四月の第六回私設鉄道懇話会に提出されて審議されたが、そこで

表8-1　「帝国鉄道員会」設立審議会委員名簿

鉄道会社	委　員
関西鉄道	白石直治
九州鉄道	奥井清風
大阪鉄道	菅野元治
筑豊鉄道	村上亨一
伊予鉄道	井出正光
甲武鉄道	三浦泰輔
北海道炭礦鉄道	井上角五郎
参宮鉄道	白石直治
播但鉄道	鹿島秀麿
総武鉄道	本間英一郎
川越鉄道	浅井謙蔵
摂津鉄道	菅野元治
南和鉄道	菅野元治
豊州鉄道	奥井清風
房総鉄道	小沢武雄
南予鉄道	宮内治三郎
両毛鉄道	渡辺洪基

出典：日本交通協会『七十年史』1967年。

は結論が出ずに継続調査となった。そして、同年一一月の第七回私設鉄道懇話会に再度提案されたが、ここでも議論が百出して決議にはいたらなかった。豊州鉄道技師長の村上享一《きょういち》や、甲武鉄道建築課長で川越鉄道監査役であった菅原恒覧らの工部大学校出身者が熱心に帝国鉄道協会の設立運動を展開したのにもかかわらず、実現はしなかった。日本交通協会『七十年史』（一九六七年）は、その理由として各鉄道会社間の補給金負担をめぐる対立、最大の従業員をかかえていた官設鉄道が民間主導による帝国鉄道協会の設立に反発したことなどをあげている。

大阪鉄道協会の設立

帝国鉄道協会の設立が困難をきわめるなか、大阪に鉄道協会が設立された。南清や村上享一らが中心となって一八九八（明治三一）年三月三日に神戸で鉄道協会の規則作成のための調査委員会を開き、同協会規則案を作成して公表し、四月三日に大阪市中之島の大阪ホテルで発起人会を開催した。大阪鉄道協会の目的は、「鉄道事業ノ改良進歩ヲ資クル為メ、鉄道ニ関スル諸般ノ事項ヲ調査攻究シ、会員ノ斯業ニ於ケル面目ヲ保持スル」ことで、その目的を達成するため「建築」「汽車」「運転」「経理」「政法」などの部をおき、鉄道事業上の諸問題を「分査討究」するとしていた。

大阪鉄道協会の会長には牛場卓蔵、副会長には南清、白石直治《なおはる》が就任し、評議員には岩崎彦松、井田清三、石黒誠二郎、速水太郎、伴直之助、西岡恒之進、西野恵之助、宮森篤、河合舜吉、河野天瑞、土屋金次、村上享一、村野山人、二見鏡三郎、遠藤藤吉、菊池武徳、三本重武、島安次郎、守下精らが名をつらねていた。会員は「正員」「準員」「名誉員」「賛成員」からなり、正員の資格要件は、

①三年以上鉄道事業に従事し、責任ある位置をしめたもの、②大学ないしこれに準ずる学校を卒業し、二年以上鉄道事業に従事したもの、③大学で鉄道の講座を担当するもの、④鉄道に関する有益な発明、応用の面で功績のあるものとされ、年会費は一〇円であった。また準員は、①鉄道事業に従事するか、その経歴を有するもの、②鉄道に関する学科を学習する学生、生徒であった。当初、正員の数は一三四名であったが、一八九八年一〇月二五日に機関誌『鉄道協会誌』が創刊されると入会者が急激に増加し、正員二五四名、準員七八七名、合計一〇四一名となった。また、大阪鉄道協会は一八九八年一一月二九日の常議員会で、「鉄道思想ノ普及発達ヲ図リ、時々ノ事項ヲ詳悉シ以テ円満ニ本会（鉄道協会…引用者）設立ノ目的ヲ達成セン」ために、鉄道協会内に鉄道時報局を設置して『鉄道時報』という業界紙を発行することを決議した。

帝国鉄道協会の設立と大阪鉄道協会との合同

一方東京でも、一八九八（明治三一）年六月ごろから帝国鉄道協会の設立に向けての動きがみられた。同年六月一二日に京橋区山城町の工学会事務所で会合がもたれ、渡辺洪基、松本荘一郎、毛利重輔、本間英一郎、平岡熙の五人を創立委員、小山友直、村瀬栄一、山口金太郎、広瀬孝作、榊原浩逸、宮城島庄吉、笠井愛次郎、渡辺雄男、菅原恒覧、久野知義らを斡旋委員として規則を起草し、鉄道関係者に配布して同意を求めた。

帝国鉄道協会は一八九八年一一月二八日に京橋区西紺屋町の東京地学協会事務所で第一回定期総会を開催し、定款を確定するとともに二八名の評議員を選出して正式に発足した。定款によれば、帝国鉄道協会は「鉄道事業ノ改良進歩ヲ資ケ兼テ会員ノ親睦ヲ図ル」ことを目的とし、会員の資格要件は大阪鉄道協会の場合とそれほどかわることなく、「正員」「準員」のほか「名誉会員」「賛助員」などがおかれ、会長には陸軍大将・川上操六が就任した。

こうして東京に帝国鉄道協会が設立されると、大阪鉄道協会との合併が議論されるようになった。帝国鉄道協会では、一八九九年五月二〇日の第二次定期総会で大阪鉄道協会との合同交渉の件が議題にあげられ、理事会に一任されることになった。その八日後の五月二八日に大阪ホテルで開催された大阪鉄道協会の第二回総会では、会長の南清が上京して帝国鉄道協会と交渉した結果が報告された。それによれば、大阪鉄道協会が合併にあたって提示した条件は、①支部を大阪におき、その費用として毎月一五〇円を本部が支出すること、②合併後、評議員を帝国鉄道協会、大阪鉄道協会の双方から同数選出すること、③合併後も『鉄道時報』の刊行を継続するため保助をあたえること、④合併後は東京と大阪で交互に総会を開くこと、の四点であった。そして、大阪鉄道協会は一八九九年七月二四日の総会で帝国鉄道協会との合併を可決した。こうして大阪鉄道協会は帝国鉄道協会に合流し、大阪には同協会の大阪支会がおかれた。新しく発足した帝国鉄道協会の正会員は六四六人、準会員は一五五六人で、合計二二〇二人となった。

帝国鉄道協会の名誉会員に就任

井上勝は帝国鉄道協会が発足すると、大隈重信、伊藤博文とともに名誉会員に推挙された。名誉会員となった井上は、帝国鉄道協会の機関誌『帝国鉄道協会報』第二巻第二号（一九〇〇年七月二五日）に「所思を述ぶ」なる所感を寄せた。そこには、井上が帝国鉄道協会をどのようにみていたか、また鉄道庁長官辞任後のみずからをどのように位置づけていたかが率直に語られているので、やや長文であるが紹介することにしよう。

諸君、今般当協会諸君の御賛同に依つて当協会の最も知己なる取扱を以て御待遇さるゝ、席に伊藤侯、大隈伯、次に私如き小さなものを御推薦下さることに付いては深く私は感佩《かんぱい》に存じまして一言好い序を以て諸君に御挨拶を申上げます。序《ついで》ながら私も大に希望を抱いて居ることがありますから、一言申し上げますから暫時御耳を拝借致したうございます。申すも如何なことでございますが、二十六年迄は私も傲慢無礼な鉄道の当局者であつた。夫故《それゆえ》でありませう、又外にも所以があつたか、其当局者から放逐せられた。身は放逐されたけれども私自からは放逐されない心持で居る。これは随分可笑《おかし》なことでありますが、その訳を申すから少し聴いて下さい。何故なれば此井上と云ふ奴は甚だ不調法者で鉄道から放逐されても、出された以上は少しも潰しが利かない。それだからどうなり斯うなり此鉄道にクツ付いて居らなければ奈何せん世に立てない人間だと私は確信する。故に私は鉄道に下り付いて居る。又もう一つの道理は、何故下り付いて居るかと云ふに、茲《ここ》に私が遺憾千万なことを感ずることがある。遺憾千万なこと、云ふのは、三十年前に今日明治三十三年の国運の発達する進歩が斯の如き度合に迄来ると云ふことの憶測が出来たならば、もう少し善い鉄道の種を蒔《ま》いただらうと思ふけれども、そこが私が吝《りん》であつたか、又当時の政府当局者が吝であつたか、どうも今日の社会に気に入るが如きことが出来ぬから一言も云はれず、公衆からも今日のやうに口の先でも筆の先きでも不足ダラケの小言を言はれる鉄道の種は蒔かなかつただらうと思ふ。それは甚だ遺憾千万である其種を蒔いた為に今日鉄道に当つて御出なさる当局者に直接間接に心配をさせるのは甚だ私は遺憾と思ひます。去りながら、此遺憾と云ふことも最早後悔のことであるから致方がないから之を公衆に気に入るやうに、又能く人の云ふ鉄道は文明の利器だと云ふ実を挙んが為には改良に改良を加へなければならん。今申します通り、私は鉄道からは心も身体も離れませぬから、何とかして鉄道の発達に付いてもう少し生きて居る間は身を委ねる積りてありますから、どうぞ皆様最早傲慢無礼は廃しましたからどうぞ宜しく願ひます。

井上勝が一八九三年に鉄道庁長官を辞任するにいたった経緯については第六章で述べたが、井上はこれを「傲慢無礼な鉄道の当局者」が「其当局者から放逐せられた」と表現している。しかし鉄道庁長官を放逐されても、井上自身はなおも「放逐されない心持」でいる。というのは、「甚だ不調法者」で「少しも潰しが利かない」ので、鉄道を離れては「世に立てない」からであるという。

しかし井上が鉄道から離れられないのは、これだけの理由ではなかった。井上は、みずからが「当局者」として敷設してきた鉄道を、日清戦争後の経済発展に照らして「遺憾千万」と感じていた。井上によれば、鉄道が「文明の利器」としての実をあげるには、なおも「改良に改良を加へ」る必要があった。こうして、井上は鉄道庁長官辞任後も鉄道に深くかかわっていくことになった。そして、「どうぞ皆様最早傲慢無礼は廃しましたからどうぞ宜しく願ひます」と、井上らしい機知にとんだ言葉で帝国鉄道協会名誉会員に推薦されたことへの謝辞を結んでいる。

表8－2　帝国鉄道協会会員数の推移

年　次	名誉会員	特別会員	賛助会員	正会員	準会員	合　計
1898	3	0	0	280	0	283
1899	3	0	0	646	1,556	2,205
1900	3	0	0	669	1,505	2,177
1901	3	0	0	680	1,398	2,081
1902	3	0	0	702	1,407	2,112
1903	3	0	4	710	1,249	1,966
1904	3	0	6	673	1,095	1,777
1905	3	0	9	709	1,063	1,784
1906	3	0	14	738	1,227	1,982
1907	3	0	16	766	1,208	1,993
1908	3	0	21	765	1,244	2,033
1909	3	0	27	864	1,057	1,951
1910	6	0	35	957	1,253	2,251
1911	8	26	49	991	1,236	2,310
1912	9	42	60	1,034	1,191	2,336

出典：帝国鉄道協会『帝国鉄道協会三十年史』1928年。

帝国鉄道協会会長に就任

帝国鉄道協会は、一九〇三（明治三六）年五月七日に開催された第六回総会で社団法人に組織変更することを決議した。そして、同年六月一二日付で逓信省に申請し、翌一九〇四年五月一三日に認可された。**表8－2**によれば、一九〇四年における会員数は名誉会員三名、賛助会員六名、正会員六七三名、準会員一〇九五名、合計一七七七名であった。

社団法人となった帝国鉄道協会は、一九〇五年の第二回定時総会からは会場を日本各地に求め、第二回を京都、第三回を名古屋、第四回を東京で開催した。そして第五回定期総会は、一九〇八年五月二四日に仙台の宮城県会議事堂で開催された。このときの出席者は一五〇余名で、議事終了後、井上勝の講演が行われた。総会翌日の五月二五日には丹後の天橋立（京都府）、安芸の厳島神社（広島県）とともに日本三景のひとつにかぞえられる景勝地松島を遊覧した（「帝国鉄道協会（仙台）」『東京朝日新聞』一九〇八年五月二五日）。

一九〇九年五月二三日には、帝国鉄道協会の第六回定時総会が石川県金沢市広坂通の石川県会議事堂で開催された。その日の金沢は北国ではめずらしく、雲ひとつない「稀なる好天気」であった。出席者はおよそ二〇〇名にのぼり、正午開会の予定であったが、四〇分ほど遅れての開会となった。副会長の平井晴二郎が司会者として登壇し開会を宣言し、先般の評議員会で新会長に名誉会員の井上勝を推薦することになったと報告するとともに、その承諾を求めた。井上の新会長就任はただちに承認され、満場の拍手をもって歓迎された。新会長に選ばれた井上は羽織袴の扮装で登壇し、つぎのようにあいさつをした。

予は先年伊藤公、大隈伯と共に本会の名誉会員に推薦せられたる者なり。公、伯の名望は今更言ふ迄も無し。此の両者共に予が本会の名誉会員たるは自ら顧みて忸怩《じくじ》たる処、況や今や又会長に推さるゝに於ておや。予は之を諾すべきか将又《はたまた》之を諾せざるべきかに就きて頗る進退に迷へり。何故となれば、予の鉄道は実に維新前陣羽織、野袴に草鞋掛《わらじがけ》の鉄道なり。然るに今の鉄道は、博士、学士、多士済々たる頗る進歩せる鉄道なればなり。然れとも、鉄道神社に日参したるの点は諸君より一日の長あるを信ず。即ち、此の信を以て会長の職を汚さんと欲す。役員及会員諸君、願くば之を諒として賛助補佐せられんことをと云々

（「帝国鉄道協会第六総会」『鉄道時報』第五六〇号、一九〇九年五月二九日）

今の「進歩せる鉄道」に対して、みずからの鉄道は維新前の「陣羽織、野袴に草鞋掛の鉄道」と謙遜しながらも、「鉄道神社に日参したるの点は諸君より一日の長あるを信ず」と言い切っているところに創業期の鉄道敷設を牽引してきたという、井上の自負がうかがわれる。総会終了後金谷館で園遊会が催され、三〇〇人余が参加した（「鉄道協会総会」『東京朝日新聞』一九〇九年五月二九日）。

総会翌日の五月二四日の午前中には、会長の井上勝、副会長の平井晴二郎、末延道成らは高岡での歓迎会に臨み、古市公威《ふるいちきみたけ》、田辺貞吉らは伏木で港湾を視察した。そして同日の午後には、総会参加者一同が金沢市内の公園で開催された同市主催の園遊会に出席し、五月二五日には三〇〇余名が山中温泉に赴いた（「鉄道協会総会」『東京朝日新聞』一九〇九年五月二六日）。翌五月二六日には、帝国鉄道協会会長井上勝、鉄道院副総裁平井晴二郎をはじめ会員一二七名は、午前一一時の臨時列車で福井駅に向かった。福井市役所で山品市長の歓迎を受け、宴会ののち午後三時に散会した。ちなみに、井上勝は同日の夜の最終列車で大阪に向かった（「鉄道協会一行未着（福井）」『東京朝日新聞』一九〇九年五月二八日）。

一九一〇年一月八日には、井上が会長になって初めての新年会が日吉町の帝国鉄道協会内で開かれた。あいさつに立った井上は、「諸君に望むのは折角此協会と云ふ者が出来て居るのであるから、之を盛んにして、鉄道の為めに尽して貰ひたい、眠って居る鉄道の当局者を喚ひ覚して鉄道進歩の発達を図つて貰ひたい」と述べた。たとえば、帝国鉄道協会では「新帰朝者の談を聞く事」になっているのに、これまで私にはその知らせがきたことがない。ことほどさように帝国鉄道協会の活動は不活発である。それを何とか活発にしてもらいたい、というのが井上の新年のあいさつであった（「鉄道協会新年宴会」『鉄道時報』第五三九号、一九一〇年一月一五日）。

また、井上勝は帝国鉄道協会の拡張をはかった。これまでの同協会の活動は技術関係にかたよっており、その活動範囲は比較的せばめられていた。これに対し井上は、鉄道を利用する側の人たちも鉄道協会に参加させ、鉄道の発達を実地に研究しなければならないという意見をもっていた。政府と民間の間に立って鉄道界の円滑な発展をはかりたいと考えていたのである（三崎重雄『鉄道の父 井上勝』三省堂、一九四二年）。

ところで帝国鉄道協会の初代会長川上操六は一八九九年一月に就任したが、同年五月に死去した。また二代会長の児玉源太郎も一九〇四年六月に就任し、一九〇六年七月に死去している。帝国鉄道協会の会長は、就任後まもなく死去するという不運にみまわれていた。三代会長の井上勝までもが同じ運命をたどるとは、このときにはまだ誰も気がついていなかった。

2　清国鉄道視察

井上勝はアジア各地の鉄道視察に頻繁に出かけた。日清、日露の両戦争中には、鉄道輸送の状況を視察するため三回にわたって交戦地に出張した。また鉄道開発のため、清国には二、三回、台湾には五、六回も出張した（「井上子爵洋行の理由」『鉄道時報』第五五〇号、一九一〇年四月二日）。

釜山から京城へ

井上勝は、一九〇一（明治三四）年九月三〇日に下関を発って韓国および清国の鉄道視察に出かけた。釜山、京城（ソウル）から清国に入り、関内外の鉄道を経由してロシアが経営する東清鉄道線に出て大連、旅順を巡視し、さらに転じて上海、漢口にわたり、帰国したのは同年一二月一一日であった。鉄道時報局では帰国後の一九〇二年一月二二日、神戸の料亭「常盤花壇」に井上を招いて韓国および清国鉄道視察の様子を聞いた。そのときの井上の談話が「井上勝子の清国鉄道談」として『鉄道時報』（第一二四号、一九〇二年二月一日）に掲載されている。なお、井上は日露戦争開戦後にも、再三にわたり満韓の鉄道を巡視している（前掲『子爵井上勝君小伝』）。

井上は九月三〇日に下関を経て韓国に向かい（「内国電報」『東京朝日新聞』一九〇一年一〇月一日）、朝鮮の釜山を経由して京城（ソウル）に入った。釜山は「日本の村の大なるもの」とみれば間違いないという感想をもらし、京城市内に電気鉄道が走っていたのに驚きを示すが、「乗客は余り多からず」

大礼服姿の井上勝（1901年）
（上田広『鉄道事始め――井上勝伝』井上勝伝復刻委員会 より）

と観察していた。

また京城で昼食をとったが、日本人の経営する料理屋よりも外国人のそれの方が手軽であるという評判であった。ホテルには朝鮮の家に西洋風の窓がつけられており、「異様なる観」を呈していた。井上は料理店やホテルについても関心を示していたが、鉄道人らしく京仁鉄道の経営にはとくに興味を示し「六七分の配当ある由」と語っていた。

李鴻章との面談（北京）

清国では、一八七〇年代にイギリスのジャーディン・マセソン商会が上海～呉淞間の鉄道を敷設し鉄道時代を迎えた。李鴻章や張之洞ら少数の進歩的官僚は首都と南北諸省を結ぶ鉄道を敷設しなければならないと考えており、北京と山海関を結ぶ鉄道や北京から漢口までの鉄道が敷設された。また、北京～漢口間鉄道の「総弁」（社長）であった盛宣懐も鉄道の重要性を理解していた（C・B・ディヴィス、内田知行訳「中国における鉄道帝国主義 一八九五～一九三九」、C・B・ディヴィス／K・E・ウィルバーンJr.編著、原田勝正・多田博一監訳『鉄路一七万マイルの興亡――鉄道からみた帝国主義』日本経済評論社、一九九六年）。井上はこの清国鉄道視察の旅で、これらの人びとと面談をした。

京城から清国の芝罘《チーフー》を経て旅順口に出たが、その港内には五六艘の船舶しか停泊することができなかった。旅順口からは大沽《ターク－》、天津を経て北京に出て、そこで洋務派の首領李鴻章《りこうしょう》と面談をした。井上は李と対面すると、その冒頭で「余は（略）政治家にも官吏にも学者にも非ず、只鉄道事業の視察の為に来り」と告げ、清国における鉄道の現況を非難し「鉄道敷設の急務」なることを述べた。そして李が、「清国には金が無い故日本より金を持て来らば敷設することを得べし」と答えると、日本は財政困難のため「到底資金を清国へ注入」することはできないが、「技師は国内に溢れ居《お》る故、清国の資金と日本の技師とを以て着手せば、鉄道の敷設も容易ならん」と説いた。李鴻章との面談は二時間ほどにわたった。

山海関～北京間の鉄道

日清戦争後、英・米・仏・独・露などの欧米列強と日本は清国の鉄道利権を奪おうとして激しく対立していた。山海関から北京までの鉄道についてみると、山海関～天津～揚村間はロシアに占領され、ついでドイツ、日本の占領区域となり、最後の北京までの五マイルほどの路線はイギリスの占領下にあった。それぞれの路線は各占領国によって修復され、ドイツの将校は「日本の占領区域は最も不完全なる修復ならん」と冷笑していた。しかし井上が実際にみてみると、日本の占領区域が「意外にも列国中最も堅固に完全に修復され」ていた。

北京から天津にもどり、そこからは鉄道で大連湾に向かった。山海関では鉄道を視察するとともに開平炭山も見学した。ロシアが占領する鉄道には日本人を簡単には乗せてくれないと聞いていたので、天津在留のロシアの陸軍少将オーガックに紹介状を依頼したが、ついに届かなかった。そこで、やむをえず山海関で身元証明書をもらって旅順に到着した。井上はロシアが占領する鉄道の悪弊について、「各停車場にて日本人を無賃にて乗せながら次の停車場に至りて検査し切符を持たずとて全汽車賃を徴し、次の停車場にて亦此の如くし、賃金を八重取りする事」であると述べていた。

井上は大連湾でロシアの総裁を訪問し、鉄道工事の模様を聞こうとしたがかなわなかった。総裁は午後三時に「昼飯を供したし」といったが、井上は午後一時には大連湾を出発することになっていたからである。また鉄道工事を一覧しようと思い案内を依頼したが、「自由に縦覧して少しも差支えなし」という無頓着な返事が戻ってきた。井上の観察によれば、ロシアの鉄道工事の模様はつぎのようであった。鉄道工事に要する材料は、すべて本国の大蔵大臣が注文し旅順や大連湾に送っていた。したがって、総裁は「只工事の請負を命じ、監督を為すに止ま」っていた。また、工事は「煙突は日本人、桟橋はイギリス人、道路は独逸人」というように外国人が請け負っていた。工事費の管理も杜撰で「其工事に金を費やすことは恰《あたか》も水を撒くが如く」で、「百万円の工事費を要しても実際は五六十万円位の工事に相当する」工事しかできなかった。

一方、ドイツの鉄道工事はロシアとは正反対であった。井上は膠州湾で鉱山、築港、鉄道などの長官に面会して工事の模様を聞くと、「詳細に説明し亦親しく丁寧に案内」をしてくれた。金の使い方も「精密」で、井上は「学問と経験と相俟つて為す工事は此の如きものなるかと驚きたり」という感想を残している。

盛宣懐との面談（上海）

井上は、さらに上海に赴き鉄道大臣の盛宣懐《せいせんかい》と面談をした。面談を申し込むと、醇親王の来着の準備で忙しいので翌日ならば二時間ほど時間がとれるという返事があった。それならばさきに漢口に行って、その帰途にゆっくり会いたいというと、李鴻章危篤の電報がしきりに来ており北京に行ってしまうかもしれないというので、やむをえず盛宣懐のいうとおりに面談をした。盛宣懐との面会がいつ行われたかは不明であるが、李鴻章が死去したのは一九〇一年一一月七日なので、その直前であったと思われる。

井上は李鴻章との面談のときと同じく鉄道敷設の急務なることを説き、「鉄道は支那の国を狭くする訳なれば、団徒などが起りても容易に兵隊を送りて鎮撫するを得る」と鉄道の効能を述べた。しかし盛宣懐からは、李鴻章と同様に清国には鉄道を敷設する金がないという返事が戻ってきた。そこで井上は、「清国の人民は金を積むに巧にて多くの金を所持する故、（略）民間の事業として彼等に投資せしむれば容易なり、日本は小国なれども既に四千哩を敷設し、更に二千哩を敷設することとなり居れり、只之が為に資金欠乏の域に陥るは残念なるが今や技師は溢るゝ如くある故、然るときは進んで清国に来り助力すべし」と語った。

それでも、盛宣懐の返答は否定的であった。第一に中国人は利益配当の確実な事業ならば投資をするが、配当があるかどうかわからないような投機的な事業には手を出さない。第二に中国人には墳墓を尊び鉱山の開発を好まない風潮があるので、鉄道敷設事業は人びとの反対にあって中止に追い込まれるというのであった。井上は、前者については利益ある鉄道を最初に敷設して実績をみせればよいと答え、後者については北清地方の鉄道敷設の例にならって政府が強硬に出ればよいとした。そして、「外国より軍艦を買ひ鉄を買入る、にあらずや、去れば自国の鉱山を開掘して石炭を得、鉄を得るの経済的なるに比して何れぞや」と、造船業、製鉄業、石炭鉱業など自国産業の自立化を進言した。これに対する盛宣懐からの反駁はなかった。

上海から漢口へ

井上は上海から漢口に向かい、洋務派官僚として著名な張之洞《ちょうしどう》と会った。張之洞は「李鴻章の死によって少なからず動揺していた」と井上が述べているので、井上が張之洞と面談したのは李鴻章が死去した一一月七日の直後かと思われる。井上が張之洞の設立した製鉄所内部が不規律で錯雑なることを指摘すると、張之洞も同意し、そのやむをえざる事情を説明した。張之洞によれば製鉄所の長官はベルギー人で、一万五〇〇〇両の俸給を得ているが「本国にては五千両の価値もなき男」であった。この製鉄所で製造される軌条は一トンあたり六五両の実費を要しているので、八〇両ぐらいで売らなければ利益が出ないのに盧漢鉄道（盧溝橋～漢口間）に五五両で販売していた。盧漢鉄道が「一噸五十五両ならざれば外国より取り寄する」と脅していたからである。そのうえ、井上によれば軌条の質は「粗悪にして折れ易」かった。

井上は、盧漢鉄道についても観察を試みている。盧漢鉄道は、当初は盧溝橋～漢口間の鉄道敷設を計画していたが、のちに北京まで延長されることになったので京漢鉄道とよばれるようになった。路線距離は約八〇〇マイル（一二八七・二キロメートル）であったが、そのうちの一〇〇マイル（一六〇・九キロメートル）ほどしか完成していなかった。北京に近い部分はフランス人が敷設し、ほかはベルギーのシンジケートの手で敷設されていた。敷設費用は四一〇〇万両であったが、鉄道敷設資材の供給者が年五パーセントの利子で提供していた。利率は低いが、資材供給者は「方外《ママ》の高価」で清国政府に資材を販売していた。

井上は漢口から再び上海にもどって懇親会に出席し、土地の有力者で来日して日本の天皇に拝謁し

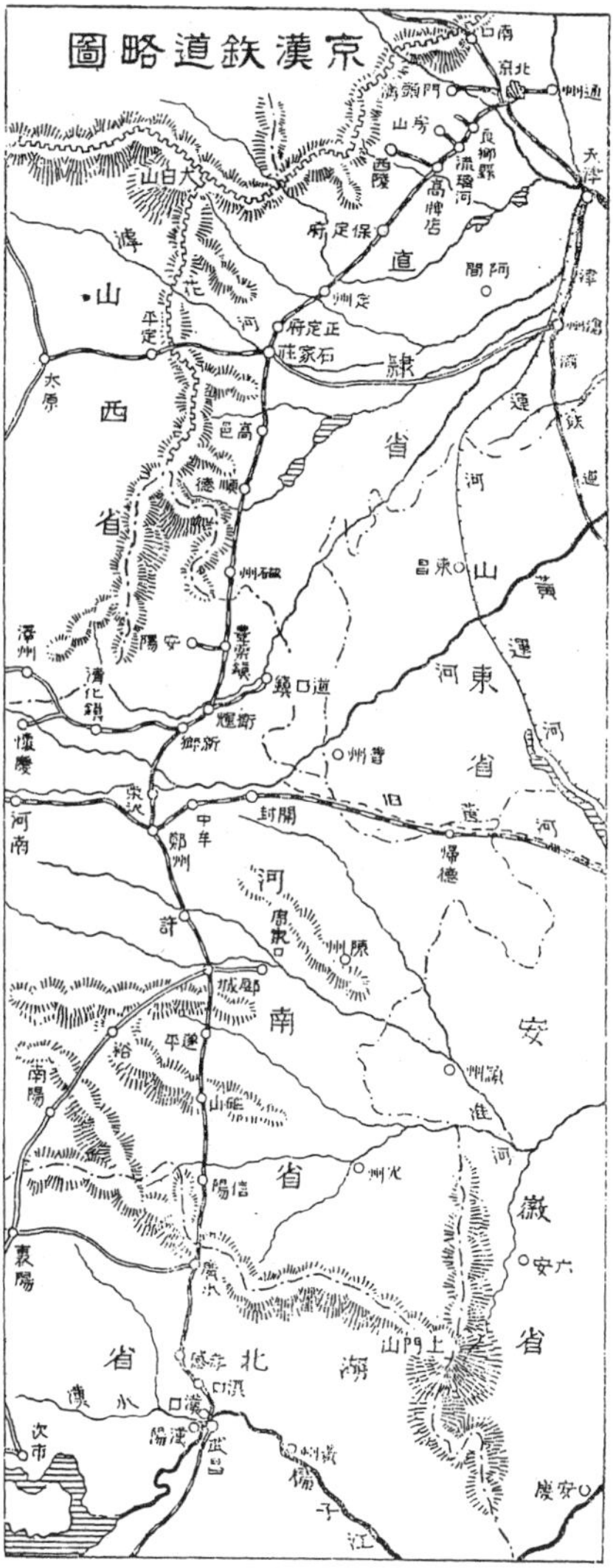

京漢鉄道略図
（鉄道大臣官房外国鉄道調査課『支那之鉄道』より）

たことがあるという広東人の劉学仁なる人物と会った。評判はよくなかったが、李鴻章の信任が厚く勢力があった。劉学仁は中国に鉄道を敷設する方策について、「各省より平均に鉄道税を課して全国縦横に敷設すること」と、特定の国に過大の権利を与えるのをさけるため「各文明国より平等に出金せしめ、之を以て敷設すること」の二策があるとした。これに対し井上は「妙案なれども其実行し難き」ことを説明し、「日本より技師を聘して民間事業となす方得策なる」と主張した。

井上は日清戦争のころから、日本内地ばかりでなく東アジアを含む帝国日本の広がりのなかで「鉄道経略」を考えるようになっていた。そして内地の鉄道敷設が頓挫を来し、多くの鉄道技術者が取り組む仕事がなくなると、それを清国の鉄道の発展に役立てようとしたのである。なお井上は、一九〇四年一一月二九日に袁世凱総督を訪問しているが（『東京朝日新聞』一九〇四年一二月一日）、そこで何が話されたかはわからない。

井上勝の清国鉄道拡張論

井上勝は清国各地の鉄道を視察するとともに、李鴻章、盛宣懐、張之洞、劉学仁らと面談をし、清国の鉄道拡張という持論を展開した。一九〇一（明治三四）年度の清国の鉄道敷設距離は一七七八キロメートルで、そのうち六二一キロメートルが外国の手によって敷設されていた（宓汝成著・依田憙家訳『帝国主義と中国の鉄道』龍渓書舎、一九八七年）。こうしたなかで、井上は清国国民から資金を集め、日本の鉄道技術者を招聘して鉄道を敷設すべきであると主張していた。日本ではすでに鉄道の開業距離が四〇〇〇マイル（六四三六キロメートル）をこえており、みずからが育てた多くの優秀な鉄道技術者が育っていた。井上は、こうした鉄道技術者を利用して清国の鉄道網の拡張をはかろうと考えていたのである。

このように井上の主張は鉄道の拡張という点で一貫しており、一九〇三年三月七日の『鉄道時報』（第一八一号）は「子爵井上勝氏を訪ふ」なる記事を掲載しているが、そこでもつぎのように述べていた。

支那鉄道に就（て…引用者）ですか、意見は沢山あるが……日本のやうな小さい国でさへ、もう鉄道が四千哩もあるに、支那には殆んど無いと云つて善い位のものだ、国が十倍大きいとしても、四万哩無ければならぬ筈だ、大きさは十倍どころで無い、一省でも日本位あるから十八省あれば十八倍も無ければならぬ、それを誰れが拵《こしら》へるかと云へば、今まの支那人ではだめだ、すればどうしても外国人の手で遣らねばならぬ、外国人と云へばどこの人間が遣らねばならぬかと云ふと、日本人の外かには無い、処が日本には金が無い、有るにしても軍艦の一艘や二艘拵へるにさへ八ヶ間敷《やかましく》云ふ位だからとても出来るもので無い、そんなら金はどこにあるとかと云ふと支那に在る、私は支那には充分金があると、私は思ふて居る、支那人の金で支那の鉄道をどうして拵へるか……こんなことはちょっとでは云へぬから、ゆっくりお話仕ませう、

ここでも井上は清国の民衆から資金を集め、日本の技術で清国の鉄道を拡張すべきであると述べて

いる。この主張の背後に、日本で優秀な鉄道技術者を育ててきたという井上の自負をみてとることができるであろう。

井上は、日露戦争末期の一九〇五年七月には東清鉄道を視察している。京城滞在中、井上は東清鉄道を視察してきて「鉄道があちらでもこちらでも出来たのを見ては今昔の感に耐へぬ」「どうも鉄道は広軌に限るな」と語ったという。日本の鉄道草創期には狭軌鉄道論を説いていたが、アジアにおける鉄道の発展をみて「今や広軌鉄道論を唱ふる急進派」となったのである（木下生「韓国瞥見余録（二）井上子爵の片言」『鉄道時報』第三〇三号一九〇五年七月八日）。

井上は一九〇五年五月五日に南満洲鉄道を視察し、その帰路に京義線を経て京城に到着すると、たまたま京釜鉄道の開業式に遭遇した。同鉄道の開業式は日露戦争中の日本海海戦の二日前の一九〇五年五月二五日、京城南大門停車場構内広場で行われた（朝鮮総督府鉄道局編『朝鮮鉄道史』一九二九年）。開業式に参列した井上は、「一種の感慨に打たれ、歓極まつて将に流涕《りゅうてい》せんとせしもの」があった。なぜなら、満洲から京城にいたる沿道の鉄道従事者の多くは「予の盛時に当り、孰れも部下に立ちし人々」であったが、京釜鉄道の従事者もそうであったからである（井上勝「鉄道誌」、副島八十六編『開国五十年史』開国五十年史発行所、一九〇七年）。四〇年ほど前までは、インド以東のアジア諸地域にはまったく鉄道の姿をみることができなかったのに、みずからが育てた鉄道技術者が東アジアの鉄道敷設に活躍する姿をみて感きわまったのであろう。

伊藤博文の暗殺

ところで、一九〇九年一〇月二六日、井上勝は伊藤博文と永遠の別れを告げることになった。伊藤博文は日露講和条約成立後の日韓議定書にもとづいて韓国統監の地位にあったが、健康をそこねて一九〇九年二月に帰国し、統監の任を副統監に譲った。その後、満鉄総裁の後藤新平の斡旋でロシアの蔵相ココツォフ（Vladimir Nikolayevich Kokovtsov）と会談するためハルビンに赴いたところ、ハルビン駅で韓国人の安重根の弾丸に倒れたのである。伊藤は井上よりも二歳年長で兄のような存在であった。英国ロンドンにともに留学した間柄でもあり、多感な青年期を一緒に過ごした「同志」であった。それだけに井上の悲しみは一入《ひとしお》で、つぎの『鉄道時報』の記事にみられるように動揺をかくしきれなかった。

伊藤公の遭難に対する感想？　それなら御免を蒙る、鉄道の創始に功労のあった人ではあるし、新聞紙としてそう言はるゝのは無理とは思はぬが、何しろ五十年来兄事した伊藤公がアノ様な遭難であるから、私の心中は何とも彼とも言ひ様の無い程切ない、だから話をすれば涙も出れば腹も立つ、実は大磯へも見舞に行かねばならぬが、未亡人に逢つて話をする勇気が無いから、未だ出かけもせぬ位だ、日数が経つたら兎に角、今日は右の次第だから話は御免を蒙る

（井上勝「噫《ああ》、伊藤公」『鉄道時報』第五二九号、一九〇九年一一月六日）

3　鉄道国有化と鉄道五千哩祝賀会

小鉄道会社分立経営体制の進展

井上は鉄道局（庁）在任中から小鉄道会社の分立経営に警鐘をならしていたが、鉄道敷設法体制のもとで、小鉄道会社分立経営体制は井上の見通しよりもはるかに早く進行していた。表8－3は一九〇二（明治三五）年度における開業鉄道の一覧を示したものである（営業距離は鉄道会社の規模が実感しやすいようにマイル・チェーンをキロメートルに換算した）。鉄道作業局、北海道鉄道部の所管する官設鉄道以外に四一社の私設鉄道が開業していた。私設鉄道では日本鉄道の経営規模が群を抜いて大きく、営業係数四九・二パーセント、資本金利益率一一・九パーセントと営業成績も良好であった。日本鉄道につぐ経営規模を誇るのは九州鉄道、山陽鉄道、北海道炭礦鉄道、関西鉄道で、これらの鉄道は日本鉄道とともにいわゆる五大私鉄とよばれている。営業距離は三〇〇キロメートルをこえ、北海道炭礦鉄道をのぞくと営業係数が五〇パーセントを切り、資本金利益率も六～八パーセント台であった。

しかし、それ以外の鉄道では営業距離が一〇〇キロメートルをこえるのは北越鉄道、総武鉄道、阪鶴鉄道の三社にすぎず、残りの三三社のうち営業距離が五〇キロメートルに満たないものが二三社もあり、そのうちの二社は一〇キロメートルにも達していなかった。もちろん例外もあるが、営業距離の短い鉄道は営業係数、資本金利益率とも概して不調であった。井上は、こうした小鉄道会社による分立経営体制を批判していたのである。

鉄道国有化

井上勝は、こうした小鉄道会社分立経営体制を克服する手段として、私設鉄道の政府買収、すなわち鉄道の国有化を主張してきた。しかし鉄道敷設法が制定されると、鉄道国有どころか、井上の危惧した小鉄道会社による分立経営がますます進行した。こうしたなかで一九〇六（明治三九）年三月の帝国議会で鉄道国有法が成立し、同年一〇月から翌〇七年一〇月にかけて一七社の主要私鉄が国有化された。井上は、「日本帝国鉄道創業談」において、鉄道国有化についてつぎのような興味深い議論を展開している。

まず鉄道敷設法体制のもとで日本の鉄道の開業距離が四〇〇〇マイルをこえたことを、井上は「非常の進歩と謂はさるを得す」と評価している。しかし、「多数の会社分立する為め其中には玉石混淆し稗糠と目する会社線路も少なからす、又区々分立して統一を欠き鉄道効用の完全なり難き場合もあり」と、小鉄道会社による分立経営の弊害を指摘する。その弊害を克服するために井上は「在職中曾て鉄道国有説を主唱」したが、「当時其議は公衆の容る、所となら」なかった。しかし、「近来は却て其説か先つ與

還暦時の井上勝
（『鉄道時報』第569号，1910年 8 月13日 より）

表8-3　1902年度の開業鉄道一覧

	営業距離（km）	開業年（年）	払込資本金（千円）	従業員数（人）	営業収入（千円）	営業費（千円）	差引利益（千円）	営業係数（%）	利益率（%）
鉄道作業局	1,710	—	—	23,703	17,728	9,381	8,347	52.9	—
北海道鉄道部	264	—	—	1,881	608	685	77	112.7	—
日本鉄道	1,379	1883	46,500	11,848	10,890	5,359	5,531	49.2	11.9
九州鉄道	670	1889	43,799	8,669	6,778	3,143	3,635	46.4	8.3
山陽鉄道	538	1888	23,998	4,520	3,890	1,759	2,131	45.2	8.9
北海道炭礦鉄道	334	1890	52,000	3,655	2,581	1,383	1,198	53.6	2.3
関西鉄道	313	1889	21,200	3,262	2,345	1,041	1,304	44.4	6.2
北越鉄道	136	1897	3,700	713	596	286	310	48.0	8.4
総武鉄道	116	1894	4,200	794	738	326	412	44.2	9.8
阪鶴鉄道	110	1896	4,000	494	497	229	268	46.1	6.7
成田鉄道	73	1896	2,425	307	234	148	86	63.2	3.5
南海鉄道	68	1897	4,427	716	644	247	397	38.4	9.0
播但鉄道	57	1894	1,127	304	154	95	59	61.7	5.2
房総鉄道	63	1896	1,300	230	193	136	57	70.5	4.4
岩越鉄道	63	1898	2,400	251	170	137	33	80.6	1.4
奈良鉄道	61	1895	2,350	354	323	148	175	45.8	7.4
東武鉄道	57	1899	2,092	327	166	96	70	57.8	3.3
中国鉄道	56	1898	3,330	202	175	101	74	57.7	2.2
七尾鉄道	55	1898	956	227	140	75	65	53.6	6.8
紀和鉄道	51	1898	1,850	266	174	96	78	55.2	4.2

讃岐鉄道	44	1889	1,300	325	245	89	156	36.3	12.0
甲武鉄道	43	1888	2,290	615	596	241	355	40.4	15.5
伊予鉄道	43	1888	600	346	129	78	51	60.5	8.5
参宮鉄道	42	1893	1,800	308	308	106	202	34.4	11.2
近江鉄道	42	1898	1,699	150	105	65	40	61.9	2.4
中越鉄道	37	1897	700	195	95	66	29	69.5	4.1
京都鉄道	36	1897	3,488	199	241	111	130	46.1	3.7
徳島鉄道	35	1898	800	184	114	49	65	43.0	8.1
上野鉄道	34	1897	400	121	70	47	23	67.1	5.8
北海道鉄道	31	1902	1,962	411	11	6	5	54.5	0.3
川越鉄道	30	1894	342	123	97	58	39	59.8	11.4
豊川鉄道	29	1897	1,500	162	102	66	36	64.7	2.4
高野鉄道	28	1898	1,600	174	94	86	8	91.5	0.5
南和鉄道	27	1896	780	158	103	50	53	48.5	6.8
尾西鉄道	25	1898	600	134	66	43	23	65.2	3.8
青梅鉄道	21	1894	215	77	40	33	7	82.5	3.3
水戸鉄道	20	1889	230	68	45	30	15	66.7	6.5
上武鉄道	19	1898	485	80	29	27	2	93.1	0.4
豆相鉄道	17	1898	400	92	40	36	4	90.0	1.0
河南鉄道	17	1899	300	84	28	24	4	85.7	1.3
佐野鉄道	17	1894	150	77	35	24	11	68.6	7.3
西成鉄道	6	1898	1,450	104	57	58	-1	101.8	—
龍崎鉄道	4	1900	59	28	8	8	0	100.0	—

出典：逓信省鉄道局『明治三十五年度鉄道局年報』1903年。

鉄道五千哩祝賀会
（鉄道博物館提供）

論と云ふ傾きになり」鉄道国有法の成立をみたのである。井上によれば「是亦進歩の現象」であった。井上は小鉄道会社による分立経営という鉄道敷設法体制のもとでの問題点を克服する手段として鉄道の国有化を評価していたのである。なお、鉄道国有化後の一九〇八年に設置された鉄道院の総裁候補には、堀田正養、大浦兼武、田《でん》健治郎らとともに、井上勝の名も取りざたされていた（『読売新聞』一九〇六年三月二二日）。

鉄道五千哩祝賀会

日本の鉄道は、表8－4にみるように一八七二（明治五）年一〇月の東京～横浜間官設鉄道の開業以来いちじるしい発展を示し、全国官私鉄の営業マイル数は一九〇六年三月に五〇七三マイル二八チェーン（八一六三キロメートル）となり、イギリスの植民地支配のもとで鉄道敷設が推進されたインドをのぞけばアジアで最大の鉄道国となった。ただし、鉄道五千哩は日本国内の線路に台湾鉄道部所属線路を加えてのことであった。一九〇五年一〇月の調査によると、台湾鉄道部所属の開業線は二五〇・九マイルであったので、これをのぞけばまだ鉄道五千哩は実現していないことになる。鉄道五千哩は日清戦争後の下関講和条約による台湾領有を前提とし、帝国日本の版図で実現をみたということになる。

帝国鉄道協会はこれを記念して、一九〇六年五月に名古屋で開かれることになっている第三回定期総会にあわせて「鉄道五千哩祝賀会」を開催することにした。祝賀会の幹事には鉄道作業局と日本鉄道、山陽鉄道、九州鉄道、京釜鉄道、関西鉄道、北海道炭礦鉄道、北海道鉄道、阪鶴鉄道、総武鉄道、北越鉄道、日本車輌の各社が選出され、同年二月八日に帝国鉄道協会内で準備会を開いた（「鉄道五千哩紀念会」『東京朝日新聞』一九〇六年二月五日）。その後、同年四月一六日に幹事会が開催され、鉄道作業局、総武鉄道、北越鉄道、阪鶴鉄道、北海道炭礦鉄道、日本車輌の各幹事が出席し、さらに専任幹事として山陽鉄道が選出され、平井晴二郎が祝賀会の実行委員長となった。また、参会者に贈呈する記念品はピンと絵葉書に決まり、官私鉄の従事員のなかから最長勤続者三名を選んでそれぞれ一〇〇円、七五円、五〇円の範囲内で記念の物品を授与することになった（「鉄道五千哩紀念会幹事会」『東京朝日新聞』一九〇六年四月一八日）。

帝国鉄道協会の総会は一九〇六年五月一九日、午前一〇時四〇分から名古屋商業会議所で開会された。出席会員は三〇〇余名に及び、幹事の平井晴二郎が議長席につくと事務報告と会計報告がなされ

の発達

貨物噸数（噸）	営業収入（円）	営業費（円）	営業益金（円）	営業係数（%）
—	174,930	113,464	61,466	64.9
20,542	592,671	346,803	245,868	58.5
163,215	1,243,531	512,674	730,857	41.2
352,407	1,794,295	779,102	1,015,193	43.4
1,031,247	6,224,637	2,689,221	3,535,416	43.2
4,283,702	13,622,421	5,337,155	8,285,266	39.2
11,886,763	38,650,492	19,295,311	19,355,181	49.9
19,604,450	60,082,671	27,583,948	32,498,723	45.9
—	—	—	—	—

た。ついで京都で開催された昨年の第二回総会で提議された定款改正の件について、改正の必要なしという役員会の検討結果が報告された。さらに評議員四〇名の半数改選の結果についての報告、島安次郎らの講演が行われて午後三時に閉会となった（「鉄道協会総会（名古屋）」『東京朝日新聞』一九〇六年五月二〇日）。

帝国鉄道協会の総会が行われた翌日の五月二一日、名古屋の劇場「御園座」で鉄道五千哩祝賀会が開催された。鉄道作業局が五月一八日および一九日に新橋〜名古屋間に特別列車を走らせたため、東京方面からの参加者がふえた。祝賀会への参加者は東京方面以外からのものも含め総勢一〇七〇名にのぼり、その多くが一九日の夜までには名古屋に到着していた（「鉄道五千哩紀事」『帝国鉄道協会報』第七巻第三号、一九〇六年六月二五日）。また、一九日の朝から名古屋の街中には万国旗や球灯が掲げられたり幔幕《まんまく》が張られたりして、祝賀ムードにあふれていた。人力車は祝賀会の徽章をか

表8-4　鉄道

年度	線路哩程		建設費（円）	旅客人員（人）
	マイル・チェーン	km		
1872	18.00	29.0	1,473,441	—
1874	38.27	61.7	6,701,825	2,176,001
1879	73.22	117.9	10,683,995	4,337,422
1884	262.37	422.3	26,733,552	4,785,556
1888	1,136.34	1,828.5	51,984,088	20,792,665
1894	2,118.24	3,408.3	95,511,596	36,523,307
1899	3,699.32	5,952.3	245,398,376	102,511,280
1904	4,924.62	7,924.0	410,768,799	105,498,907
1906	5,073.28	8,163.0	—	—

出典：鉄道五千哩祝賀会『鉄道五千哩祝賀紀念』1906年。
注：1）1899年度以降の数値は，台湾鉄道部所属線の分も含む。
　　2）1906年度の線路哩程は3月末現在。

かげ、記念の消印を捺印した絵葉書をはじめ鉄道や汽車に関する商品が売られた（「五千哩祝賀会（名古屋）」『東京朝日新聞』一九〇六年五月二〇日）。

五月二〇日には東本願寺別院において、鉄道功労者の霊前で「奉告祭」が挙行された。鉄道功労者とされたのは、右大臣岩倉具視のほか川上操六、松本荘一郎、渡辺洪基、毛利重輔、中上川彦次郎、南清、小野義真、今村清之助、大田黒惟信《おおたぐろこれのぶ》の一〇名であった。参加者は午前八時三〇分、西門から入場して同別院内対面所（休憩所）に参集した。そして、九時から本堂で祝賀会委員長の平井晴二郎が祭文を朗読したのち、本願寺法王大谷勝尊師の読経が行われ、参加者一同が焼香をして一一時すぎに散会となった。

その日の午後一時からは愛知県会議事堂で祝賀会が催された。関西鉄道社長の片岡直温による幹事代表のあいさつののち、委員長の平井晴二郎が式辞を述べた。平井は式辞につづいて伊藤博文、大隈重信、井上勝の三名を「我国鉄道の創始者」であるとし、帝国鉄道協会から「頌功表」を呈した。図師民嘉が井上勝への頌功表を代読したが、そこには井上の功績が以下のように記されていた。

鉄道五千哩祝賀会委員長工学博士平井晴二郎本会ヲ代表シ敬ンヲ子爵井上閣下ニ白ス
嘗《かつ》テ聞ク徳ハ渝《かわ》ラサルヲ以テ尊トシ功ハ終アルヲ以テ高シトスト、閣下ノ我カ鉄道事業ニ於ル即チ是ナルナカラン乎、京浜鉄道ノ敷設セラレシハ実ニ明治五年ナリ、爾来三十五年線路ノ延長五千哩ニ迨《およ》ヘリ、閣下ハ其創業ヨリ専心従事難ヲ排シ艱《かん》ヲ忍ヒ拮居《きっきょ》経営二十余年一日ノ如ク、大ニ交通運輸ノ便ヲ開キ国家永ク其慶ニ倚《よ》レリ、豈《あに》渝ラサルノ徳、終アルノ功ニアラスヤ
今ヤ曠古《こうこ》ノ戦勝ニヨリ皇威八紘ニ振ヒ大陸ノ一角我カ保護ノ下ニ立ツニ至レリ、其土ニ創設セル鉄道ト満州ノ鉄道トヲ合計スレバ其線路亦千哩ニ過キタリ、内ハ則チ長笛一声三日ヲ出テスシテ北海ヨリ九州ニ到ルヲ得ヘク、外ハ則チ海陸連絡アリ、東西呼応シテ朝鮮、満州貨物ノ運輸ヲ為スヲ得ヘシ、是廟堂ノ参画宜ヲ制シ起業者、投資者之ヲ賛助シタルノ効果ナリト雖、抑モ亦閣下ノ功蹟与リテ大ニ力アリト謂ハサルヲ得ス、晴二郎等職ニ鉄道ニ任スル者此会ニ臨ミ欣抃《きんぺん》措ク能ハサルモノアリ、因テ聊カ閣下ノ功徳ヲ述ヘ以テ景仰ノ意ヲ表スト云爾

（前掲「鉄道五千哩紀事」）

ついで逓信大臣山県伊三郎の祝辞があり、そののち来賓の祝詞が行われた。来賓として祝詞を述べたのは、児玉源太郎参謀総長、深野一三愛知県知事、奥田正香名古屋商業会議所会頭、それに大阪商

船社長の中橋徳五郎らであった。

井上勝の祝詞

井上勝は残念ながらこの祝賀会には出席できなかった。しかし、井上は祝賀会が開催される三日前の五月一七日に祝詞を委員長の平井晴二郎に寄せていた。その冒頭には「素ヨリ当日臨場可致筈ニ候処、不図《はからず》モ家内無常ノ風吹キ荒ミ遺憾ナカラ参席スルヲ得ス」と述べられているが、「家内無常ノ風」とは嗣子亥六《いろく》の死去のことをさしているものと思われる。工兵大尉であった亥六は一九〇六年五月二日に亡くなっており、井上には鉄道五千哩祝賀会に出席する気力がなかったのである。

こうした悲しみをのりこえて執筆された井上の祝詞には、以下のように東京〜横浜間鉄道開業以来の鉄道の発展に対する井上の認識と将来への展望が示されていた。

回想スレハ戊辰《ぼしん》ノ年拙者カ西洋戻リノ頃ニハ御承知ノ通リ印度以東ニハ一条ノ鉄道モ有サリシ、故ニ邦人中鉄道トハ如何ナル物ニシテ其効用ハ如何ニ偉大ナルカヲ知レルモノハ誠ニ希有ノ数ナリシ、或ハ魔法、怪物ト看做《みな》シテ侵入ヲ防止セント力《つと》メタルモノアリシ、然ルニ早稲田伯、大磯侯ナトノ先見、英断ヲ以テ遂ニ勅許ヲ蒙リ一切ヲ英国ヨリ輸入シテ先ツ東京横浜間ニ起工セシハ明治三年ニシテ五年九月ニ開業式ヲ挙ケ茲ニ初メテ日本ニ十八哩ノ鉄道カ現出セシナリ、夫ヨリ十年程ハ牛歩遅々僅ニ六七十哩ニ止マリシモ其次ノ十年間ニハ東海道及青森ノ線路モ成功シ一躍シテ千哩祝ヲ名古屋ニ開クニ至リシハ二十三年ナリシ、爾来是迄十五六年間ハ又非常ノ進歩ニシテ北海道ヨリ西海道マテ要処々々ニ行キ渡リ此ニ今般ノ盛会ヲ見ルニ及ヒシハ実ニ我々狂喜ニ堪ヘサル所ナリ、是レ固ヨリ鉄道社会諸君ノ尽力ニ藉ルト雖モ抑鉄道ノ与興ハ民富ノ消長ト相ヒ伴フハ言ヲ俟タス、斯ノ十五六年間ニ於テハ国家ノ進運殊ニ著シキ殆ント世界ヲ驚倒セントスルノ状態ニ赴ケリ、故ニ鉄道モ各般事業ト相待テ斯ノ長足ノ進歩ヲナシタルモノナラン、左レハ此ノ祝賀会ハ独リ鉄道社会ノ紀念日タルノミナラス実ニ国家進運ノ好紀念日ト云フモ可ナランカ、扨テ此ノ如ク線路ハ五千哩ニ達シ全国枢要ノ地ニハ殆ト行キ渡リシト云フト雖モ尚将来布設ヲ要スルモノモ可有之、又既成線ノ改良、整備ヲ要スルモノモ多々可有之到底英国等ト比肩セントスルニハ前途遼遠ト云フヘクシテ今尚国民挙ツテ奮発経営セサル可ラサルノ時代ニ在リ、殊ニ施設万端当局者ノ手腕ニ待ツコト多々ナレハ茲ニ一言貴下始メ諸君ノ倍々健康ナランコトヲ敬祝セントス

（同前）

井上によれば日本の鉄道は、大隈重信（早稲田伯）、伊藤博文（大磯侯）らの先見と英断によって一八七二年に東京〜横浜間鉄道を開業してから、やや遅滞したこともあったがいちじるしい発展をとげ、「北海道ヨリ西海道マテ要処々々ニ行キ渡リ此ニ今般ノ盛会ヲ見ル」ことになった。そして、この鉄道の発展は日本の近代国家の発展と軌を一にしていた。すなわち、日本は日清、日露の戦争を経て大国への道を歩むのであるが、その間に産業革命を達成し資本主義経済システムを完成させた。鉄道は、こうした日本経済の発展をまさに牽引してきたのである。その意味で鉄道五千哩祝賀会は、「国家進運ノ好紀念日」であるというのである。

このように述べて井上は、将来に向けてさらに鉄道の発展をはからなければならないとした。一九〇四年における日本の鉄道開業距離は四六四九マイルで、面積一〇〇平方マイルにつき二・九マイル、人口一万人につき一マイルであったが、イギリスではそれぞれ二万二五五四マイル、一八・六マイル、五・四マイルであった（「全世界ノ鉄道」『工学会誌』第二九二号、一九〇七年一月）。このように鉄道先進国のイギリスなどと比べれば、日本の鉄道はなおも延長をとげなければならないからであった。

4 渡英と逝去

三〇年ぶりの渡英

一九一〇（明治四三）年三月一八日、井上勝は鉄道院総裁後藤新平から「日英博覧会状況視察ノ為メ渡英可致ニ付、鉄道ニ関スル諸般ノ事項調査セシメ度候」と鉄道院事務の嘱託を受け、三〇〇〇円の支給を受けた（『任免裁可書 明治四十三年 任免巻五』）。そして、その年の三月二八日には「多年鉄道の為めに尽力したる功労」（「井上子爵洋行の理由」『鉄道時報』第五五〇号、一九一〇年四月二日）によって鉄道院顧問となった。

それから約二カ月後の一九一〇年五月八日、ロンドンで開催される日英博覧会への参加と欧州における鉄道視察を目的に渡英するため、新橋発午後五時三〇分の列車に乗った。新橋駅には、古市公威、野村龍太郎、古川阪次郎、長谷川謹介らの鉄道関係者をはじめ、多くの人々の見送りがあった（「井上子爵一行の出発」『鉄道時報』第五五六号、一九一〇年五月一五日）。

渡英前の井上勝（1910年5月）
鉄道時報局の木下立安が井上勝の私邸で撮影
（村井正利編『子爵井上勝君小伝』井上子爵銅像建設同志会 より）

なお井上勝の渡英にあたって、京橋区築地のメトロポールホテルで送別会が開かれた。その席上井上は、「少し観せる物がある」からといって来会者を一九一〇年四月二八日の午後一時に自宅へ来るように誘った。当日は「無偏館」という剣道場の開場式で、著名な剣客の試合が行われた。渡辺昇、平井晴二郎、山之内一次、荘田平五郎、古市公威、足立太郎、原口要、図師民嘉、長谷川謹介、三村周ら数十名が集まり、開場式終了後には立食のパーティが催された（「井上子邸の道場開き」『鉄道時報』第五五五号、一九一〇年五月七日）。井上は、以前から十日会という懇親会を自宅で催しており、みずからの部下たちを集めては飲食を楽しむという習慣があったが（「井上邸の十日会」『鉄道時報』五二八号、一九〇九年一〇月三〇日）、今回は十日会ではなく道場開きを口実に、渡英を前にかつての部下や知人を集めて飲食を楽しんだのであった。しかし、これが最後の別れとなるなどとは誰もこのときは気づいていなかった。

井上ら一行は五月一二日に下関に到着、ただちに門司にわたって武雄に向かい嬉野温泉で一泊して長崎に出た。五月一四日に長崎から船便で大連に渡航し、南満洲鉄道、東清鉄道、シベリア鉄道および露国鉄道を乗りついでヨーロッパに向かった（「井上顧問子爵の渡欧」『鉄道時報』第五五七号、一九一〇年五月二一日）。井上は、長崎から家人にあてて「万一の日に処する訓戒」（前掲『子爵井上勝君小伝』）を手紙にして送った。井上がバルト海を船でわたり、ロンドンに到着したのは六月一三日であった。

日英博覧会は当時駐英大使であった小村寿太郎が日英同盟の第三次条約改正を前に提唱し、一九一〇年五月一四日から一〇月二九日までロンドン西郊のシェパーズ・ブッシュ（Shepherd's Bush）で開催された。一九万坪にも及ぶ会場には、日本歴史館、東洋館（台湾、朝鮮、満洲に関する展示）、日本政府・省庁展示館などが開設され、一九〇〇年のパリ万博を上まわる五万四〇〇〇点以上の展示品が出品された。さらに二つの日本庭園、アイヌ村、台湾村なども設けられ、入場者は八〇〇万人をこえた。

日英博覧会は、二〇世紀初頭に西洋で開催された最大の日本に関するイベントとなった。日本はこれによって日露戦争後に広がった黄禍論や反日感情を和らげ、英国と対等の近代国家日本を宣伝し、日本製品の対英輸出の拡大をはかろうとしたのである。井上は、このような日英博覧会にかこつけて欧州の鉄道視察を計画したのであった。

ロンドンに到着した井上は腎臓に持病をかかえていたにもかかわらず、一日も休むことなくイギリスばかりでなく大陸諸国の鉄道視察にも努め、七月一二日にイギリスのファルマス（Falmouth）港に寄港した軍艦「生駒」に便乗し、七月一八日にロンドンに戻った。井上はもはや目的を達したとして帰国の準備にとりかかり、二八日にロンドンから伊予丸で帰国することになっていた。鉄道時報局の木下立安《りつあん》によれば、井上がこの日にロンドンを発つと決めたのは九月初旬に予定されていた初孫の誕生にまにあわせるためであった（「井上子爵の訃音に接したる木下主幹の書翰」『鉄道時報』第五七二号、一九一〇年九月三日）。

逝去

帰国の日程も決まり、井上勝は一九一〇（明治四三）年七月二一日の午前中、四〇年前の英国留学のさいに世話になったキャサリン夫人をはじめウィリアムソン博士の遺族を訪ねて別れのあいさつをし、午後にはホテルに戻った。この日は膀胱の具合がよくなく出血もみられたが、それほど気にせずに午後一一時ごろ床についた。

一夜あけて二二日に検尿をしたところ、尿は朝から赤色をおびていたが一〇時ごろには平常にもどった。その日の夜はロンドンの日本料理屋「生稲亭」で、親しくしていた人々を招待して懇親することになっており、午後六時ごろに出かけて一一時ごろ上機嫌で帰宿しそのまま就寝した。

しかし就寝後の午前二時三〇分ごろから尿道に苦痛を感じ、排尿にますます血痕が付着するようになった。そこで、二三日の午前中に着英以来昵懇にしていた大使付武官東中佐の紹介で、大使館在勤の隈川海軍軍医を招いて臨機の手当てを受け、夜を徹して看病を受けたが、疼痛は止まるどころかますますひどくなった。隈川軍医は外科専門のイギリス人医師に診療してもらうべきだと主張し、二四日の午後五時ごろにイギリス人の外科医をよんで診療してもらった。診療の結果、入院をしなければ十分な治療を施すことができないということになり、その夜のうちに「ヘンリッタハウス」という病院に入院した。

入院しても井上勝の疼痛はおさまるどころか、ますます激しくなった。そのため、夜の一〇時から一一時にかけてクロロホルムを用いて膀胱洗浄治療を行ったところ、翌二五日の午前一〇時ごろまで昏睡状態が続いた。しかしそれでも痛みはなくならないし、排尿も思うようにはいかなかった。食事も前夜来牛乳を少し飲んだだけであった。午後二時三〇分ごろに主治医の診察が行われた。主治医によれば、尿道が狭塞となり出血も止まらず、疼痛もおさまらず、このままでは尿毒症を併発するおそれがあるので、尿道を開く手術をしなければならないというのであった。随行者の山口張雄《はるお》と蔵田真態は、井上の年齢と手術の危険性を考慮しながらも、このままでは危険であると考え手術を受けることを決断した。手術は同日の夜八時三〇分から九時一〇分まで行われ、結果は良好であった。

手術後は昏睡状態がつづき、目を覚ましたのは翌二六日の午後であった。疼痛もなくなり、前夜以来牛乳を二、三オンス（五七〜八五グラム）飲んだ。そして、二七日、二八日と経過は良好であったが、衰弱は容易に回復しなかった。二九日になると容態はますます悪化して尿毒症となり、「医薬も功を奏せず、随行者及び在留知友の厚き看護も其甲斐なく」、八月二日の午前一時一五分に息をひきとった（「井上子爵の臨終」『鉄道時報』第五七二号、一九一〇年九月三日）。

鉄道時報局の主幹木下立安は、五月二一日に井上勝が大陸に向かうときにビクトリア駅まで見送りに行ったが、一足違いで会うことができなかったという。その木下によれば、井上は長崎を出るときに遺言状をしたため長崎電灯会社の伊藤弥次郎に預けていたというから、井上は死を覚悟の上で渡欧したともいえる。しかし、また渡欧中に「アマリ細々したことに注意せず、大局を見て根本的改良を

ロンドンのゴールダーズ・グリーン火葬場での仮葬儀
（村井正利編『子爵井上勝君小伝』井上子爵銅像建設同志会 より）

為すべき手本を見出さねばならぬ」といっていたようなので、まだまだ鉄道界で活躍するつもりであったのかもしれない（前掲「井上子爵の訃音に接したる木下主幹の書翰」）。なお、井上勝は死去する二年ほど前の一九〇八年四月六日に郷里の山口県を訪れていた。山口高等商業学校の「来賓記名簿」に、井上馨や杉孫七郎とともに記名をしているのである（http://utsukusiiyamaguchi.cocolog-nifty.com/blog/2008/01/post_8248.html）。

葬儀　井上勝の仮葬儀は、一九一〇（明治四三）年八月四日、ロンドン北部のゴールダーズ・グリーン（Golders Green）火葬場で行われ、ただちに荼毘にふされた。仮葬儀には故ウィリアムソン博士の夫人や娘たちのほか、加藤高明大使、徳川公爵、和田彦次郎日英博覧会事務総長、坂田総領事など七〇余名の日本人が参列し、「壮麗なる仏式」のもとに執り行われた。また、ロンドンタイムズも井上の死に哀悼の意を表した（「井上子葬儀」『東京朝日新聞』一九一〇年八月七日、「井上子爵の葬儀」『鉄道時報』第五六九号、一九一〇年八月一三日、宮部生「井上子爵の客死」『東京朝日新聞』一九一〇年八月二五日)。井上の遺骨は八月六日、日本郵船の汽船平野丸にてロンドンを発し、二〇日の午後二時に神戸港に着いた。なお、同日井上は特旨をもって正二位に叙せられた。

井上勝の女婿森村開作、古川中部鉄道管理局長、高橋新橋駅長、澄川医師、三好鉄道院書記ら大勢の人々が神戸港を訪れ、大阪財界の重鎮藤田伝三郎、松本重太郎、岩崎西部鉄道管理局長代理、大園参事、仲神参事補、本間神戸駅長、汽車製造会社の長谷川正五、村上彰一、田丸神戸地方裁判所長、西管高等官連、その他数十名の関係者とともに日本郵船のランチ(軍艦に搭載する端艇)まつかぜ号など数隻の船を仕立てて本船平野丸に乗り込み、井上の遺骨を出迎えた。

井上の遺骨は随行員の蔵田真熊によって談話室後部の第五四号船室から捧げ出され、ここで出迎えの人々の弔詞を受けた。それから同船の機関長の手で米利堅《めりけん》波止場に上陸して神戸駅に入り、整列した駅員の前を通って装飾をほどこして一時の仏間にあてられた楼上の貴賓室に安置された。ここで出迎え者の焼香がなされた。

井上の遺骨は、午後一〇時四〇分の列車で東京に向けて送られることになった。仲神参事補が岩崎局長以下職員一同を代表して東京まで奉送し、本間神戸駅長は大阪駅まで、阪本大阪駅長は京都駅まで、西松京都駅長は馬場駅までというように、各駅長は次駅まで奉送し各駅の駅員一同がホームに整列して送迎した。

井上の遺骨を乗せた列車は、翌二一日の午前六時二〇分に豊橋駅についた。遺骨は後部より二番目に連結された寝台合造の一等車中央の寝台室中に安置され、井上勝純、森村開作、古川局長、高橋駅長の四人によって護られていた。また、遺骨は高さ・幅七寸（二一・二センチメートル）、長さが上部一尺二、三寸（三六・九～四〇・二センチメートル）、同下部一尺四、五寸（四三・五～四六・八センチメートル）の銅製の柩に納められ、前面には英文で Viscount Masaru Enouye. Deieo Aug. 2th 1910. Ago 67 の文字が刻まれていた。そしてそれを白羽二重で覆い、その前に「勝道義格居士」の位牌が立てられ、四辺は村野山人、三井物産、松方川崎造船所長、日本郵船会社、神戸鉄道員有志者らから贈られた十数個のみごとな花輪で埋められていた。

静岡駅からは海野力太郎鉄道協会書記長、沼津駅からは原口要、国府津駅からは井上勝の娘二人（森村卯女子、井上辰子）、三浦泰助夫人、長谷川謹介東武鉄道管理局長、渡辺嘉一、増田礼作、図師民嘉、岡村初之助、大船駅からは平岡鉚作《りゅうさく》新橋運輸事務所長、品川駅からは毛利五郎、馬屋原彰貴族院議員らが乗り込んだ。

列車が新橋駅についたのは午後二時三〇分であった。蔵田真熊がうやうやしく遺骨を捧げて下車すると、数百人の出迎えがあり脱帽、目礼してこれにつづいた。遺骨を先頭にプラットホームを出ると、用意された馬車で井上勝の自邸に向かった。遺骨を乗せた馬車には井上勝純、森村開作、蔵田真熊が同乗し、そのあとに森村夫人（卯女子）、井上辰子、三浦泰助夫人らが乗り合わせた馬車がつづいた。その他の人々も馬車あるいは自動車で赤坂榎坂の井上邸に向かった（「井上子爵の遺骨を迎ふ」『鉄道時報』第五七五号、一九一〇年九月二四日）。

日本での葬儀は九月二五日、品川の東海寺で荘厳に営まれた。午前一〇時から大導師釋宗演師以下各僧侶が参集し、厳かに棺前祭を執行した。また、日野西侍従が勅使として井上邸に差し遣わされ、白絹二足を下賜せられた。官を辞していたのにもかかわらず勅使を遣わされるのは「破格の事」であった（「勅使差遣」『東京朝日新聞』一九一〇年九月二五日）。喪主の井上勝純、娘の卯女子とともに榎坂の井上邸を出た棺は、米国大使館前、東伏見宮邸をまわって明舟町通りから西久保通りに出て、巴町、八幡町、飯倉四辻を経て赤羽橋を渡り、三田通り聖坂を上り三田台町二本榎高輪南町を経て御殿山益田邸、南品川宿に出て東海寺へ向かった。警官を先頭に、親族、知友、鉄道協会および鉄道時報局から贈られた生花、儀仗兵、宗演師以下の僧侶、香爐、位牌、名旗、勲章とつづき、棺は白い草花の花環で飾られた馬車のなかに安置された。棺側には野村龍太郎、長谷川謹介、本間英一郎、渡辺嘉一、三村周らが従った。

東海寺には三時に到着した。かつて若き日に、英国ロンドンへの留学をともにした井上馨が葬儀委員長を務め、副委員長には野村龍太郎鉄道技監が選ばれた。そのほか、桂太郎首相、後藤新平鉄道院総裁、大隈重信らをはじめ朝野の名士が参集し、会葬者は一〇〇〇人をこえた。やがて霊柩が到着すると一同は起立して出迎え、ただちに式壇に安置し、大導師釋宗演師以下三〇名の僧侶の読経が行われた。井上勝の遺言により葬儀当日の生造花、放鳥などの寄贈は謝絶され、葬儀はしんみりと執り行われた（「井上子爵葬儀彙報」『鉄道時報』第五七五号、一九一〇年九月二四日）。

最初に後藤鉄道院総裁が弔辞（本書の「プロローグ」を参照）を読み、ついで原口要が鉄道協会員を代表して弔辞を読んだ。葬儀は午後五時にほぼ終わり、会葬者はそれぞれ帰途についた。棺は墓所に送られ、まず喪主の勝純が一杯の土を入れ、娘や親戚がそれにつづいた。そして、井上と親交の深かった鉄道関係者が土を盛り、午後六時には野辺の送りが終了した（「井上子爵の葬儀」『鉄道時報』第五七六号、一九一〇年一〇月一日）。葬儀が終わってまもなく、井上家には井上勝がまち望んでいた初孫の正子が誕生した。

なお、長男亥六が亡くなってからほぼ八カ月後の一九〇七年一月五日、妻の宇佐子もこの世を去っていた。したがって、井上は愛する妻と息子のもとへ旅立ったといえる。東海寺大山墓地にある根府川の自然石でつくられた墓碑には、井上勝、妻の宇佐子、長男亥六の名が並んで刻まれている。

エピローグ

井上勝の死から一月ほどたった一九一〇（明治四三）年九月、「故子爵井上勝君の銅像を鋳造し之を東京中央停車場前に建設する」（「井上子爵銅像建設発起人規約」第一条、『鉄道時報』第五七六号、一九一〇年一〇月一日）ことを目的に井上子爵銅像建設同志会が発足した。同会は事務所を京橋区日吉町の帝国鉄道協会内におき、一九一〇年一一月につぎのような「趣意書」を配布し募金活動を開始した。

故子爵井上勝君ノ本邦鉄道創開ニ際シ万難ヲ冒シテ克ク経始ノ功ヲ奏シ、爾来二十有余年重キヲ双肩ニ荷ヒ一意専心其拡張普及ノ途ヲ籌画シ以テ斯業発達ノ基礎ヲ建テ、施ヒテ国家ノ進運ニ貢献シ其功績ノ偉大ナルハ世ノ斉《ひとし》ク認ムル所ニシテ実ニ本邦鉄道ノ開祖元勲ト称スベキナリ、曩日古稀ノ老軀ヲ挺シテ欧州鉄道視察ノ途ニ上ラレシハ尚ホ斯業ヲ研討シ我鉄道ノ改善進歩ニ資セン《(ママ)》コトヲ期セシニ外ナラズ、不幸英京倫敦ニ於テ宿痾《しゅくあ》激発遂ニ不帰ノ客トナラレシハ真《まこと》ニ痛惜ニ堪ヘサルナリ、我々子爵ト親交アル者及其功徳ヲ憶フ者相謀リテ茲ニ有志寄附金ヲ募集シ銅像ヲ鋳造シ之ヲ鉄道利用者群集ノ地、即チ東京中央停車場ノ如キ所ニ建設シ以テ其紀念ヲ万世ニ伝ヘント欲ス、希

クハ大方同感ノ諸君洽《あま》ネク賛同アランコトヲ

（「井上子爵銅像建設趣意書」『帝国鉄道協会報』第一一巻第五号、一九一〇年五月）

鉄道専門官僚として鉄道の拡張と普及に大きく貢献した井上勝の功績を讃え、寄付金を集めて多くの鉄道利用者が集まる東京中央停車場前に銅像を建設する、これが井上子爵銅像建設同志会設立の目的であった。発起人は総裁杉孫七郎《まごしちろう》、同副総裁原口要・平井晴二郎を筆頭に一〇二人であった。総裁の杉は長州藩の出身で、一八六二（文久二）年に幕府の遣欧使節としてヨーロッパの文物を観察しており、井上勝らが英国留学を決断するのに大きな影響を及ぼした（本書の第一章を参照のこと）。明治維新後は、山口県権大参事、宮内大輔などを歴任し、一八九七年に枢密顧問官に任ぜられている。そして、井上角五郎、長谷川謹介、渡辺嘉一、野村龍太郎、古川阪次郎、足立太郎、荘田平五郎、平岡熙、仙石貢、末延道成が常務委員となり、早川千吉郎、図師民嘉、楊内清八が主計となって寄付金を管理することになった。発起人には実業家、政治家などそうそうたる人物が名をつらねているが、そのなかには長谷川謹介、図師民嘉ら井上が工技生養成所などで育てた多くの鉄道技術者の名があった。

募金活動は順調に進み、「寄附金額は制限を設けず、各賛同者の意向に一任すべし」（前掲「井上子爵銅像建設発起人規約」第三条）とされていたのにもかかわらず、五百有余人の賛同を得て総額五万二二円九五銭五厘、預金利子を加えると五万六五六九円七四銭五厘に達した。一方、支出は原型製作・鋳造費七四〇〇円、台座設計・築造工事一万九四四九円一五銭、伝記編集費五〇〇円、諸雑費三八六一円三九銭五厘、合計三万一二一〇円五四銭五厘であった。

井上勝の銅像は、高知県の桂浜に太平洋のかなたを臨んで立つ坂本龍馬の銅像の製作者として知られている本山白雲（辰吉）によって製作され、本郷元町の鋳造家久野留之介によって鋳造された。白雲は東京美術学校（現在の東京芸術大学）の彫刻本科で高村光雲の指導を受けた彫塑家で、坂本龍馬のほか西郷隆盛、松方正義、山県有朋、伊藤博文、小野義真らの銅像を製作している。銅像は一九一四年一二月に完成し、同年三月に落成した中央停車場の前に建てられた。高さ三メートル七〇センチメートルにも及ぶ立派な立像が、建築家辰野金吾の設計になる七メートル三五センチメートルの台座の上に建てられた。台座には備中北木島産の花崗岩が用いられ、T定規、三角定規、レール、動輪、角ショベルなど、井上の功績にちなんだ器具と、英国の象徴としてのオークの葉をモチーフにした四つの飾り石が前後左右に設置されていた。台座の周囲は石欄で囲まれ、四方には階段が設けられており台座と石欄との間に敷石がおかれていた。

井上勝の初代銅像除幕式
右端は祝辞を述べる大隈重信（鉄道博物館提供）

除幕式は一九一四年一二月六日の午後二時から、東京駅丸の内北口付近（のちの旧国鉄新館付近）で行われたが、その日はあいにく朝から細雨が降っていた。悪天候にもかかわらず大隈重信総理大臣、仙石貢鉄道院総裁をはじめ朝野の貴紳約五〇〇名が参列した。式場には紅白の幔幕《まんまく》が張りめぐらされ、左右縦横に万国旗が高々とかけられた。入口には一大緑門が造られ、「井上子爵銅像除幕式場」の額が掲げられた。最初に原口要が登壇し、除幕式にいたるまでの経過を報告した。ついで古川阪次郎の工事報告、図師民嘉の会計報告があり、海軍服姿の井上勝の孫の勝英が綱を引くと白布で覆われた井上勝の偉容があらわれた。勝英は勝純の長男で、井上勝が死去した翌年の一二月に生まれ、このときは数え四歳であった。さらに銅像建設同志会総裁・杉孫七郎の祝辞（原口同副総裁の代読）があり、遺族を代表して松浦厚伯爵があいさつをした。井上勝の娘婿の勝純は海軍大尉として南洋遠征艦隊に参加していて不在であったので、勝純の実家にあたる長崎県平戸の松浦厚があいさつに立ったのである。そして阪谷芳郎東京市長、仙石貢鉄道院総裁の祝詞がつづき、最後に大隈重信首相の懐旧談があった（「故井上子銅像除幕式」『台湾鉄道』第三二号、一九一五年二月一日）。

大隈はユーモアあふれる言葉で井上勝の人柄を紹介しながら、その功績をつぎのようにたたえた。やや長くなるが、「鉄道の父」井上勝の生涯を綴る本書の結びにふさわしいと思われるので、煩をいとわないことにする。

今を去る事五十有余年、攘夷の最盛なる時に、長州の青年は奮然起つて、海外の旅行を企てられたのであります。（略）井上聞多それから伊藤俊介（ママ）、山尾庸三、遠藤謹助、此等の先輩に随つて密に英国に旅行する時に、井上弥吉君は、最年少者であつた。間もなく長州は国難を迎えたのである。是に於て聞多、俊介は慨然として国難に赴く為に直に帰朝された。

弥吉君其の他は彼地に止つて学んで居る間に時世は一転、体制維新となつた。更に維新後超えて明治二年に帰朝せられた時に、既に開国進取の国是は定められて、攘夷は全然一転して開国となつた。是に於て欧羅巴の文明を求むる事の急なる時に伊藤公と先輩は文明を進むるに鉄道は最必要なり、一国の顕著なる封建思想を破壊するには交通機関を拵へる事が最必要なりとし、此の意味を以て鉄道の建設を企てたのである。

然るに議論百出、此処に軍人も沢山御出になつて居るが、軍人も却々反対した。しかも攘夷の思想は全国に充満して居たのである。為に伊藤公と先輩は殆ど窮地に陥つたのである。併しながら意を決して群議を排し、文明の利品を用ゆる事は国家に必要なりとして段々進めて来た処が、傭ふ処の者は外国人である。言葉は通ぜぬ、鉄道の事は分らぬ、其の時に弥吉君の使つた英語は非常に旨い。英文を書く事も却々《なかなか》勝れたものである。

その時分専門の技術家はなかつた。併しながら科学的思想を有つて居るし殊に英学に達して居るので、伊藤及先輩は弥吉君に対して鉄道のために全力を注いで之に従事する事を勧めたのである。此の時に当つて非常に鉄道に反対が起つて暗殺を企てる者があつたが、奮然群議を排して難局に当つた。今日人を得るには何でもないが、其の時分は操車掛《ヤードメン》、信号手《シグナルメン》も傭うて来た。機関手は勿論皆外国人を傭つたのである。

多いときは殆ど百人も外国人を使つた。それから井上君が同時に、使ふ人を教育したのである。一方には学校を拵へて教師を養成する。一方には工業といふものが少しもないので土方や職工を教育して工業を発達させる事に力められた。斯の如く頗る困難な時代であつたが、井上君は身体が強く非常に壮である。非常な忍耐力を以て之に当つた。

其の代り時々人と衝突する。其の当時の工部省で大抵いぢめないものはなかつた。同僚先輩で長く英国で学んだ処の山尾君などは非常にいぢめられて（笑声起る）勝のやうな人間は迚《とて》も使ふ事は出来ぬと云ふ。誰か良い代りがあるか。ありませぬ。なければ仕方がない。弥吉の言ふことを聞け（笑）どうも山尾君も困つた。

井上聞多に向つてもさうである。今日井上侯の出られなかつたのは遺憾である。上役をいぢめるので皆困つた。斯くして遂々鉄道の基を開いたのである。其の当時後藤伯もちよつと長官になられた。川瀬君も長官になつた。今枢密院に残つて居る。誰にでも喰つて蒐《かか》る。伊藤公や先輩には遂々喰つて蒐らなかつた。

（「大隈伯爵演説大要」、上田広『鉄道事始め 井上勝伝』一九九三年）

五年間の英国留学で身につけた語学力と鉄道に関する知識を縦横に駆使し、上役との衝突も辞さずに勇猛果敢に鉄道ネットワークの形成に邁進する井上勝の姿を彷彿とさせる。大隈はこのあいさつを、「今此の晴れの場所、宮城前の中央停車場の前に井上子爵の銅像が儼然と立つたのは大に国の文明を進めたと云ふ功績を表彰するものであつて、文明に反対した儕《ともがら》をして顔色なからしめる事であらう

井上勝の二代目銅像と東京駅（1961～67年頃）
（鉄道博物館提供）

と思ふ。此の意味を以て国の繁栄の為に此の銅像の除幕を洵《まこと》に喜ばしく存ずるのである」と結んでいる。なお、井上子爵銅像建設事業の残金、二万円と、井上家からの寄付金一〇〇〇円を基金として「井上奨学会」が設定された。この奨学金は鉄道学校の卒業生や現場鉄道員の育英に大きく貢献した（前掲『七十年史』）。

しかし、戦時下の一九四四（昭和一九）年三月、戦時金属回収運動によって井上勝の銅像は撤収され鋳潰された。それから十数年間、台座のみが国鉄本社の横で雨にさらされていたが、井上勝没後五〇年を前に銅像再建の機運がおこり、一九五八年二月に日本交通協会内に準備委員会が設けられ半年にわたって慎重に検討された。その結果、同年八月、日本交通協会会長・井上匡四郎、日本国有鉄道総裁・十河信二および私鉄経営者協会・日本交通文化協会会長・鈴木清秀が創立準備委員となり、一二三名の発起人によって「井上勝銅像を再建する会」が結成された。「再建する会」は同年九月二六日に発起人総会を開催して規約と計画の大要を決定し、一九五九年一〇月一四日に彫刻家で「東洋のロダン」などと称された朝倉文夫の手によって井上勝の銅像が再建された。日本で最初の鉄道が開業してから八七年目で、東海道新幹線の計画も企てられており、日本の鉄道が新たな時代に入ろうとしているときであった。

なお、井上勝の銅像は旧国鉄本社新館建築のため一九六一年に東京駅の駅前広場中央付近に移された。また、一九八五年五月には総武線東京駅乗り入れにかかわる地下駅工事のため一時撤去され、国鉄第一工事局の越中島倉庫に保管された。その後、関係者の強い要請と新たに発足した東日本旅客鉄道会社（JR東日本）の厚意もあって一九八七年七月一三日に東京駅丸の内側広場に建設され、ときの運輸大臣・橋本龍太郎が除幕をした。そして、二〇〇七（平成一九）年四月にJR東日本による東京駅丸の内駅舎の保存・復原工事が始まると、井上勝の銅像はまた撤去され、収納保管された。同工事は二〇一二年一〇月に完成したが、井上の銅像はまだもとの場所に戻っていない。

主要参考文献

＊利用した史料の出典についてはそのつど注記したので、ここでは本書の執筆にあたって参考にした多くの著書・論文のうち、公刊されているものから主要なもののみを掲げる。

井上勝の自伝・伝記

井上勝「鉄道誌」（副島八十六編『開国五十年史』開国五十年史発行所、一九〇七年）

井上勝「帝国鉄道の創業」一九〇六年五月（木下立安『拾年紀念 日本の鉄道論』鉄道時報局、一九〇八年）

井上勝「日本帝国鉄道創業談」（村井正利編『子爵井上勝君小伝』井上子爵銅像建設同志会、一九一五年、附録）

＊同書は一九九三年に八月に井上勝の孫の井上勝英氏によって口語訳を添えて復刊されている。

三崎重雄『鉄道の父 井上勝』三省堂、一九四二年

村井正利編『子爵井上勝君小伝』井上子爵銅像建設同志会、一九一五年

上田広『井上勝伝』井上勝銅像を再建する会、一九五六年

＊同書は一九九三年八月に井上勝の孫の井上勝英氏によって『鉄道事始――井上勝伝』として復刊されている。復刊にあたっては、天野慶之氏によって適宜口語訳がなされ、「井上勝と小岩井農場」「初代銅像について」なる一文が書き加えられている。また、著者の上田広氏の年譜も付されている。

伝記・日記・文書（井上勝以外）

足立栗園『今村清之助君事歴』一九〇六年
伊藤隆・尾崎春盛編『尾崎三良日記』中巻、中央公論社、一九九一年
伊藤博文関係文書研究会編『伊藤博文関係文書』一、塙書房、一九七三年
井上馨侯伝記編纂会編『世外井上公伝』第一巻、内外書籍、一九三三年
岩崎弥太郎・岩崎弥之助伝記編纂会『岩崎弥之助伝』下巻、一九七一年
大久保達正監修『松方正義関係文書』第六巻、大東文化大学東洋研究所、一九八五年
大隈侯八十五年史会編『大隈侯八十五年史』第一巻、一九二六年
外務省編『日本外交文書』第八巻、一九四〇年
兼清正徳『山尾庸三伝――明治の工業立国の父』山尾庸三顕彰会、二〇〇三年
木戸孝允関係文書研究会編『木戸孝允関係文書』一、東京大学出版会、二〇〇五年
春畝公追頌会編『伊藤博文伝』上巻、一九四三年
尚友倶楽部品川弥二郎関係文書編纂委員会編『品川弥二郎関係文書』二、山川出版社、一九九四年
周布公平監修『周布政之助伝』下巻、東京大学出版会、一九七七年
徳富猪一郎編述『公爵松方正義伝』乾巻・坤巻、公爵松方正義伝記発行所、一九三五年
長谷川博士伝編纂会編『工学博士長谷川謹介伝』一九三七年
村上享一著・速水太郎編『南清伝』一九〇九年
竜門社編『青淵先生六十年史――一名近世実業発達史』第二巻、一九〇〇年
早稲田大学社会科学研究所編『大隈文書』第三巻、一九六〇年
早稲田大学大学史資料センター編『大隈重信関係文書』二、みすず書房、二〇〇五年

会社史・団体史

汽車会社蒸気機関車製造史編集委員会編『汽車会社蒸気機関車製造史』交友社、一九七二年
菅野忠五郎・他編『日本鉄道請負業史 明治篇』鉄道建設業協会、一九六七年
鉄道省篇『日本鉄道史』上・中・下篇、一九二一年
日本経営史研究所編『小岩井農場百年史』小岩井農牧株式会社、一九九八年
日本交通協会『七十年史』一九六七年
日本国有鉄道編『日本国有鉄道百年史』第一巻・第二巻、一九六九年、一九七〇年
日本国有鉄道編『工部省記録 鉄道之部』第一～一〇冊、一九六二～七四年
日本国有鉄道仙台駐在理事室『ものがたり東北本線史』一九七一年
琵琶湖汽船株式会社編『航跡 琵琶湖汽船一〇〇年史』一九八七年
麓三郎編『小岩井農場七十年史』小岩井農牧株式会社、一九六八年
山田英太郎『日本鉄道株式会社沿革史』第一篇

著　書

石井寛治『近代日本とイギリス資本』東京大学出版会、一九八四年
石附実『近代日本の海外留学史』ミネルヴァ書房、一九七二年
岩本由輝『東北開発一二〇年』刀水書房、一九九四年
犬塚孝明『薩摩藩英国留学生』中公新書、一九七四年
犬塚孝明『密航留学生たちの明治維新――井上馨と幕末藩士』日本放送出版協会、二〇〇一年
宇田正『近代日本と鉄道史の展開』日本経済評論社、一九九五年

梅溪昇『お雇い外国人――明治日本の脇役たち』講談社学術文庫、二〇〇七年
老川慶喜『鉄道』日本史小百科・近代、東京堂出版、一九九六年
老川慶喜『近代日本の鉄道構想』日本経済評論社、二〇〇八年
大内兵衛・土屋喬雄編『明治前期財政経済史料集成』第一七巻ノ一（「工部省沿革報告」）明治文献資料刊行会、一九六四年
小川国治編『山口県の歴史』山川出版社、一九九八年
小川国治・河村乾二郎・日野綏彦・梅村郁夫『山口県の百年』山川出版社、一九八三年
柏原宏紀『工部省の研究――明治初年の技術官僚と殖産興業政策』慶應義塾大学出版会、二〇〇九年
葛原貫一『小岩井ホルスタイン改良の記録』酪農事情社、一九七〇年
小池滋・青木栄一・和久田康雄編『日本の鉄道をつくった人たち』悠書館、二〇一〇年
沢和哉『鉄道建設小史　鉄道に生きた人びと』築地書館、一九七七年
菅野俊作『小岩井農場の経営構造』風間書房、一九六五年
菅野忠五郎・他編『日本鉄道建設請負業史 明治篇』鉄道建設業協会、一九六七年
田中時彦『明治維新の政局と鉄道建設』吉川弘文館、一九六三年
谷口守雄『随筆集　落葉籠』鉄道弘済会、一九四二年
朝鮮総督府鉄道局編『朝鮮鉄道史』一九二九年
鉄道史学会編『鉄道史人物事典』日本経済評論社、二〇一三年
鉄道博物館第三回コレクション展図録『井上勝と鉄道黎明期の人々』二〇一〇年
『東京人』編集室編『江戸・東京を造った人々』一、ちくま学芸文庫、二〇〇三年
道迫真吾『長州ファイブ物語――工業化に挑んだサムライたち』（『萩ものがたり』第二八号、二〇一〇年一〇

月）
富永祐治『交通における資本主義の発展――日本交通業の近代化過程』岩波書店、一九五三年
中西健一『日本私有鉄道史研究――都市交通の発展とその構造』増補版、ミネルヴァ書房、一九七九年
中村尚史『日本鉄道業の形成――一八六九～一八九四年』日本経済評論社、一九九八年
日本交通協会編『鉄道先人録』日本停車場株式会社出版事業部、一九七二年
旗手勲『日本における大農場の生成と展開――華族・政商の土地所有』御茶の水書房、一九六三年
林田治男『日本の鉄道草創期――明治初期における自主権確立の過程』ミネルヴァ書房、二〇〇九年
原田勝正・青木栄一『日本の鉄道――一〇〇年の歩みから』三省堂、一九七三年
藤井哲博『咸臨丸航海長小野友五郎の生涯』中公新書、一九八五年
増田廣實『近代移行期の交通と運輸』岩田書院、二〇〇九年
松下孝昭『近代日本の鉄道政策　一八九〇～一九二二年』日本経済評論社、二〇〇四年
松下孝昭『鉄道建設と地方政治』日本経済評論社、二〇〇五年
三田商業研究会編『慶應義塾出身者名流列伝』実業の世界社、一九〇九年
宓汝成著、依田憙家訳『帝国主義と中国の鉄道』龍渓書舎、一九八七年
山田直匡『お雇い外国人4　交通』鹿島出版会、一九六八年
四日市市編『四日市市史』第一二巻（史料編・近代二）、一九九三年
渡辺實『近代日本海外留学生史』上巻、講談社、一九七七年
C. B. Davis & Kenneth E. Wilburn, Jr. edit "*Railway Imperialism*" 1991.（原田勝正・多田博一監訳『鉄路一七万マイルの興亡――鉄道からみた帝国主義』日本経済評論社、一九九六年）
F・V・ディキンズ著、高梨健吉訳『パークス伝』平凡社、一九八四年

Ian Nish, edit *"Britain and Japan : Biographical Portraits"* 1994.（日英文化交流研究会訳『英国と日本――日英交流人物列伝』博文館新社、二〇〇二年）

Olive Checkland *"Britain's Encounter with Meiji Japan, 1868-1912"*（杉山忠平・玉置紀夫訳『明治日本とイギリス――出会い・技術移転・ネットワークの形成』法政大学出版局、一九九六年）

Yumiyo Yamamoto 'Inoue Masaru—Father of Japanese Railway', *"Britain & Japan Biograhical Portraits"* Volume II, edited by Ian Nish, Japan Library.

論文・報告

伊藤博文「鉄道創業の事歴」一九〇二年五月一四日（木下立安編『拾年紀念 日本の鉄道論』鉄道時報局、一九〇九年）

井上琢智「ユニバーシティ・カレッジ・ロンドン・コネクションの形成――イギリス留学生とコネクション」（『経済学論究』第五七巻第四号、二〇〇四年三月）

井上琢智「小野義真と日本鉄道会社」（『経済学論究』第六三巻第三号、二〇〇九年一二月）

池田敬正「幕府諸藩の動揺と改革」（『岩波講座 日本歴史』一三、近世五、岩波書店、一九七七年）

乾宏巳・井上勝生「長州藩と水戸藩」（『岩波講座 日本歴史』一二、近世四、岩波書店、一九七六年）

老川慶喜「解題『鉄道時報』」（復刻版『鉄道時報』第九巻、八朔社、一九九八年）

大隈重信「鉄道の創業と経営法」一九〇二年五月一四日（木下立安『拾年紀念 日本の鉄道論』鉄道時報局、一九〇八年）

加藤詔士「日本・スコットランド教育文化交流の諸相――明治日本とグラスゴウ」（『名古屋大学大学院教育発達科学研究紀要（教育科学）』第五六巻第二号、二〇〇九年度）

小風秀雅「明治前期における鉄道建設構想の展開」（山本弘文編『近代交通成立史の研究』法政大学出版局、一九九四年）
小風秀雅「明治中期における鉄道政策の再編――井上勝と鉄道敷設法」（野田正穂・老川慶喜編『日本鉄道史の研究――政策・経営／金融・地域社会』八朔社、二〇〇三年）
小風秀雅「十九世紀における交通革命と日本の開国・開港」（『交通史研究』第七八号、二〇一二年九月）
末永國紀「大津・長浜間鉄道連絡汽船会社の創立と近江商人」（『社会科学』第四七号、一九九一年）
中村尚史「帝国鉄道協会の成立――日本鉄道業の発展と業界団体」（『経済学研究』第七〇巻第四・五号合併号、二〇〇四年四月）
原田勝正「鉄道敷設法制定の前提」（『日本における基盤成立・展開期の鉄道』和光大学社会科学研究所、一九九八年）
原田勝正「鉄道技術の自立過程と井上勝」（土木学会日本土木史研究委員会編『近代土木技術の黎明期――日本土木史研究委員会シンポジウム記録集』一九八二年）
原田勝正「鉄道の導入と建設」（海野福寿編『技術の社会史3――西欧技術の移入と明治社会』有斐閣、一九八二年）
古島敏雄「科学技術の発達と洋学」（『岩波講座　日本歴史』一二、近世四、岩波書店、一九七六年）
星野誉夫「明治初年の私鉄政策――「鉄道国有主義説」・「幹線官設主義説」の再検討」（『武蔵大学論集』第二七巻第三・四・五号、一九七九年一二月）
星野誉夫「明治初年の私鉄政策と関西鉄道会社（一）（二）」（『武蔵大学論集』第二九巻第一号、第二九巻第五・六号、一九八一年六月、一九八二年三月）
星野誉夫「明治初年の東海道鉄道建設計画」（『武蔵大学論集』第五〇巻第四号、二〇〇三年三月）

星野誉夫「井上勝」（小池滋・青木栄一・和久田康雄編『日本の鉄道をつくった人たち』悠書館、二〇一〇年）
前島密「帝国鉄道の起源」一九〇六年五月（木下立安編『拾年紀念 日本の鉄道論』鉄道時報局、一九〇九年）
松永直幸「中山道鉄道の採択と東海道鉄道への変更」（『日本歴史』第七五五号、二〇一一年四月）
三宅由紀子「幕末期長州藩の海外留学生」（『山口県地方史研究』第八五号、二〇〇一年六月）

その他、『東京横浜毎日新聞』『東京朝日新聞』『読売新聞』『台湾日日新聞』『台湾商報』『東京経済雑誌』『東洋経済新報』『鉄道時報』『帝国鉄道協会報』『鉄道協会誌』『台湾鉄道』『鉄道雑誌』などの新聞・雑誌。

あとがき

本書の主人公である井上勝の名を知る人は少ない。ちょうど一五〇年前の一八六三年六月（文久三年五月）、井上馨、伊藤博文、山尾庸三、遠藤謹助らといわゆる「長州五傑」（長州ファイブ）の一人として英国ロンドンに留学し、明治維新後に帰国してから近代日本の鉄道システムを作り上げた立役者であったのにもかかわらず、井上馨や伊藤博文、あるいは山尾庸三と比べても知名度は格段に低いといわざるをえない。日本近代史の通史的な叙述をみても、近代化と鉄道の関係についてはしばしば言及されているのに、鉄道の発展に大きく貢献した井上勝に触れられることはあまりない。

とはいえ、少しでも日本の鉄道史研究に携わったことのあるものには、井上勝はとてつもなく大きな存在である。しかし、その井上勝像とは「鉄道国有主義者」「私鉄排撃論者」というステレオタイプ化されたもので、その実像は必ずしもあきらかにされてこなかったといえる。その理由の一つは、鉄道省篇『日本鉄道史』（上・中・下篇）で描かれた井上勝像が独り歩きしてきたことに求められよう。筆者も鉄道史研究に携わってから相当の年月が経つが、数年前までは井上勝については同書を前提とする原田勝正先生などの研究に依拠していればよいと考えていた。

近年、明治初期の鉄道政策史については通説を実証的に批判する、すぐれた研究がみられるが、井上勝に対する理解は従来とあまり変わっていない。これは少しおかしいのではないかと思い、明治大学商学部から『明大商学論叢』の石井常雄先生の退職記念号に寄稿を求められたさいに自分なりの井上勝像を模索してみた（老川慶喜「井上勝の鉄道構想」『明大商学論叢』第八〇巻第一・二号、一九九八年二月）。それはその後、拙著『近代日本の鉄道構想』（日本経済評論社、二〇〇八年）の主要部分を構成することになるが、同書を執筆しながら井上勝の評伝を書いてみたいという気持ちがわいてきた。

また筆者は数年前から高階秀爾先生を座長とする、東日本鉄道文化財団主催の「鉄道を通して見た日本の近代」をテーマとする小研究会に参加してきた。この研究会では毎回誰かが報告をしたあと、その報告をめぐって大変リラックスした議論を食事もはさんで長時間にわたって行っているが、あるとき筆者の報告に対しミネルヴァ書房の評伝シリーズの監修者でもある芳賀徹先生が「井上勝という人物はおもしろいねえ。誰か評伝を書く人はいないかね」と発言された。少し躊躇したが、筆者でよければ是非書かせてほしいと申し出て、本書を執筆する機会を得た。

しかし執筆に着手してみると井上勝にまつわる史料はそれほどたくさんあるわけではなく、またたく間に三年ほどの歳月が過ぎてしまった。それでも湊照宏氏（大阪産業大学）に井上勝の曾孫にあたる井上勝重氏をご紹介していただき、文書は残っていなかったが井上勝とその家族に関するさまざまなお話を聞くことができた。二〇一一年の夏には、井上勝の故郷である萩にも資料調査に出かけた。萩ではいわゆる長州ファイブに関する研究が盛んで、萩市立図書館などで井上勝の英国ロンドン留学時代の情報を多く収集することができた。また萩駅は一九二五（大正一四）年に建設された木造平屋建て、スレート葺きの洋風駅舎であるが、そこに「井上勝資料室」という小さな博物館があり、それほど多くの展示物があったわけではないが筆者なりの井上勝像を作り上げるのに役立った。

岩手県雫石の小岩井農場にも二〇一二年の夏、資料調査に訪れた。そこでは同農場エコツーリズム担当マネージャーの濱戸祥平氏のご厚意によって、小岩井農場主井上勝の代理人有福五郎吉が執筆した『開墾方案』なる文書を閲覧・撮影させていただくと同時に、小岩井農場開設当初に植えられたとされる巨大な桑の木や井上勝が使ったこともある事務所などの諸施設を見学させていただいた。そのほか濱戸氏からは、岩手山を臨み青空の広がる小岩井農場の一角で、小岩井農場と井上勝にまつわる貴重なお話をうかがうことができた。

小岩井農場に関しては、盛岡市の岩手県立図書館、仙台市の宮城県立図書館、都内の三菱史料館でも貴重な史料を閲覧させていただいた。とくに三菱史料館では坪根明子氏の手を煩わして、小岩井農場の設立にかかわる井上勝と岩崎弥之助の契約書など、貴重な資料をみることができた。

大阪大学の沢井実氏には、貴重な汽車製造合資会社の営業報告書をみせていただいた。汽車製造会社については『汽車会社蒸気機関車製造史』や『渋沢栄一伝記資料』などで概要を把握することはできたが、やはり営業報告書をみないことには執筆できないと考え、沢井氏に相談したところみずからが収集した史料を快く提供してくれた。

本書執筆の最終段階に入った二〇一三年の正月、やはり井上勝が一五〇年前の英国ロンドンで辿った足跡を確認しなくてはという気持が強くなり、三月末の春休みを利用してユニバーシティ・カレッジ・ロンドン（UCL）を訪れ、一九九三年九月二日に日英友好協会、日英文化記念クラブ、その他有志の努力と寄付によってキャンパス内に建立された長州藩、薩摩藩の留学生を讃える記念碑を見学し、井上勝らが行き来したガワー街などを歩いてみた。イースター（復活祭）まで一〇日もないというのに、その日のロンドンは雪が降るほどの寒さで、カメラをもつ手が凍えるほどであった。ホテルに戻ってから、井上勝ら長州ファイブが一五〇年前のこの地でなにを考えてなにをしていたのかと思いを巡らしながら、日本からもってきた原稿に最終的な手直しをする作業はこの上なく楽しいものであった。なお、井上勝ら長州ファイブの密航留学一五〇周年を記念して、留学生の身元引受人となったUCLのウィリアムソン教授夫妻の顕彰碑がロンドン近郊のブルックウッド墓地（Brookwood Cemetery）に建立され、二〇一三年七月二日に除幕式が行われた。

四月になってから品川の東海寺大山墓地にある井上勝のお墓を訪ねた。当初の目的はお墓の写真を撮ることであったが、はからずも井上勝の母の名前や没年、長男亥六、妻の宇佐子の没年などを知ることができた。井上勝はみずからが永眠する場所として東海道線と日本鉄道線（現・JR山手線）にはさまれたこの墓地を選んだのであるが、今では東海道新幹線が走るのもみえる。数分ごとに新幹線が行き来するのをみて、井上勝は何を考えているのであろうか。

史料の収集には、前記の個人、各機関のほか国立国会図書館、国立公文書館、交通協会図書館、立教大学図書館などを利用させていただいた。また、駒澤大学教授の渡邉恵一氏には本書の原稿を読んでいただき貴重なコメントをいただいた。ミネルヴァ書房の編集者岩崎奈菜氏にも丁寧に原稿を読んでいただき、励ましとともに適切なアドバイスをいただいた。なお本書執筆にあたっての資料調査には、立教大学および同大学経済学部のさまざまな研究助成制度を利用させていただいた。

こうして、なんとか本書を脱稿することができた。末筆ではあるが、ここにお世話になった方々に心からの感謝を申し上げたい。

二〇一三年七月

老川慶喜

井上勝略年譜

＊年齢は、当時の慣習に従って数え年とした。また、月日の［　］補記は旧暦の月日を示す。

和暦	西暦	齢	関係事項	一般事項
文政一三	一八三〇			イギリスのマンチェスター〜リバプール間で世界初の本格的な鉄道が開業。
天保　二	一八三一			9月防長大一揆。
一一	一八四〇			アヘン戦争（〜一八四二年）。
一二	一八四一			天保の改革（〜一八四三年）。
一四	一八四三	1	8・25［天保一四年8・1］長州藩士井上勝行・久里子の三男として生まれる。幼名は卯八。	
弘化　元	一八四五	3	1・29［弘化元年12・22］母の久里子が死去。	
嘉永　元	一八四八	6	長州藩士野村作兵衛の養子となり、弥吉と称す。	
六	一八五三	11		8月ロシア使節プチャーチンが長崎に来航（蒸気車模型を持参）。

安政元	一八五四	12		3月日米和親条約。7月江川太郎左衛門、江戸城内でペリーが持参した蒸気車模型を運転。
二	一八五五	13	相州警備隊長の役目についた父勝行にしたがって相州上宮田に赴き、伊藤利助（のちの博文）と出会う。	10月佐賀藩で蒸気機関車一両と貨車二両の模型を製作。12月長崎に海軍伝習所が開設される。
五	一八五八	16	長州藩の命で長崎に行き、オランダ士官から洋式兵法を学ぶ。	7月日米修好通商条約。10月安政の大獄（〜一八五九年）。
六	一八五九	17	7月［安政六年6月］藩命により萩にもどる。洋式の模範小隊をつくり、その世話役となる。この年江戸に出て蕃書調所で英学を学ぶ。	11月吉田松陰刑死。
万延元	一八六〇	18	10・2［万延元年8・18］箱館に行き、武田斐三郎の塾で英学を学ぶ。	2月幕府遣米使節、米軍艦に乗り品川を出発。
文久二	一八六二	20		9月生麦事件。
三	一八六三	21	3・10［文久三年1・21］長州藩の木製帆船「亥癸丸」に船長として乗り組み、兵庫に向けて航海をする。6・4［4・18］世子毛利元徳から英国渡航の許可を得、「稽古料」として二〇〇両を賜る。6・27［5・12］英国留学のため横浜を出帆する。7・2［5・17］上海に到着。9月［7月］ロンドンに	6月長州藩、馬関海峡（現・関門海峡）を航行する米・仏・蘭の商船を砲撃（下関事件）。8月薩英戦争。

			向けて上海を出帆。10月［9月］ロンドンに到着。ウィリアムソン博士の自宅に寄宿。ユニバーシティ・カレッジ・ロンドン（UCL）で学ぶ。	
元治元	一八六四	22		7月井上聞多、伊藤俊輔帰国。9月英・米・仏・蘭四国連合艦隊、下関を砲撃。
慶応二	一八六六	24		3月薩長連合。
三	一八六七	25	11・30［慶応三年11・5］桂小五郎（のちの木戸孝允）の書翰を受け取り、帰国を促される。	11月大政奉還。
明治元	一八六八	26	9月［慶応四年8月］UCLを修了。12・30［明治元年11・7］山尾庸三とともに帰国。	1月王政復古の大号令。幕府老中小笠原長行、アメリカ公使館員ポートマンに江戸〜横浜間鉄道の敷設を免許する。
元 二	一八六九	27	1・3［明治元年11・21］木戸孝允を訪ね、再会をはたす。1月［12月］長州藩にもどり、鉱業管理の仕事につく。すでに実家の井上家に復しており、井上勝と名のる。11・13［明治二年10・10］木戸孝允の招きで上京、大蔵省造幣寮造幣頭兼民部省鉱山司鉱山正となる。12・7［11・5］三条実美邸での英国公使パークスとの鉄道起業に関する会談で通訳を	5月明治新政府、ポートマンに対する免許の書き換えを拒絶。12月イギリス人レイと一〇〇万ポンド起債を約束。明治政府は廟議において、東西両京間の幹線鉄道と東京〜横浜間、京都〜神戸間、および琵琶湖近傍〜敦

			務める。12・25〔11・13〕正六位に叙せられる。	賀間の支線の敷設を決定。
三	一八七〇	28	6・1〔明治三年5・3〕民部権大丞に任ぜられる。12・15〔閏10・23〕工部権大丞兼鉱山正となる。	12月工部省設置。
三 四	一八七一	29	2・8〔明治三年12・19〕兼官を免ぜられる。9・7〔明治四年7・23〕工部大丞に任ぜられる。従五位に叙せられる。9・29〔8・15〕工部省鉱山寮鉱山頭兼鉄道寮鉄道頭に任ぜられる。12・15〔11・4〕造幣寮創業の功につき金三〇〇両を下賜される。	8月廃藩置県。9月工部省に鉄道寮を設置。
四 五	一八七二	30	1・27〔明治四年12・18〕正五位に叙せられる。8・7〔明治五年7・4〕鉱山頭を免ぜられ、鉄道頭専任となる。10・14〔9・12〕東京〜横浜間鉄道開業式に初代鉄道頭として参列。11・25〔10・25〕鉄道創建の議につき金四〇〇両・白縮緬一匹を下賜される。	3月土地永代売買の禁を解く。6月中山道郵便馬車会社、東京〜高崎間の馬車輸送を開始。
六	一八七三	31	7・22鉄道寮の大阪移転を工部少輔山尾庸三に反対され鉄道頭を依願免本官、御用滞在を仰せつけられる。	7月地租改正条例を布告。11月内務省をおく。
七	一八七四	32	1・10鉄道頭に復職。1・11工部少輔に任ぜられ、工部省鉄道局長を仰せつけられる。1・19鉄道局長	1月鉄道寮を廃し、工部省に鉄道局を設置。板垣退助ら民撰議

			を仰せつけられる。2・10伊藤博文工部大輔に鉄道寮の大阪移転を建議。	院設立建白書を提出。2月佐賀の乱。この年台湾出兵。
九	一八七六	34	2月工部卿伊藤博文に建議書を提出し、鉄道敷設の促進を要請する。12月に再度要請。	8月金禄公債証書発行条例を定める。
一〇	一八七七	35	1・19工部少輔兼鉄道局長となる。2月太政大臣に鉄道敷設促進の陳情書を提出。5・14京神間建築師長トーマス・R・シャービントンにはかり、鉄道技術者養成のため大阪停車場二階に工技生養成所を設置する（一八八二年12・31に閉鎖）。	2月（〜9月）西南戦争。
一二	一八七九	37	3・14工部技監に任ぜられる。大津〜京都間鉄道建築の功により白縮緬一匹下賜される。5月長女・卯女子が生まれる。	5月内国通運会社、東京〜高崎間の馬車輸送を開始。
一三	一八八〇	38	1・14井上勝の意見により、米原〜敦賀間鉄道を塩津経由から柳ケ瀬経由に変更する。	11月工場払下概則を定める。
一四	一八八一	39	7・16勲三等に叙せられ旭日中綬章を授けられる。8・11技監のまま工部大輔に任ぜられる。4月長浜〜大津間の鉄道連絡船として太湖汽船会社の設立を請願する。	10月明治十四年の政変。国会開設の勅諭が出される。11月日本鉄道会社設立。この年自由党結成。松方財政開始。
一五	一八八二	40	7・20工部大輔に任ぜられる。8・1工部技監を兼任する。9・11従四位に叙せられる。	4月立憲改進党結成。

一六	一八八三	41	3・26鉄道益金を鉄道の建設費に充当すべきであるという意見を答申する。	9月中山道線敷設決定。
一七	一八八四	42	4・9柳ケ瀬隧道開通につき敦賀～関ヶ原間鉄道線路視察のため出張を仰せつけられる。5・15中山道鉄道幹線選択のため出張ならびに信越地方の巡回を仰せつけられる。	7月華族令制定。10月秩父事件。
一八	一八八五	43	1・22（～12・8）東京市区改正審査委員を仰せつけられる。2月原口要を東海道の測量・調査に派遣する。7・27一八九〇年に東京で開催予定の亜細亜大博覧会の組織取調委員を仰せつけられる。12・28鉄道局長官兼技監に任ぜられる。	12月内閣制度発足。工部省は廃止。鉄道局は内閣の直属となる。
一九	一八八六	44	4・30勅任官一等に任ぜられ、上級俸を賜る。7・19井上勝の上申により、東西両京間鉄道は中山道線から東海道線に変更される。12・10兄の勝一が死去。11・20従三位に叙せられる。勲二等に叙せられ、旭日重光章を授けられる。	第一次企業勃興（第一次鉄道熱）（～一八八九年）。
二〇	一八八七	45	3・22私設鉄道条例を上申（5・18公布）。5・24特旨をもって華族に列せられ、勲功によりとくに子爵を授けられる。6・1勲功により華族に列せられたので、「家門保護」のため帝室資産のうち金二万	7月東海道線横浜～国府津間開通。12月日本鉄道上野～塩釜間開通。

			円を下賜される。6・13鉄道創業以来一八八六年度までの鉄道財政を報告する。7・16参謀本部の諮問「鉄道改正建議案」に対する答申書を参謀本部長の有栖川宮熾仁親王に提出。12・20湖東線工事に関して内閣総理大臣に上申する。	
二一	一八八八	46	7・4一八八七年度の鉄道事業概況を黒田清隆内閣総理大臣に報告し、私設鉄道の濫立に警告を発する。	
二二	一八八九	47	7・6黒田清隆内閣総理大臣に東海道線開通を報告し、属僚の功労を推薦する。10・29官設鉄道事業を董督し拮据励精功労少からずにつき勲一等に叙せられ、瑞宝章を授けられる。11・25大日本帝国憲法発布記念賞を授与される。	2月大日本帝国憲法発布。7月東海道線新橋～神戸間全通。鉄道千哩祝賀会を名古屋で挙行。
二三	一八九〇	48	2・14山県有朋内閣総理大臣に横川～軽井沢間鉄道敷設の急務を建議する。7・10貴族院議員に当選する。9・6内務大臣のもとに鉄道庁が設置され、鉄道庁長官に任ぜられる。	8月軌道条例公布。11月第一回帝国議会開会。
二四	一八九一	49	2月小岩井農場を設立する。7月「鉄道政略ニ関スル議」を内閣総理大臣に提出する。8・16年俸八分の一増を賜わる。	9月日本鉄道上野～青森間が全通。
二五	一八九二	50	6・21鉄道敷設法制定。7・21鉄道庁は逓信省に移	12月鉄道会議、第一回議事を開

二六	一八九三	51	管され、鉄道庁長官に任ぜられる。10・1鉄道会議議員を仰せつけられる（～翌年3・22）。3・18願により鉄道庁長官を免ぜられる。後任には松本荘一郎が就任する。3・24正三位に叙せられる（特旨をもって位一級被進）。10・14父の勝行が死去。	く。4月横川～軽井沢間開通（アプト式鉄道）。6月鉄道庁神戸工場で傭英国人R・F・トレビシックの指導により蒸気機関車が製造される（国産機関車のはじめ）。11月逓信省官制が改正され、鉄道局を設置（鉄道庁廃止）。
二七	一八九四	52	2・21鉄道会議議員を仰せつけられる。3・9大婚二五年祝典之章を授与される。白栗毛馬「銀花山号」一頭を大婚二五周年祝典につき献納する。	8月日清戦争（翌年4月日清講和条約締結）。
二九	一八九六	54	3・29第七回帝国議会招集のさい、精励につき銀杯一組を下賜される。9・7大阪に汽車製造合資会社を設立し、社長に就任する（資本金六四万円）。	7月株式会社鉄道車輌製造（現・日本車輌製造）設立。
三〇	一八九七	55	7・10貴族院議員任期満了、同日同議員当選。	
三二	一八九九	57	1月帝国鉄道協会名誉会員となる。10月勲一等瑞宝章を授与される。	8月台湾縦貫鉄道基隆～高雄間全通。
三三	一九〇〇	58		3月私設鉄道法、鉄道営業法公布。

三四	一九〇一	59	9・30韓国・清国の鉄道事情の視察に出発（12・11帰国）。	1月八幡製鉄所操業開始。6月京釜鉄道創立。
三五	一九〇二	60	7・5汽車製造合資会社の開業式を挙行する。	1月日英同盟協約調印。
三六	一九〇三	61	6・30従二位に叙せられる。	
三七	一九〇四	62	7・9貴族院議員任期満了、同日同議員当選。	
三八	一九〇五	63	5・25京釜鉄道開業式に参列する。	3月官設鉄道・山陽鉄道、新橋〜下関間に直通急行運転開始。9月山陽汽船会社、下関〜釜山間連絡航路の運転を開始。
三九	一九〇六	64	4・1日露戦争の功により勲一等旭日大綬章を授けられる。5・2長男の亥六が死去。5・20鉄道五千哩祝賀会で、頌功表を贈呈される。7・13南満洲鉄道株式会社設立委員を仰せつけられる（〜12・13）。	3月鉄道国有法公布。5月鉄道五千哩祝賀会を名古屋で挙行。11月南満洲鉄道会社創立。
四〇	一九〇七	65	1・5妻の宇佐子が死去。	4月帝国鉄道庁設置。
四一	一九〇八	66		12月鉄道院設置。
四二	一九〇九	67	2・1二女の千八重子が松浦純と結婚（松浦純は井上勝純と改名）。4・26帝国鉄道協会第三代会長に就任。	10月伊藤博文暗殺される。
四三	一九一〇	68	3・28鉄道院顧問に就任。5・8鉄道院顧問として鉄道視察のため渡欧（6・13ロンドン到着）。8・	4月軽便鉄道法公布。5月大逆事件。8月韓国併合。

大正 三	一九一四		2ロンドンのヘンリッタ病院で死去。8・4ロンドン北部のゴールダーズ・グリーン火葬場で仮葬儀が行われる。8・20井上勝の遺骨が神戸港に到着。同日正二位に叙せられる（特旨をもって位一級被進）。9・2品川の東海寺で本葬を行う。 6月銅像除幕式。	12月東京駅開業。

出典：「井上子爵の官歴」（『鉄道時報』第五六九号、一九一〇年八月一三日）、村井正利編『子爵井上勝君小伝』（井上子爵銅像建設同志会、一九一五年）、三崎重雄『鉄道の父 井上勝』（三省堂、一九四二年）、上田広『井上勝伝』（井上勝銅像を再建する会、一九五九年）、野田正穂・原田勝正・青木栄一・老川慶喜編『日本の鉄道——成立と展開』（日本経済評論社、一九八六年）、鉄道博物館『井上勝と鉄道黎明期の人々』（二〇一〇年）。

人名索引

か　行

さ　行

た　行

な　行

は　行

ま　行

や　行

ら 行

わ 行

事項索引

か 行

さ　行

た　行

な　行

ま　行

や　行

ら　行

《著者紹介》

老川慶喜（おいかわ・よしのぶ）

1950年　埼玉県生まれ。
1972年　立教大学卒業。
1980年　立教大学大学院経済学研究科博士課程修了，経済学博士。
　　　　関東学園大学経済学部専任講師・助教授，帝京大学経済学部助教授，立教大学経済学部助教授を経て，
現　在　立教大学経済学部教授。
著　書　『岩下清周と松崎半三郎』立教学院，2008年。
　　　　『近代日本の鉄道構想』日本経済評論社，2008年。
　　　　『東京オリンピックの社会経済史』（編著）日本経済評論社，2009年。
　　　　『両大戦間期の都市交通と輸送』（編著）日本経済評論社，2010年。
　　　　『埼玉鉄道物語——鉄道・地域・経済』日本経済評論社，2011年，など。

ミネルヴァ日本評伝選

井《いの》上《うえ》　勝《まさる》

——職掌は唯クロカネの道作に候——

2013年10月10日　初版第１刷発行　〈検印省略〉

定価はカバーに
表示しています

著　者　老　川　慶　喜
発行者　杉　田　啓　三
印刷者　江　戸　宏　介

発行所　株式会社　ミネルヴァ書房

607-8494 京都市山科区日ノ岡堤谷町１
電話代表（075）581-5191
振替口座 01020-0-8076

共同印刷工業・新生製本

ISBN978-4-623-06697-1

Printed in Japan

刊行のことば

歴史を動かすものは人間であり、興趣に富んだ人間の動きを通じて、世の移り変わりを考えるのは、歴史に接する醍醐味である。

しかし過去の歴史学を顧みるとき、人間不在という批判さえ見られたように、歴史における人間のすがたが、必ずしも十分に描かれてきたとはいえない。二十一世紀を迎えた今、歴史の中の人物像を蘇生させようとの要請はいよいよ強く、またそのための条件もしだいに熟してきている。

この「ミネルヴァ日本評伝選」は、正確な史実に基づいて書かれるのはいうまでもないが、単に経歴の羅列にとどまらず、歴史を動かしてきたすぐれた個性をいきいきとよみがえらせたいと考える。そのためには、対象とした人物とじっくりと対話し、ときにはきびしく対決していくことも必要になるだろう。

今日の歴史学が直面している困難の一つに、研究の過度の細分化、瑣末化が挙げられる。それは緻密さを求めるが故に陥った弊害といえるが、その結果として、歴史の大きな見通しが失われ、歴史学を通しての社会への働きかけの途が閉ざされ、人々の歴史への関心を弱める危険性がある。今こそ歴史が何のためにあるのかという、基本的な課題に応える必要があろう。評伝という興味ある方法を通じて、解決の手がかりを見出せないだろうかというのも、この企画の一つのねらいである。

狭義の歴史学の研究者だけでなく、多くの分野ですぐれた業績をあげている著者たちを迎えて、従来見られなかった規模の大きな人物史の叢書として、「ミネルヴァ日本評伝選」の刊行を開始したい。

平成十五年（二〇〇三）九月

ミネルヴァ書房

ミネルヴァ日本評伝選

企画推薦
梅原　猛
ドナルド・キーン
佐伯彰一
角田文衞

監修委員
上横手雅敬
芳賀　徹

編集委員
石川九楊
伊藤之雄
猪木武徳
今谷　明
今橋映子
熊倉功夫
佐伯順子
坂本多加雄
武田佐知子
竹西寛子
西口順子
兵藤裕己
御厨　貴

上代

*俾弥呼　古田武彦
日本武尊　西宮秀紀
仁徳天皇　若井敏明
雄略天皇　吉村武彦
*蘇我氏四代　遠山美都男
推古天皇　義江明子
聖徳太子　仁藤敦史
斉明天皇　武田佐知子
小野妹子・毛人　大橋信弥
*額田王　梶川信行
弘文天皇　遠山美都男
天武天皇　新川登亀男
持統天皇　丸山裕美子
阿倍比羅夫　熊田亮介
*藤原四子　木本好信
柿本人麻呂　古橋信孝
*元明天皇・元正天皇　渡部育子
聖武天皇　本郷真紹
光明皇后　寺崎保広
孝謙天皇　勝浦令子
藤原不比等　荒木敏夫
吉備真備　今津勝紀
*藤原仲麻呂　木本好信
道　鏡　吉川真司
大伴家持　和田　萃
*行　基　吉田靖雄

平安

*桓武天皇　井上満郎
嵯峨天皇　西別府元日
宇多天皇　古藤真平
醍醐天皇　石上英一
村上天皇　京樂真帆子
花山天皇　上島　享
*三条天皇　倉本一宏
藤原薬子　中野渡俊治
小野小町　錦　仁
藤原良房・基経　瀧浪貞子
菅原道真　竹居明男
*紀貫之　神田龍身
源高明　所　功
*安倍晴明　斎藤英喜
藤原実資　橋本義則
*藤原道長　朧谷　寿
藤原伊周・隆家　倉本一宏
藤原定子　山本淳子
清少納言　後藤祥子
紫式部　竹西寛子
和泉式部　ツベタナ・クリステワ
大江匡房　小峯和明
*阿弖流為　樋口知志
坂上田村麻呂　熊谷公男
*源満仲・頼光　元木泰雄
平将門　西山良平
藤原純友　寺内　浩
空　海　頼富本宏
最　澄　吉田一彦
*空　也　石井義長
奝　然　上川通夫
*源　信　小原　仁
後白河天皇　美川　圭
式子内親王　奥野陽子
建礼門院　生形貴重
藤原秀衡　入間田宣夫
平時子・時忠　元木泰雄
平維盛　根井　浄
守覚法親王　阿部泰郎
藤原隆信・信実　山本陽子

鎌倉

源頼朝　川合　康
*源義経　近藤好和
源実朝　神田龍身
後鳥羽天皇　五味文彦
九条兼実　村井康彦
九条道家　上横手雅敬
北条時政　野口　実
熊谷直実　佐伯真一
*北条政子　関　幸彦
北条義時　岡田清一
曾我十郎・五郎　杉橋隆夫
北条時宗　近藤成一
安達泰盛　山陰加春夫
平頼綱　細川重男
竹崎季長　堀本一繁
西　行　光田和伸
藤原定家　赤瀬信吾
*京極為兼　今谷　明

＊兼好　島内裕子
重源　横内裕人
＊運慶　根立研介
快慶　井上一稔
法然　今堀太逸
慈円　大隅和雄
明恵　西山　厚
親鸞　末木文美士
恵信尼・覚信尼　西口順子
覚如　今井雅晴
道元　船岡　誠
叡尊　細川涼一
＊忍性　松尾剛次
＊日蓮　佐藤弘夫
一遍　蒲池勢至
＊宗峰妙超　竹貫元勝

南北朝・室町

後醍醐天皇　上横手雅敬
護良親王　新井孝重
＊赤松氏五代　渡邊大門
＊北畠親房　岡野友彦
楠正成　兵藤裕己
＊新田義貞　山本隆志
光厳天皇　深津睦夫
足利尊氏　市沢　哲
佐々木道誉　下坂　守
円観・文観　田中貴子
足利義詮　早島大祐
足利義満　川嶋將生
足利義持　吉田賢司
足利義教　横井　清
大内義弘　平瀬直樹
伏見宮貞成親王　松薗　斉
山名宗全　山本隆志
日野富子　脇田晴子
世阿弥　西野春雄
雪舟等楊　河合正朝
宗祇　鶴崎裕雄
＊満済　森　茂暁
一休宗純　原田正俊
蓮如　岡村喜史

戦国・織豊

北条早雲　家永遵嗣
毛利元就　岸田裕之
毛利輝元　光成準治
＊今川義元　小和田哲男
＊武田信玄　笹本正治
＊武田勝頼　笹本正治
＊真田氏三代　笹本正治
三好長慶　天野忠幸
＊宇喜多直家・秀家　渡邊大門
＊上杉謙信　矢田俊文
島津義久・義弘　福島金治
長宗我部元親・盛親　平井上総
吉田兼倶　西山　克
山科言継　松薗　斉
＊雪村周継　赤澤英二
織田信長　三鬼清一郎
豊臣秀吉　藤井讓治
＊北政所おね　田端泰子
＊淀殿　福田千鶴
前田利家　東四柳史明
＊黒田如水　小和田哲男
＊蒲生氏郷　藤田達生
＊細川ガラシャ　田端泰子
伊達政宗　伊藤喜良
＊支倉常長　田中英道
ルイス・フロイス　エンゲルベルト・ヨリッセン
＊長谷川等伯　宮島新一
顕如　神田千里

江戸

徳川家康　笠谷和比古
＊徳川家光　野村　玄
徳川吉宗　横田冬彦
＊後水尾天皇　久保貴子
光格天皇　藤田　覚
崇伝　杣田善雄
春日局　福田千鶴
＊池田光政　倉地克直
シャクシャイン　岩崎奈緒子
＊田沼意次　藤田　覚
＊二宮尊徳　小林惟司
末次平蔵　岡美穂子
＊高田屋嘉兵衛　生田美智子
＊林羅山　鈴木健一
吉野太夫　渡辺憲司
中江藤樹　辻本雅史
山崎闇斎　澤井啓一
山鹿素行　前田　勉
＊北村季吟　島内景二
貝原益軒　辻本雅史
松尾芭蕉　楠元六男
＊ケンペル　B・M・ボダルト＝ベイリー
荻生徂徠　柴田　純
＊雨森芳洲　上田正昭
石田梅岩　高野秀晴
前野良沢　松田　清
平賀源内　石上　敏
本居宣長　田尻祐一郎
杉田玄白　吉田　忠
上田秋成　佐藤深雪
木村蒹葭堂　有坂道子
＊大田南畝　沓掛良彦
菅江真澄　赤坂憲雄
＊鶴屋南北　諏訪春雄
良寛　阿部龍一
＊山東京伝　佐藤至子
＊滝沢馬琴　高田　衛
平田篤胤　山下久夫
シーボルト　宮坂正英
本阿弥光悦　岡　佳子
小堀遠州　中村利則
狩野探幽・山雪　山下善也
尾形光琳・乾山　河野元昭
＊二代目市川團十郎　田口章子
与謝蕪村　佐々木丞平
伊藤若冲　狩野博幸
鈴木春信　小林　忠
円山応挙　佐々木正子
＊佐竹曙山　成瀬不二雄
葛飾北斎　岸　文和
酒井抱一　玉蟲敏子

孝明天皇　青山忠正
*和宮　辻ミチ子
徳川慶喜　大庭邦彦
島津斉彬　原口泉
*古賀謹一郎　小野寺龍太
*栗本鋤雲　小野寺龍太
西郷隆盛　家近良樹
*塚本明毅　塚本学
*月性　海原徹
*吉田松陰　海原徹
*高杉晋作　海原徹
ペリー　遠藤泰生
オールコック　佐野真由子
アーネスト・サトウ　奈良岡聰智
緒方洪庵　米田該典
冷泉為恭　中部義隆

近代

*明治天皇　伊藤之雄
*大正天皇　F・R・ディキンソン
*昭憲皇太后・貞明皇后　小田部雄次
大久保利通　三谷太一郎
山県有朋　鳥海靖
木戸孝允　落合弘樹
井上馨　伊藤之雄
*松方正義　室山義正
北垣国道　小林丈広
板垣退助　小川原正道
長与専斎　笠原英彦
大隈重信　五百旗頭薫
伊藤博文　坂本一登
井上毅　大石眞
*井上勝　老川慶喜
*桂太郎　小林道彦
渡辺洪基　瀧井一博
*乃木希典　佐々木英昭
林董　君塚直隆
*児玉源太郎　小林道彦
*高宗・閔妃　木村幹
山本権兵衛　室山義正
金子堅太郎　松村正義
高橋是清　鈴木俊夫
小村寿太郎　簑原俊洋
*犬養毅　小林惟司
加藤高明　櫻井良樹
加藤友三郎・寛治　麻田貞雄
牧野伸顕　小宮一夫
田中義一　黒沢文貴
内田康哉　高橋勝浩
石井菊次郎　廣部泉
平沼騏一郎　堀田慎一郎
宇垣一成　北岡伸一
*宮崎滔天　榎本泰子
*浜口雄幸　川田稔
幣原喜重郎　西田敏宏
関一　玉井金五
水野広徳　片山慶隆
広田弘毅　井上寿一
安重根　上垣外憲一
*グルー　廣部泉
*永田鉄山　森靖夫
東條英機　牛村圭
今村均　前田雅之
蔣介石　劉岸偉
石原莞爾　山室信一
木戸幸一　波多野澄雄
*岩崎弥太郎　武田晴人
伊藤忠兵衛　末永國紀
五代友厚　田付茉莉子
大倉喜八郎　村上勝彦
*安田善次郎　由井常彦
渋沢栄一　武田晴人
益田孝　鈴木邦夫
山辺丈夫　宮本又郎
武藤山治　阿部武司・桑原哲也
西原亀三　森川正則
小林一三　橋爪紳也
大倉恒吉　石川健次郎
大原孫三郎　猪木武徳
*河竹黙阿弥　今尾哲也
イザベラ・バード　加納孝代
*林忠正　木々康子
*森鷗外　小堀桂一郎
二葉亭四迷　ヨコタ村上孝之
夏目漱石　佐々木英昭
巌谷小波　千葉信胤
樋口一葉　佐伯順子
*島崎藤村　十川信介
泉鏡花　東郷克美
有島武郎　亀井俊介
永井荷風　川本三郎
北原白秋　平石典子
菊池寛　山本芳明
宮澤賢治　千葉一幹
正岡子規　夏石番矢
高浜虚子　坪内稔典
与謝野晶子　佐伯順子
*種田山頭火　村上護
*斎藤茂吉　品田悦一
*高村光太郎　湯原かの子
萩原朔太郎　エリス俊子
*原阿佐緒　秋山佐和子
*狩野芳崖・高橋由一　古田亮
小堀鞆音　小堀桂一郎
竹内栖鳳　北澤憲昭
黒田清輝　高階秀爾
中村不折　石川九楊
横山大観　高階秀爾
*橋本関雪　西原大輔
小出楢重　芳賀徹
土田麦僊　天野一夫
岸田劉生　北澤憲昭
松旭斎天勝　川添裕
中山みき　鎌田東二
佐田介石　谷川穣
*ニコライ　中村健之介
出口なお・王仁三郎　川村邦光
島地黙雷　阪本是丸
*新島襄　太田雄三
木下広次　冨岡勝
嘉納治五郎　クリストファー・スピルマン
柏木義円　片野真佐子
津田梅子　田中智子
*澤柳政太郎　新田義之

河口慧海 高山龍三
山室軍平 室田保夫
大谷光瑞 白須淨眞
*久米邦武 高田誠二
フェノロサ 伊藤 豊
三宅雪嶺 長妻三佐雄
*岡倉天心 木下長宏
志賀重昂 中野目徹
徳富蘇峰 杉原志啓
竹越與三郎 西田 毅
内藤湖南・桑原隲蔵 礪波 護
岩村 透 今橋映子
*西田幾多郎 大橋良介
金沢庄三郎 石川遼子
上田 敏 及川 茂
柳田国男 鶴見太郎
厨川白村 張 競
天野貞祐 貝塚茂樹
大川周明 山内昌之
西田直二郎 林 淳
折口信夫 斎藤英喜
九鬼周造 粕谷一希
辰野 隆 金沢公子
シュタイン 瀧井一博
*西 周 清水多吉
*福澤諭吉 平山 洋
福地桜痴 山田俊治

田口卯吉 鈴木栄樹
*陸 羯南 松田宏一郎
黒岩涙香 奥 武則
*吉野作造 田澤晴子
野間清治 佐藤卓己
山川 均 米原 謙
*岩波茂雄 十重田裕一
*北 一輝 岡本幸治
*穂積重遠 大村敦志
中野正剛 吉田則昭
満川亀太郎 福家崇洋
*北里柴三郎 福田眞人
高峰譲吉 木村昌人
田辺朔郎 秋元せき
*南方熊楠 飯倉照平
寺田寅彦 金森 修
石原 純 金子 務
J・コンドル 鈴木博之
辰野金吾 河上真理・清水重敦
*七代目小川治兵衛 尼崎博正
ブルーノ・タウト 北村昌史

現代

昭和天皇 御厨 貴

高松宮宣仁親王 後藤致人
*李方子 小田部雄次
吉田 茂 中西 寛
マッカーサー 柴山 太
石橋湛山 増田 弘
重光 葵 武田知己
市川房枝 村井良太
*池田勇人 藤井信幸
高野 実 篠田 徹
和田博雄 庄司俊作
朴正熙 木村 幹
竹下 登 真渕 勝
*松永安左エ門 橘川武郎
鮎川義介 井口治夫
*出光佐三 橘川武郎
松下幸之助 米倉誠一郎
渋沢敬三 井上 潤
*本田宗一郎 伊丹敬之
井深 大 武田 徹
*佐治敬三 小玉 武
幸田家の人々 金井景子
*正宗白鳥 大嶋 仁
大佛次郎 福島行一

*川端康成 大久保喬樹
*薩摩治郎八 小林 茂
松本清張 杉原志啓
安部公房 鳥羽耕史
*三島由紀夫 島内景二
井上ひさし 成田龍一
R・H・ブライス 菅原克也
金素雲 林 容澤
柳 宗悦 熊倉功夫
バーナード・リーチ 鈴木禎宏
イサム・ノグチ 酒井忠康
川端龍子 岡部昌幸
藤田嗣治 林 洋子
*井上有一 海上雅臣
*手塚治虫 竹内オサム
山田耕筰 後藤暢子
古賀政男 藍川由美
*吉田 正 金子 勇
武満 徹 船山 隆
*八代目坂東三津五郎 田口章子
*力道山 岡村正史
*西田天香 宮田昌明
安倍能成 中根隆行

サンソム夫妻 平川祐弘・牧野陽子
和辻哲郎 小坂国継
矢代幸雄 稲賀繁美
石田幹之助 岡本さえ
*平泉 澄 若井敏明
安岡正篤 片山杜秀
島田謹二 小林信行
前嶋信次 杉田英明
保田與重郎 谷崎昭男
*福田恆存 川久保剛
井筒俊彦 安藤礼二
佐々木惣一 松尾尊兊
*瀧川幸辰 伊藤孝夫
矢内原忠雄 等松春夫
福本和夫 伊藤 晃
*フランク・ロイド・ライト 大久保美春
大宅壮一 有馬 学
今西錦司 山極寿一

*は既刊
二〇一三年一〇月現在